长江三峡过坝运输
需求分析理论与实践

TRANSPORTATION DEMAND ANALYSIS
OF THE THREE GORGES DAM:
THE THEORY AND PRACTICE

刘长俭　袁子文　徐　力　田　佳　等著

企业管理出版社
ENTERPRISE MANAGEMENT PUBLISHING HOUSE

图书在版编目（CIP）数据

长江三峡过坝运输需求分析理论与实践 / 刘长俭等著 . —北京：企业管理出版社，2022.8

ISBN 978-7-5164-2671-5

Ⅰ.①长… Ⅱ.①刘… Ⅲ.①三峡水利工程—航运—需求—研究 Ⅳ.① F552.771.9

中国版本图书馆 CIP 数据核字（2022）第 139106 号

书　　名：	长江三峡过坝运输需求分析理论与实践
作　　者：	刘长俭　等
责任编辑：	陆　淼　郑小希
书　　号：	ISBN 978-7-5164-2671-5
出版发行：	企业管理出版社
地　　址：	北京市海淀区紫竹院南路17号　邮编：100048
网　　址：	http://www.emph.cn
电　　话：	编辑部（010）68414643　发行部（010）68701816
电子信箱：	qiguan1961@163.com
印　　刷：	北京市密东印刷有限公司
经　　销：	新华书店
规　　格：	170毫米×240毫米　16开本　18.25印张　290千字
版　　次：	2022年10月第1版　2022年10月第1次印刷
定　　价：	96.00元

版权所有　翻印必究·印装错误　负责调换

序

长江通道是我国国土空间开发最重要的东西轴线，是长江经济带区域经济发展的主通道和综合立体交通网的主骨架，在国家区域发展总体格局中具有重要的战略地位。

三峡枢纽是长江通道的关键节点，是我国"国之重器"，是长江上游地区降低物流成本、支撑区域经济高质量发展的重要依托。三峡成库以来，随着航道条件显著改善及过闸船型标准化推进，水运成本低、运量大、能耗少、污染轻等比较优势得到充分发挥，过坝运量快速增长。三峡船闸自2003年通航以来，年通过量从初期的3430万吨到2011年突破1亿吨，提前19年达到设计通过能力。2021年三峡船闸通过量14644万吨，超过其设计通过能力的46%。三峡升船机自2016年投入运行后，为客货轮和特种船舶提供快速过坝通道，2021年三峡升船机通过量也达到414万吨。

多年来，三峡过坝运输量持续增长，运输货类结构和组织结构不断发生变化，特别是随着上游地区经济产业结构调整，上游地区资源开发、综合交通运输发展等变化，过坝运输组织方式和流量流向变化明显。为持续跟踪分析长江中上游地区经济产业发展特点及趋势，科学动态判断三峡过坝运输需求及重点货类运输格局变化趋势，支撑各级管理部门相关决策，自 1998 年以来，交通运输部规划研究院（以下简称"规划院"）一直参与三峡过坝运输需求分析等相关研究，在长江中上游地区工业化发展与运输需求定量化分析、分方向综合运输通道格局和多方式比选论证理论方法、过坝运输需求和重点货类运输需求定量化预测理论与模型等方面开展了大量基础性、理论性、创新性研究，积累了丰富的研究基础和经验，形成了规划院在三峡过坝运输需求分析预测研究领域的独特优势。依托多个项目相关研究成果，进行系统集成和提升，形成了本书的主要内容。

本书的出版，一方面，对过去相关研究成果进行梳理归纳，进一步提炼总结，为后续三峡过坝运输需求相关研究提供了很好的工作基础；另一方面，将相关研究思路方法和结论进行系统集成，形成理论方法和研究框架，也能为相关领域科研、管理人员提供有益的借鉴和参考。

三峡新通道建设还有许多新课题需要深入研究。希望规划院再接再厉，争取在三峡过坝运输需求分析的理论研究和实践探索中，持续跟进，不断创新，为更好推进三峡水运新通道建设，更好助力长江经济带战略深入实施作出更大的贡献。

交通运输部原总工程师

蒋千

2022 年 8 月

前 言

内河航运是我国现代综合交通运输体系的重要组成部分，在促进流域经济社会发展中发挥了重要作用。特别是在新时代"双碳"目标下，内河航运运能大、成本低、占地少、能耗低、污染小的比较优势更加凸显。

长江水运在内河航运发展中举足轻重。《国务院关于依托黄金水道推动长江经济带发展的指导意见》提出，长江是货运量位居全球内河第一的黄金水道，长江通道是我国国土空间开发最重要的东西轴线，在区域发展总体格局中具有重要战略地位。2021年，长江干线港口完成货物吞吐量超35亿吨，同比增长6%以上，创历史新高。其中，集装箱吞吐量2282万标箱，同比增长16.3%。长江武汉至安庆段6米水深航道贯通并投入试运行，武汉以下干线航道基本实现区段标准统一。长江口南槽6米水深航道正式运行。三峡枢纽年货物通过量达1.5亿吨，同比增长9.3%。长江航运有力保障了国内国际物流供应链稳定畅通。

三峡双线五级船闸是长江通道的关键节点，是我国"国之重器"，是长江上游地区降低物流成本、支撑区域经济高质量发展的重要依托。船闸上下落差113米，船舶通过船闸要翻越相当于40层楼房的高度。自

2003年三峡船闸投入运行以来,三峡枢纽航运效益不断发挥,过闸货运量快速增长,2021年船闸货运量达1.5亿吨,相当于平均每天运送货物约40万吨。三峡船闸,畅通了长江经济带上中下游的联系,促进了黄金水道水运优势的充分发挥,推动了我国东中西部地区协调发展,已成为长江上游地区经济社会发展和国民经济高效循环的关键基础设施。

为持续跟踪分析长江中上游经济产业发展特点及趋势变化,科学动态判断三峡过坝运输需求及重点货类运输格局变化趋势,支撑各级管理部门相关决策,自1998年以来,规划院一直参与三峡过坝运输需求分析等相关研究,在长江中上游地区工业化发展与运输需求定量化分析、分方向综合运输通道格局和多方式比选论证理论方法、过坝运输和重点货类运输定量化预测理论和模型等方面开展了大量基础性、理论性、创新性研究,积累了丰富的研究基础和经验。同时,武汉理工大学、重庆交通大学等也开展了诸多理论方法的研究探索。依托多个项目相关研究成果,进行系统集成和提升,形成了本书的主要内容。

本书分为应用研究篇和理论探索篇。第1章至第11章为应用研究篇,介绍了三峡过坝运输需求预测和船型发展趋势预测分析成果,最后从运输经济专业的角度对三峡水运新通道建设的必要性进行初步探讨。第12章至第18章为理论探索篇,重点介绍了三峡过坝运输需求研究过程中,对相关理论、方法等方面的探索,这些理论方法探索对过坝运输需求预测分析提供了重要参考。

第1章,总体框架,概述了过去的研究成果和本次的研究总体思路、框架;第2章,运输现状,详细分析了三峡过坝运输量的现状变化及结构性特点;第3章,影响因素,分析了过坝运输量的主要影响因素及影响机理；第4章，需求与腹地经济，分析了过坝运输量与腹地经济发展、资源开发和综合交通发展之间的关系；第5章，腹地经济趋势，展望了长江上游川渝等地区经济社会发展、资源开发等趋势；第6章，腹地交通趋势，对上游地区综合交通发展和支流航道规划建设等情况进行分析；第7章，需求总量预测，对过坝运输需求总量发展趋势进行了分析预测；第8章，分货类需求预测，对过坝重点货类运输需求进行预测；第9章，主要结论，对货物运输需求预测结论进一步总结；第10章，船型发展趋势，对三峡过坝运输船型发展趋势进行分析；第11章，必要性初探，从运输经济专业视角对三峡新通道建设必要性进行探讨。第12章，典型国家和省市水运需求与经济关系研究；第13章，典型河流水运需求与腹地GDP、产业结构关系研究；第14章，典型河流水运需求与腹地城镇化、工业化关系研究；第15章，长江货运船舶运输组织优化研究；第16章，长江上游水运与公铁运输方式竞争模式研究；第17章，三峡枢纽货运量预测研究；第18章，三峡枢纽船型结构预测研究。

第1章至第9章，由刘长俭、袁子文、任静、李宜军、徐力等编写；第10章，由武汉理工大学陈顺怀等编写；第11章，由袁子文、田佳等编写；第12章、第13章，由重庆交通大学李文杰、戴佳伶等编写；第14章，由武汉理工大学张培林等编写；第15章，由重庆交通大学李文杰、王大伟等编写；第16章，由重庆交通大学李文杰、李伟明等编写；第17章，由武汉大学张浩等编写；第18章，由武汉理工大学张培林、卢文昌等编写。刘长俭、袁子文对全书内容做了修改完善和统稿，徐力、田佳等对全书进行了技术指导。

本书在编写过程中得到了交通运输部长江航务管理局、长江三峡通航管理局、武汉理工大学、重庆交通大学、武汉大学，以及湖北、重庆、四川等省市交通和港航部门的大力支持，在此表示感谢。希望本书能够为后续三峡过坝运输相关经济分析和预测研究工作提供一定的借鉴和参考。

受编者水平及编制时间所限，书中难免有不足、遗漏甚至错误之处，敬请批评指正。

作　者

2022 年 8 月

目 录

应用研究篇

第1章 总体研究框架 ··· 2

第一节 研究成果综述 ··· 2
 一、相关研究历程 ··· 2
 二、近期研究成果 ··· 4

第二节 研究思路综述 ··· 5
 一、关于总体研究思路 ····································· 5
 二、关于宏观形势分析 ····································· 6
 三、关于总量预测思路 ····································· 7
 四、可深化研究的部分 ····································· 9

第三节 研究思路框架 ··· 9

第2章 三峡枢纽过坝运输现状 ······························ 11

第一节 腹地经济发展概况 ···································· 11
 一、研究范围界定及概况 ·································· 11
 二、腹地经济发展特点 ···································· 13
 三、腹地综合交通发展概况 ································ 16

第二节　三峡过坝运输发展概况 ·· 19
　　一、过闸货运量迅猛增长，上行运量在2011年后超过下行运量 ··· 19
　　二、大宗散货占主导地位，煤炭运量锐减、矿建和矿石运量
　　　　大幅增长是三峡通航以来最显著的特点 ························ 20
　　三、主要过闸货类流量流向变化较大 ································· 22
　　四、翻坝滚装汽车运输总体呈现下降 ································· 24
　　五、过闸客运量逐年下降 ·· 24

第3章　三峡枢纽过坝主要货类运量影响因素分析 ·············· 26

第一节　煤炭 ··· 26
第二节　钢铁 ··· 28
第三节　矿建材料 ··· 30
第四节　非金属矿石 ·· 31
第五节　水泥 ··· 32
第六节　集装箱 ·· 33
第七节　其他 ··· 34

第4章　三峡枢纽过坝运输需求与腹地经济关系 ·················· 36

第一节　与经济发展的关系 ·· 36
第二节　与资源开发利用的关系 ·· 38
第三节　与综合交通发展的关系 ·· 40

第5章　腹地经济发展和资源开发趋势 ································ 43

第一节　腹地经济社会发展趋势 ·· 43
　　一、腹地经济发展环境 ··· 43
　　二、川渝地区经济发展趋势 ··· 48
　　三、云贵地区经济发展趋势 ··· 51

第二节	腹地资源开发规划	54
	一、重庆市	54
	二、四川省	55
	三、云南省	55
	四、贵州省	56

第6章 腹地综合交通发展趋势 ... 57

第一节	腹地对外交通发展规划	57
	一、强化东通道	58
	二、开辟西通道	59
	三、突出南通道	59
	四、扩大北通道	61
	五、北通道中的中欧班列发展	62
	六、南通道中的西部陆海新通道规划建设	64
第二节	上游支流航道开发建设展望	65

第7章 长江三峡过坝运输需求总量预测 ... 67

第一节	腹地经济发展对长江水运的要求	67
第二节	长江三峡断面水运量总量预测	70
	一、预测思路和方法	70
	二、运输强度法预测	71
	三、产业关联法预测	74
	四、综合预测	77

第8章 长江三峡过坝分货类运输需求预测 ... 79

第一节	集装箱	79
第二节	煤炭	86

第三节 石油及制品 ……………………………………………… 88

第四节 金属矿石 ………………………………………………… 90

第五节 钢材 ……………………………………………………… 93

第六节 非金属矿石 ……………………………………………… 94

第七节 矿建材料 ………………………………………………… 95

第八节 商品汽车滚装运输 ……………………………………… 96

第九节 其他货类 ………………………………………………… 97

第十节 旅客运输 ………………………………………………… 98

第9章 需求预测主要结论 …………………………………… 99

第一节 三峡过闸运输需求预测 ………………………………… 99

第二节 未来趋势判断 …………………………………………… 101

第10章 三峡枢纽通航船舶船型发展趋势 ………………… 103

第一节 国内外主要内河运输船型现状及趋势 ………………… 103

一、内河船型发展 …………………………………………… 103

二、江海直达船型发展 ……………………………………… 109

三、江海直达船与内河船船型特点分析 …………………… 111

四、中国内河船型标准化发展 ……………………………… 113

五、新通道代表船型发展 …………………………………… 114

第二节 三峡枢纽通航船舶大型化制约因素分析 ……………… 115

第三节 三峡枢纽运力供求关系对船舶规模影响 ……………… 117

一、长江流域航运经济现状与发展 ………………………… 117

二、三峡断面运输需求预测 ………………………………… 119

三、三峡枢纽过闸船舶构成分析及趋势分析 ……………… 120

第四节 小结 ……………………………………………………… 127

第 11 章　三峡枢纽水运新通道建设必要性初探 ………… 129

第一节　长江上游综合交通运输通道格局 ………………… 130
第二节　三峡枢纽过闸运输现状和趋势 …………………… 131
第三节　通过综合交通运输体系解决三峡过闸需求的可行性分析 ……… 132
　　　　一、现有船闸能力已难以进一步挖潜 ………………… 132
　　　　二、现有其他交通方式难以大规模分流 ……………… 133
　　　　三、新建重载铁路技术分流效果有限 ………………… 134
　　　　四、新建沿江高铁分流运输经济可行性较差 ………… 134
第四节　小结 ……………………………………………… 135

理论探索篇

第 12 章　典型国家和省市水运需求与经济关系分析 ……… 138

第一节　水运量与国内生产总值的关联分析 ……………… 139
　　　　一、国家尺度 ………………………………………… 139
　　　　二、省市尺度 ………………………………………… 146
第二节　水运强度与产业结构的关联分析 ………………… 151
　　　　一、水运强度的定义 ………………………………… 152
　　　　二、国家尺度 ………………………………………… 152
　　　　三、省市尺度 ………………………………………… 157
第三节　典型国家水运需求与经济发展的对比 …………… 161
　　　　一、水运量随GDP变化的对比 ……………………… 162
　　　　二、水运强度随产业结构系数变化的对比 ………… 163
第四节　小结 ……………………………………………… 164

第 13 章　典型河流水运需求与腹地 GDP、产业结构的关系 … 166

 第一节　典型河流水运发展现状 …………………………………… 167

 第二节　典型河流水运量与国内生产总值的关系 ………………… 171

  一、水运量时间序列变化 ………………………………………… 171

  二、水运量与 GDP 的关联分析 ………………………………… 173

 第三节　典型河流水运强度与产业结构的关系 …………………… 174

  一、水运强度时间序列变化 ……………………………………… 175

  二、水运强度与产业结构的关联分析 …………………………… 176

  三、水运强度与产业结构系数的相关关系检验 ………………… 178

  四、水运强度与产业结构系数的量化形式 ……………………… 180

 第四节　小结 …………………………………………………………… 181

第 14 章　典型河流水运需求与腹地城镇化、工业化关系 …… 183

 第一节　内河运量与城镇化、工业化历史数据 …………………… 183

 第二节　模型设定 …………………………………………………… 186

 第三节　密西西比河运量与城镇化和工业化之间关系分析 ……… 187

  一、单位根检验 …………………………………………………… 187

  二、协整检验 ……………………………………………………… 188

  三、E-G 两步法协整检验 ………………………………………… 189

  四、Granger 因果分析 …………………………………………… 191

  五、结果分析 ……………………………………………………… 192

 第四节　莱茵河运量与城镇化和工业化之间的关系分析 ………… 196

  一、单位根检验 …………………………………………………… 196

  二、协整检验 ……………………………………………………… 197

  三、E-G 两步法协整检验 ………………………………………… 198

  四、Granger 因果分析 …………………………………………… 200

  五、结果分析 ……………………………………………………… 201

第五节　小结 ……………………………………………………… 202

第 15 章　长江货运船舶运输组织优化分析 …………………… 204

第一节　构建基于单位营运成本的优化模型 ……………………… 204
　　一、优化方法与思路 …………………………………………… 204
　　二、营运成本计算 ……………………………………………… 205
　　三、船型优化模型 ……………………………………………… 207
　　四、组织方式优化模型 ………………………………………… 208

第二节　集装箱船案例分析 ………………………………………… 208
　　一、方案主要参数 ……………………………………………… 208
　　二、船型优化结果 ……………………………………………… 210
　　三、组织方式优化结果 ………………………………………… 213
　　四、结果分析 …………………………………………………… 214

第三节　干散货船案例分析 ………………………………………… 215
　　一、方案主要参数 ……………………………………………… 216
　　二、船型优化结果 ……………………………………………… 217
　　三、组织方式优化结果 ………………………………………… 220
　　四、结果分析 …………………………………………………… 221

第四节　不确定性与敏感性分析 …………………………………… 222
　　一、不确定营运环境中的衡准指标 …………………………… 223
　　二、敏感性分析 ………………………………………………… 225

第五节　小结 ………………………………………………………… 227

第 16 章　长江上游水运与公铁运输方式竞争模式分析 ……… 228

第一节　介绍 ………………………………………………………… 228
第二节　影响因素 …………………………………………………… 229
　　一、运输价格与选择三种运输方式的关系 …………………… 231

         二、运输距离与选择三种运输方式的关系 ·················· 232
         三、货物重量与选择三种运输方式的关系 ·················· 233
   第三节　竞争模式分析 ··· 234
   第四节　模型构建 ··· 234
         一、模型随机效用函数 ·· 235
         二、特性变量的选择 ·· 235
         三、数据调查及整理 ·· 236
         四、参数估计 ·· 240
         五、计算货物选择水铁公路的百分比 ···································· 243
   第五节　模型检验 ··· 244
         一、检验内容及方法 ·· 244
         二、检验结果 ·· 246

第 17 章　三峡枢纽货运量预测分析 ·················· 248

   第一节　长江上游区域经济发展与三峡枢纽货运量分析 ··········· 249
         一、长江上游区域GDP及产业结构分析 ······························· 249
         二、三峡枢纽货运量 ·· 251
         三、长江上游区域经济、产业结构与三峡过坝运量之间的
            关系 ··· 253
   第二节　预测模型与预测结果分析 ·· 254
         一、预测思路 ·· 254
         二、三峡枢纽过坝货运量预测结果及分析 ····························· 256
   第三节　小结 ·· 258

第 18 章　三峡枢纽船型结构预测分析 ·················· 259

   第一节　三峡枢纽过闸船舶结构分析 ····································· 260
   第二节　马尔科夫链模型 ··· 263

  一、模型简介 …………………………………………… 263

  二、模型构建 …………………………………………… 265

 第三节 三峡枢纽船型结构预测 ………………………………… 266

  一、模型求解 …………………………………………… 266

  二、模型检验 …………………………………………… 267

  三、结果分析 …………………………………………… 268

 第四节 小结 …………………………………………………… 269

主要参考文献 ……………………………………………………… 271

应用研究篇

第 1 章 总体研究框架

第一节 研究成果综述

一、相关研究历程

自三峡工程建设始,随着中央西部大开发一系列战略的实施和航运条件的改善,三峡过坝运量高速增长,运输需求分析工作也在不断推进和深化中。

在三峡工程建设前,1988 年三峡工程论证阶段完成的《长江三峡工程航运论证报告》预测:2000 年长江川江下水过坝运量为 1550 万吨、客运量 250 万人次;2030 年川江下水过坝运量 5000 万吨、客运量 390 万人次。其中过坝货运量主要是指过闸运量,升船机主要功能是客运。

三峡船闸投入运行后,随着运量的高速增长,船闸通过能力不足的矛盾日益凸显,2005—2013 年先后有多家科研单位对过坝运量进行了预测,虽然预测结果存在差异,但对过坝运量预测值的不断调高,这一认识是一致的(表 1-1)。

表1-1　　　　　　各阶段三峡过坝运量预测结果表　　　　单位：万吨、万辆

科研单位、研究时间	货运量	2000年	2010年	2015年	2020年	2030年
航运论证报告（1988年）	下行	1550				5000
国家发展和改革委员会综合运输研究所（2005年）	总量		6100		8750	11400
	下行					
	滚装车辆		50		45	
长江航务管理局（2005年）	总量		6700		10400	13000
	下行		4360		6315	7750
	滚装车辆		50		55	60
武汉理工大学（2008年）	总量		5900	8100	9100	10800
交通运输部水运科学研究院（2009年）	总量			11400	13800	16200
	上行			3225	4500	5350
	下行			8175	9300	10850
	滚装车辆			57	60	63
大连海事大学（2009年）	总量			10600	12000	14700
	上行			2800	3700	4700
	下行			7800	8300	10000
交通运输部水运科学研究院（2011年）	总量			10400	12900	
交通运输部规划研究院（2012年）	总量			12050~13800	14520~16600	18040~20400
	下行			5250~6400	6000~7300	7400~8700
	翻坝运量			1400	1800	2100
重庆市交通委员会（2012年）	总量			16775	23524	
	上行			9712	12744	
	翻坝运量			1500	2500	
国家发展和改革委员会综合运输研究所（2012年）	总量				13690~20000	20960~31690
	上行				8210~12000	11530~17430
	下行				5470~8000	9430~14260

二、近期研究成果

2013年8月，国家发展和改革委员会下发《国家发展改革委办公厅关于开展提高三峡枢纽货运通过能力等有关工作的通知》（发改办基础[2013]1979号），要求抓紧启动三峡水运新通道建设和葛洲坝船闸扩能前期研究工作。为此，受国务院三峡工程建设委员会办公室委托，交通运输部规划研究院（以下简称交规院）、国家发展和改革委员会综合运输研究所（以下简称综合所）、国务院发展研究中心（以下简称国研中心）、长江勘测规划设计研究有限责任公司（以下简称长江院）四家机构分别平行开展了三峡枢纽过坝需求预测工作，最后由综合所汇总，并于2014年9月召开了专家评审会。

综合四家预测成果：2030年前三峡枢纽过闸货运需求尽管不可能延续过去的"跳跃式"增长，但仍将呈现增长态势。2030年后，随着沿江工业化和城镇化进入平稳发展阶段，大宗物资运输需求趋缓甚至有所下降，三峡过闸货运需求低速增长。评审认为，2030年预测结果可作为研究三峡建设新通道的依据，2050年预测结果需随经济社会发展及综合运输通道的发展，不断完善。见表1-2。

表1-2　　　　　三峡船闸货运量预测情况　　　　　单位：万吨

年份		国家发展和改革委员会综合运输研究所	国务院发展研究中心	交通运输部规划研究院	长江勘测规划设计研究有限责任公司
2020年	总量	15700	16300	18000	14000～16500
	上行	9000	9580	10700	8000～9400
	下行	6700	6487		
2030年	总量	24300	18300	25000	21000～24500
	上行	13400	10100	14500	11600～13500
	下行	10900	8200		
2050年	总量	26000	19500	30000	25000～31000
	上行	13400	10400	17000	13000～16000
	下行	12600	9100		

第二节　研究思路综述

三峡枢纽过坝运输需求分析研究自 2005 年以后未曾间断，特别是 2013 年国务院三峡办委托四家单位的研究成果，已经得到了业内专家和行业主管部门的认可。根据会议专家及与会代表的意见，本节主要论述并探讨总结四家单位关于研究思路、宏观形势分析、总量预测等部分的研究特点，总结专家评审会对运输需求分析深入研究的建议。

2019 年 11 月，本研究成果通过专家中期评审。会后，根据专家意见，主要针对以下几个方面进行了修改完善，形成了目前的报告。主要修改的内容，包括增加腹地云南、贵州地区经济产业发展趋势的分析，增加上游支流航道开发建设带来的需求分析，根据新形势和要求调增客运量预测结论、调减翻坝滚装运输预测结论等。

一、关于总体研究思路

其一，有关单位将长江上游川渝云贵地区作为整体，研究了该地区经济发展和对外交通的关系，重点分析了向东的长江综合运输通道的货运发展变化及在腹地经济、综合运输发展、重点物资运输系统的形成以及产业布局优化的作用；分析了三峡过坝运量的发展变化及其内在原因；根据国家和腹地宏观经济发展规划的要求、重大战略实施对外货运需求，预测了三峡过坝运量总量；经过各种运输方式比较，在重要货类运输系统论证的基础上，预测了三峡过坝运量分货类、分上下行运量。

其二，有关单位将过坝运输分为过闸及翻坝运输，研究葛洲坝过闸货物运输和三峡船闸货物量、翻坝运输货物运输发展现状，货物构成、货流方向变化等特征；三峡过闸货运影响区域（重庆、四川、云南、贵州）经济发展、综合运输体系和货物运输发展现状；在上述工作基础上，对区域工业化、城镇化、资源分布与开发综合交通体系建设等对过坝运输影响的主要因素进行了分析；采用货类预测法、回归分析法、趋势外推法等进行了过闸货运总量及重点货类需求预测。

其三，有关单位分析了三峡枢纽运行后在通航条件、通航管理、服务能力等方面的成就，由此带来货运量的大幅增加及产生的经济社会效益；分析了三峡航运在船舶大型化、货运结构变化、旅游客运发展等方面的新趋势和船闸通过能力制约等面临的新挑战；研究了影响三峡航运的经济社会发展、工业化、产业结构调整和综合运输体系发展，尤其是长江航运条件改善等主要因素；对三峡通航需求的主要货类分别进行了预测；形成了过坝运量的预测结论。

其四，有关单位分析了三峡过坝（含过闸、翻坝）运输的现状；分析了三峡影响区域云贵川渝的矿产资源分布和开发；经济社会、综合交通运输现状和发展规划；影响区域内长江干线、主要通航河流的水运资源条件，航道和港口发展规划；近期采用数值分析与产销平衡相结合的方法、远期采用趋势法，并结合数值分析法，预测了过坝运输总量和主要货类构成、上下行货运需求。

——结合专家评审意见认为，各家研究思路和技术路线基本可行，需要加强三峡过坝运量变化与地区经济社会、综合交通运输发展的关系分析。

二、关于宏观形势分析

其一，四家单位均对云贵川渝地区各自的经济社会发展规划、工业化的主要目标和任务、城镇化的发展方向、矿产资源分布及开采目标等作了深入研究，并对三省一市综合运输发展规划，公路、铁路、水运、民航等各自发展规划，尤其是对长江水运、各主要支流航道、主要港口的发展规划进行了分析。据此分析提出，在工业化和城市化双重驱动下，预测到2030年之前长江上游地区社会经济持续发展，与中下游地区的物资交流量仍将保持较快增长，三峡枢纽过闸需求总体保持较快增长态势。2030年之后，随着工业化、城市化进入平稳发展阶段，以及沿江地区产业结构优化升级，区域货运需求增长放缓，三峡枢纽过闸需求增长缓慢。

其二，四家单位总体判断，在常规情景下，即影响三峡枢纽过闸货运需求的各种因素变动基本在预期范围内，没有发生重大突变因素的情况下，煤炭、金属矿石、非金属矿石、矿建材料等大宗物资运输需求在2030年前仍将增长，2030年以后运输需求趋缓或有所下降。集装箱过闸需求保持稳定快速增长态势。同时提出，未来三峡枢纽过闸货运需求受上游地区经济社会发展，国家及地方产业政策，资源开发和利用政策，上游梯级开发，综合交通运输体系发展等多种因素影响，增长具有一定的不确定性。其中，煤炭、矿建材料、石油、集装箱等货类过闸需求具有较强不确定性。

专家评审建议，应认真研究中央关于"依托黄金水道建设长江经济带，为中国经济持续发展提供重要支撑"的重要意义和深刻内涵；将长江黄金水道经济带发展作为整体，研究上游地区在实现国家战略中的地位、作用和上下游联动产生的货物流通要求；借鉴东、中部地区的发展经验和经济社会发展途径，针对长江上游的发展环境，分析其工业化、城镇化的发展目标；将长江上游综合交通作为整体，阐述其对外交通的发展格局和作用及长江黄金水道在其间的地位和作用。

三、关于总量预测思路

其一，有关单位采用运输强度、运输弹性、线性回归等数学方法，综合预测长江上游地区对外货运需求；结合上游地区产业布局和结构调整趋势，对外综合运输通道建设规划，判断长江综合运输通道承担的对外交通份额；分析长江综合运输通道各种运输方式的技术经济特性和发展规划，对重要货类进行运输系统论证，预测了其过坝运量；对近中期运输需求采用运输经济比较法、总量趋势分析法、产业结构分析法，综合推荐预测结果；对远期预测借鉴了国外发展经验、考虑了资源环境的约束，提出增长放缓的预测成果。

其二，有关单位对过坝运输的主要货类采用腹地需求、过坝运输影响因素分析，预测各货类过坝运量，汇总成过坝运输总量；利用过坝运量与经济、产业之间关系，建立回归模型预测总量及上下行运量；利用趋势外推法预测过坝运输总量；在上述工作基础上，对今后发展按照常规情景、保守情景、乐观情景进行分析预测，推荐常规情景作为预测成果。

其三，有关单位根据国家整体经济增长速度将逐渐放缓，发达国家水运经历了"起步—发展—回落—稳定"的历程，判断未来 5~10 年三峡整体通航需求仍将增长 8%，到 2020 年下降到 5% 甚至更低，针对能源、投资建设类货物、农业相关货物、集装箱等，结合国内外发展经验和相关产业发展规划预测过坝运输需求，各货类预测成果汇总为各水平年的过坝运输总需求。

其四，有关单位根据社会经济发展、产业布局规划和综合交通规划，采用时间序列模型、货运量与 GDP 相关的回归模型弹性系数法等预测了过坝运输需求总量；根据影响区域相关产业发展现状及规划，采用产销平衡法对过坝重点物资进行分析预测；根据国家重大战略实施、航运条件改善并借鉴国外航运发展经验，综合分析了货运量预测。

专家评审认为，采用不同的手段和方法，从不同的角度对货运量预测是可行的。长江上游西部地区的运输强度、对外交流是有规律可循的，数学模拟和趋势外推的方法首先要考虑过坝运量与经济之间的相关关系；通过历史规律的分析，认识国家发展战略和西部发展潜力对预测参数、结论的影响；分析长江综合运输通道的优势，技术经济比较长江水运在西部地区对外交往中发挥的重要作用；补充在市场经济的环境下，主要货类运输采用水运的经济合理性。

四、可深化研究的部分

可以看出,四家单位的研究各具特色,总结专家评审会的相关意见,三峡枢纽过坝需求分析在以下几个方面还可进行深化研究。

现状评价:三峡过坝运量变化与地区经济社会、综合交通运输发展的关系分析。

宏观形势:国际国内形势,国家新的战略和政策对需求的影响,上游地区在长江经济带其他地区发展路径和模式的研究。

运量预测:以运量和经济发展的关系为基础,加强运输强度等数学模型的深化研究,主要货类不同运输方式技术经济合理性分析。

第三节 研究思路框架

本次研究将在全面梳理现有研究成果的基础上,针对可深化研究的部分,首先探寻三峡过坝运量相关因素的影响机理,分析影响因素的变化趋势和对水运的需求,采用运输强度和产业关联等定量模型,对三峡枢纽过坝运量进行预测,最后综合已有成果的运量预测,推荐预测结果。具体思路如下:

其一,探寻影响机理。在全面解析三峡枢纽运营以来的主要特征的基础上,探讨长江上游地区经济发展、综合运输通道、资源开发利用开发等方面与三峡枢纽过坝运量之间的变化规律和内在联系,特别是分析三峡过坝主要货类变化与重庆等地相关产业产值变化的定量关系。

其二，把握新形势变化。根据国际国内发展形势，结合腹地工业化、城镇化阶段性发展特征，特别是考虑长江经济带、"一带一路"倡议等影响，结合中欧班列最新发展和西部陆海新通道规划建设，对沿江经济发展格局和态势判断的基础上，研判长江上游综合运输通道的变化趋势，综合上游水资源综合利用情况，分析腹地水路运输需求。

其三，深化定量预测模型。在影响机理分析及其变化趋势的基础上，以运输强度、产业关联法为主，定量和定性相结合，对三峡断面运输需求进行预测。结合腹地重要物资运输系统研究和流量流向分析以及渝新欧等中欧班列发展趋势，预测三峡断面运输上下行运量和分货类运量（图1-1）。

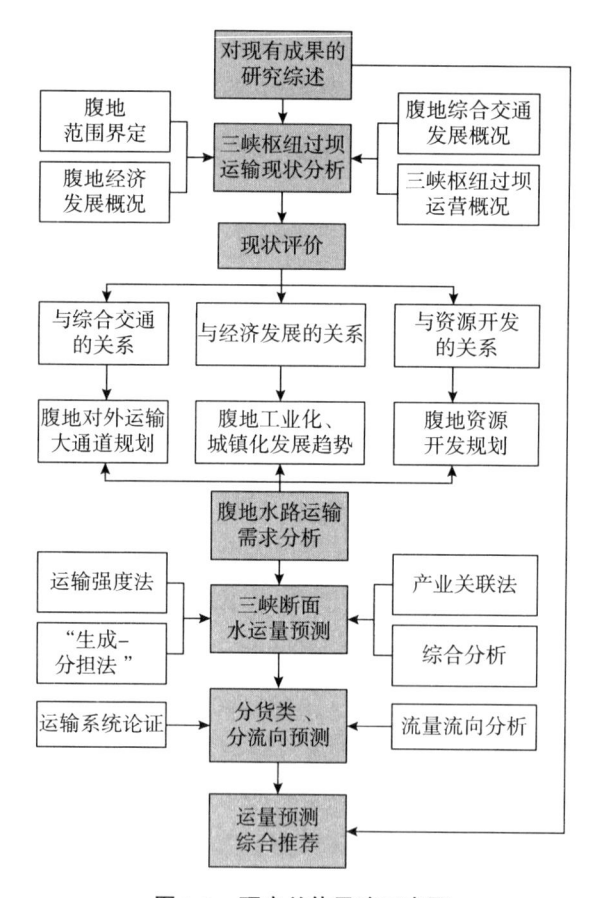

图1-1 研究总体思路示意图

第 2 章 三峡枢纽过坝运输现状

第一节 腹地经济发展概况

长江上游地区在全国经济发展中占有十分重要的位置，同时是当前长江经济带、"一带一路"等的叠加区。分析该地区经济发展、综合交通现状，是认识三峡过坝运输发展特点的基础。

一、研究范围界定及概况

长江上游地区（主要包括重庆、四川、贵州和云南）位于我国长江经济带和西部地区"T"型交汇处，资源丰富、产业基础雄厚。西部大开发战略实施以来，得益于三峡工程对长江上游航运条件的根本改善，以成渝经济区为中心的城市群大力推进工业沿江布局，区域内经济实现了持续健康快速发展。2017年重庆、四川国内生产总值56480亿元，外贸进出口额9114亿元，2000年以来的GDP、外贸进出口额年均增速分别达到11.8%、22.4%，已超过了东部地区的增长速度。其中，成渝经济区地区生产总值占川渝两省市89%及川渝滇黔三省一市总量的60%；该地区区域经济密度①是全国平均水平的3.2倍，是西部地区平均水平的14倍，已成为引领西部地区加快发展、提升内陆开放水平的前沿区域，也是西部与其他省份物资交流最活跃的地区。该区域是长江上游水路运输的经济腹地，也是三峡枢纽的直接服务范围，因此，将长江上游地区作为主要经济腹地。腹地主要年份经济指标详见表2-1。

表2-1　　　　　　　　　　腹地主要年份经济指标

主要经济指标	单位	2000年	2005年	2010年	2017年				
					总计	四川	重庆	云南	贵州
人口	万人	18771	19648	18999	19311	8045	2885	4801	3580
GDP	亿元	8704	16304	36607	86553	36980	19500	16531	13541
一产比例	%	22	18	13	12	12	7	14	15
二产比例	%	39	42	49	40	39	44	39	40
三产比例	%	38	39	38	48	50	49	47	45
人均GDP	元/人	4637	8298	24351	44822	44651	63689	34545	37956
工业增加值	亿元	2815	5735	16052	26674	11517	6587	4265	4305
固定资产投资	亿元	3160	8052	29232	83513	32097	17441	18475	15500
进出口商品总值	亿美元	47	121	617	1665	682*	667*	234	81
其中：出口	亿美元	40	107	359	975	376*	427*	114	58
实际利用外资	亿美元	17	22	150	236	87*	101	10	39

注：标*数据为根据2017年人民币兑美元平均汇率6.7544折算。

2017年川渝地区人口、GDP、外贸进出口额分别占上游地区的57%、65%和81%，同时，目前长江三峡过坝运量中约95%的货运量与重庆、四川有关（其中80%与重庆有关），且川渝是未来西部地区承接产业转移、发展外向型经济的热点地区，是主要的对外交流货源生成地。因此，本次研究范围界定为以重庆、四川为主，定量研究案例以重庆市为主。

---

① 指国内生产总值与区域面积之比。

二、腹地经济发展特点

川渝地区经济发展、产业布局、对外贸易、资源开发等主要呈现以下特点：

（1）经济综合实力不断增强，在全国地位不断提升

新世纪以来，川渝地区经济发展势头强劲，在全国经济总量中的地位不断增强，已成为西部经济发展的高地。2017年，两地完成GDP5.6万亿元，占全国总量的6.8%，较2000年提高了近1个百分点。该时期，川渝地区借助我国西部大开发战略的推进，经济发展总体呈现后来居上的态势，经济增速始终领先全国平均水平。其中，重庆以沿江产业带开发为契机，积极吸引高端产业落地，"十二五"之后经济增速均超过长三角地区，长期名列全国前茅；四川则依托雄厚的资源基础，大力发展新型工业化，经济发展成效显著。

（2）产业结构进一步优化，高技术及制造业发展迅速

近年来，川渝地区产业结构不断优化，均呈现第二产业先上升后逐步下降、第三产业占比稳步发展的态势，其中重庆市三次产业构成由2000年的16∶42∶42调整到2017年的7∶44∶49，四川省三次产业构成由2000年的24∶37∶39调整到2017年的12∶39∶50。具体到工业发展来看，川渝两地均为重工业占绝对主导，工业结构虽略有差别，但近年来加速产业转型步伐，已走出一条不同于沿海地区的发展路径。其中，资本密集型的机械装备制造业和劳动力密集型的原材料加工业是重庆工业的支柱产业。

（3）资源分布情况

长江上游地区川渝云贵三省一市是我国矿产资源、能源资源的富集地，

具有丰富的煤炭、天然气、铁、锰等金属资源和硫、盐、建材等非金属资源，是我国资源开发条件最优越的地区之一。

重庆市具有较为丰富的天然气、煤炭、盐矿、铝土等资源，其储量和品位在全国具有明显优势。其中，2010年以来该市陆续发现了新的煤炭、盐矿、白云岩和灰岩资源，尤以非金属矿石的基础储量增长最为显著，这也是近年重庆非金属矿石产量增长的重要原因。四川省矿产资源丰富且种类齐全，多种矿产储量在全国名列前茅。其中，该省煤炭资源较为丰富，在满足本省消费的同时还能调出，此外，四川省多种非金属矿石保有储量在全国位居前5，是我国化工工业和尖端技术产品的原料供应地（图1-2）。

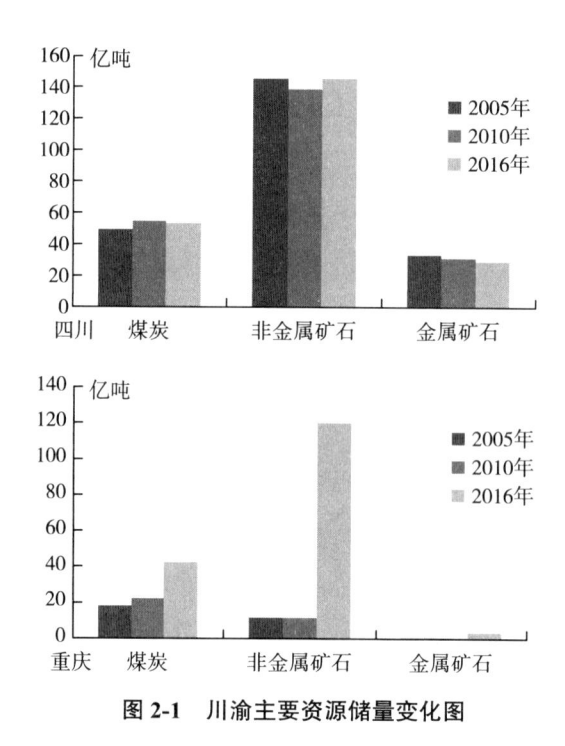

图 2-1　川渝主要资源储量变化图

（4）初步构建以交通通道为主骨架，城市群为依托，特色集群为重心的产业格局

四川现基本形成成都、攀西、川南、川东北、川西北五大经济区。其中：

成都经济区是四川经济规模最大、综合实力最强的地区，GDP占全省近50%，重点发展重大装备制造业、高新技术产业、现代服务业和现代农业；川东北经济区发展天然气化工、农产品加工业以及特色农产品；川南经济区发展能源产业、化学工业、重大装备以及化纤纺织工业；攀西经济区发展以水电为代表的能源产业、新材料、精品钢材以及特色农产品业；川西北生态经济区发展生态旅游和清洁能源业。

重庆依托"一圈两翼"的区域发展战略，构建各具特色的产业带，2016年一小时经济圈的GDP为13553亿元，占全市比重为77.2%。圈内将形成"一带两区"的产业布局，即沿江经济隆起带、渝西加工制造业拓展区和渝南资源型产业拓展区，形成摩托车、天然气石油化工、铝加工三大制造业基地和汽车制造、数字仪器仪表等产业基地。渝东北地区将建设长江上游特色经济走廊，重点发展食品、中药及生物医药、能矿建材、盐气化工及天然气石油精细化工、机械制造、纺织及服装等六大产业。渝东南地区重点发展水电能源、矿产品加工、旅游、农副产品加工等产业（图2-2）。

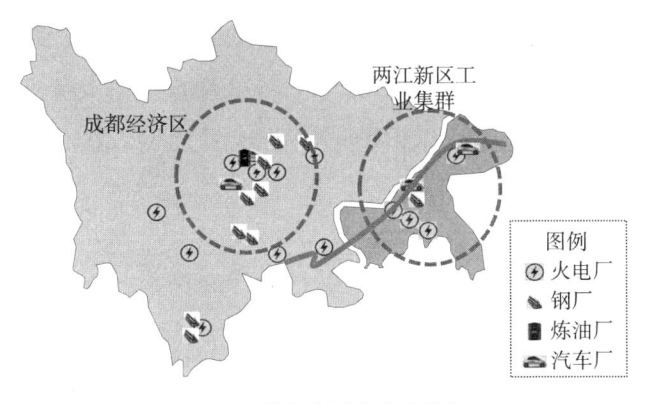

图 2-2　川渝主要产业布局图

（5）外向型经济发展较快，外贸结构逐步优化

川渝地区地处我国西部，外贸依存度较低，但近年来对外贸易快速增长，贸易规模不断扩大，长江上游地区成为外商投资大陆的新热点。2017年川渝地区外贸进出口总额达1349亿美元，实际利用外资188亿美元。2005年以来，

四川省和重庆市外贸总额年平均增速分别为 19.7%、25.7%，均远高于全国平均增速 9.3%（图 2-3）。

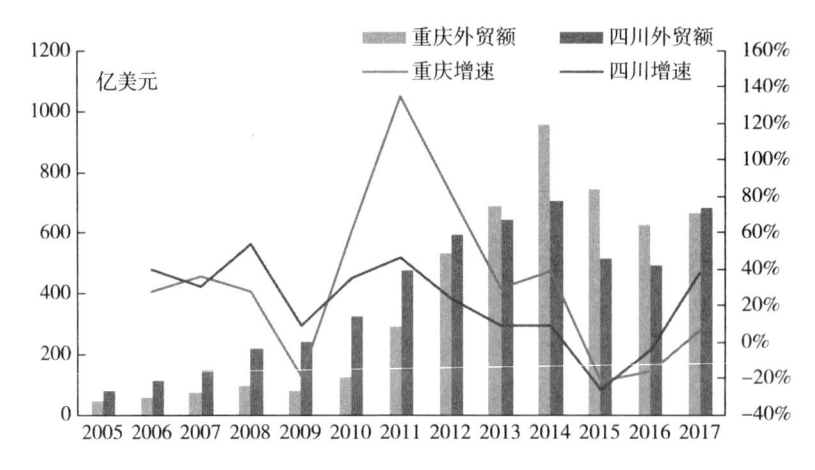

图 2-3　川渝外贸总量及增速变化图

川渝地区结合自身条件，发挥比较优势，经济外向度增强，外贸结构逐步优化。其中，制造业外商投资增幅显著，"十五"以来，惠普、富士康、英业达、西门子、英特尔、摩托罗拉、必盛、中芯国际、友尼森、爱立信等一批国际知名公司相继落户川渝地区，世界 500 强企业在川渝超过 200 家，与外商的广泛合作直接推动了川渝两地外贸的快速发展，其中尤以机电产品增长最为迅猛。

三、腹地综合交通发展概况

（1）已形成东、南、北向为主，公铁水共同发展的三大对外运输通道

近年来，川渝两地的经济快速发展带来了旺盛的运输需求。2016 年四川、重庆的全社会货运量分别为 16.0 亿吨和 10.8 亿吨，2010—2016 年年均增速分别为 3.1% 和 4.8%。同时，腹地内以重庆、成都等综合运输枢纽为核心节点，

依托铁路、高速公路、长江等交通主骨架，初步形成了东、南、北向为主，西向为辅的对外货物综合运输通道。

东通道（即长江综合运输通道）：主要由长江黄金水道，沪汉蓉、襄渝铁路，沪蓉（G42）、沪渝（G50）、渝湘（G65）等沿江高速公路以及318、319等国道线共同组成。该通道主要承担川渝地区和华中、华东地区之间的物资交流以及外贸物资运输任务。

南通道：主要由成昆、内昆、川黔、渝黔、渝怀、隆黄铁路，重庆—贵阳—海口（G75）、渝昆（G85）、成都—昆明（G5）等高速公路及108、210、213、321等国道共同组成。该通道主要承担川渝地区和云南、贵州等省市间的物资交流任务，并且可进一步延伸至珠三角、北部湾地区，形成西南出海大通道。

北通道：主要由宝成、兰渝铁路，成绵广（G5）、西安至重庆（G65）等高速公路以及108、210、212、213等国道共同组成。该通道主要是承担川渝地区和陕西、甘肃等省市间的物资交流任务，连接环渤海地区和欧亚大陆桥，加强与西北、华北、东北等地区的联系。

西通道：主要由317、318国道和成渝环线高速公路（G93）以及规划的川藏、川青铁路和公路共同组成。该通道主要承担成渝经济区与阿坝、甘孜等少数民族地区的交通联系。

从货运方式来看，腹地对外物资交流主要由铁路、公路和水路完成。根据对铁道部、交通运输部的相关统计数据分析，2013年长江上游地区与区外的货物交流量约为4.5亿吨，与2005年的2.2亿吨相比年均增长9.4%。2013年对外交流货运量中铁路、公路、水运所占比重为42∶34∶24，与2005年的60∶20∶20相比，水运的地位有了很大提升。初步测算，2018年长江上游地区与区外的货物交流量约为5.0亿吨，与2013年的4.5亿吨相比年均增长2.1%；对外交流货运量中铁路、公路、水运所占比重为34∶36∶30，与2013年的42∶34∶24相比，水运的地位有了进一步提升，铁路占比下降明显。从辐射范围看，公路重在邻近省、区、市运输，铁路重在省际运输，水运主要承担外贸运输及与长江中下游地区的货物交流。参见表2-2。

表2-2　　　　　长江上游地区对外交通分方式运量现状表（一）　　　　单位：万吨

	2005年		2010年		2013年		2018年	
	运量	比例	运量	比例	运量	比例	运量	比例
对外交流量	22000	100%	37000	100%	45000	100%	50000	100%
其中：铁路	13300	60%	18000	49%	19000	42%	17000	34%
公路	4300	20%	10200	28%	15300	34%	18000	36%
水路	4400	20%	8800	24%	10700	24%	15000	30%

（2）对外交流量稳步增长，东向通道地位不断提升

近年来，川渝地区对外货运交流量较快增长，2005年以来年均增长9.4%，至2013年已达4.5亿吨，2018年为5.0亿吨，并主要集中在东、南、北三个方向。其中，东通道（即长江综合运输通道）在腹地对外运输交流中的角色逐渐加强，所承运比重由2005年的41%增加到2013年46%，2018年为48%左右。其中约60%为煤炭、矿石、矿建材料等能源、原材料物资的调运。南通道承运比重由2005年的38%下降到2013年的34%，2018年为35%，主要为金属矿石、钢铁有色等冶金原材料的调运。北通道承运比重由2005年的21%下降到2013年的20%，2018年进一步下降为17%，主要调运的货种为粮食、钢铁等。具体调运情况参见表2-3。

表2-3　　　　　长江上游地区对外交通分方式运量现状表（二）　　　　单位：万吨

	2005年		2010年		2013年		2018年	
	运量	比例	运量	比例	运量	比例	运量	比例
对外交流量	22000	100%	37000	100%	45000	100%	50000	100%
其中：东通道	9000	41%	16000	43%	20500	46%	24000	48%
南通道	8400	38%	13500	37%	15300	34%	17500	35%
北通道	4600	21%	7500	20%	9200	20%	8500	17%

第二节　三峡过坝运输发展概况

三峡枢纽建成通航以来，其过闸及翻坝运输呈现以下特点。

一、过闸货运量迅猛增长，上行运量在 2011 年后超过下行运量

2014 年三峡船闸通过货运量 10898 万吨，继 2011 年之后第二次突破 1 亿吨的设计通过能力，2004 年以来年均增长 12.3%，超过同期长江干线运量 2 个百分点。分阶段来看，2011 年之前三峡船闸货运量年均增长 16.6%，呈现了迅猛增长的态势；2011 年达到设计通过能力之后，三峡船闸货运量年均增长仅 2.8%，运量增长显著放缓。在优化通航组织、加强管理等多因素影响下，2014—2018 年货运量保持较快增长，年均增长 6.8%。

与此同时，随着上游工业化、城镇化的快速发展，由下游调入的金属矿石、矿建材料运量大幅增长，上下行货运量比例也由 2004 年的 3∶7 逐步变化为 2014 年的 6∶4，上行运量在 2011 年之后持续超过下行运量。2018 年，上下行运量的比例仍维持在 6∶4 左右，见图 2-4。

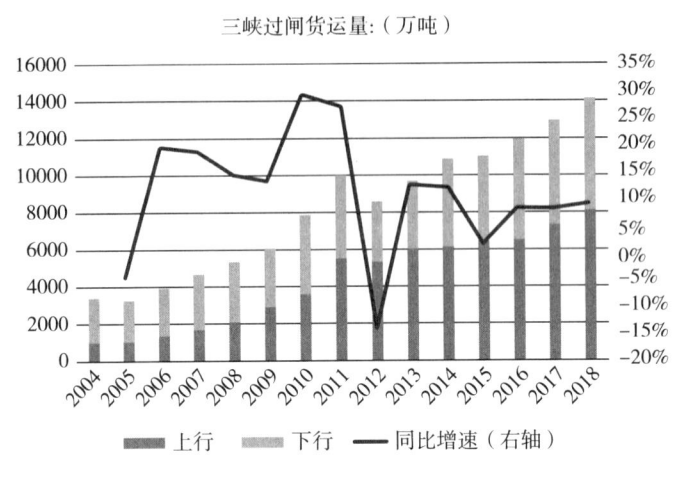

图 2-4 三峡过闸上下行货运量及增速变化

二、大宗散货占主导地位，煤炭运量锐减、矿建和矿石运量大幅增长是三峡通航以来最显著的特点

2004年以来，煤炭、金属矿石、矿建材料和非金属矿石等大宗散货在三峡过闸货运量中占据主导地位，四种货类占总过闸运量的百分比维持在60%左右。2018年，进一步提升到68%。此外，集装箱、件杂货、石油及制品也是三峡过闸的主要货类，见图2-5。

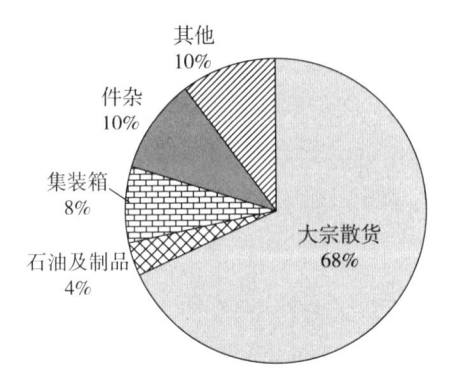

图 2-5 2018年三峡船闸过闸货类结构图

从货类结构变化来看，煤炭下行运量锐减、矿建和矿石运量大增是三峡通航以来最为显著的特点：长江上游地区沿江产业和城市建设的快速发展，带动了矿石、矿建材料运量的迅猛发展，2014年金属矿石、矿建材料和非金属矿石过闸运量共5540万吨，近10年里对三峡过闸的增量贡献率近70%。2018年金属矿石、矿建材料和非金属矿石过闸运量共8278万吨，2014—2018年对三峡过闸的增量贡献率超过80%。

随着川渝地区本地煤炭需求增大，煤炭外运量大幅下降，自2011年以来三峡煤炭过闸运量呈现下降的趋势，尤其是2014年，煤炭过闸运量降至835万吨，较2010年下降了71%（下行运量下降了83%）。2018年，煤炭过闸运量降至533万吨，较2014年下降了36%（下行运量下降了69%），见图2-6。

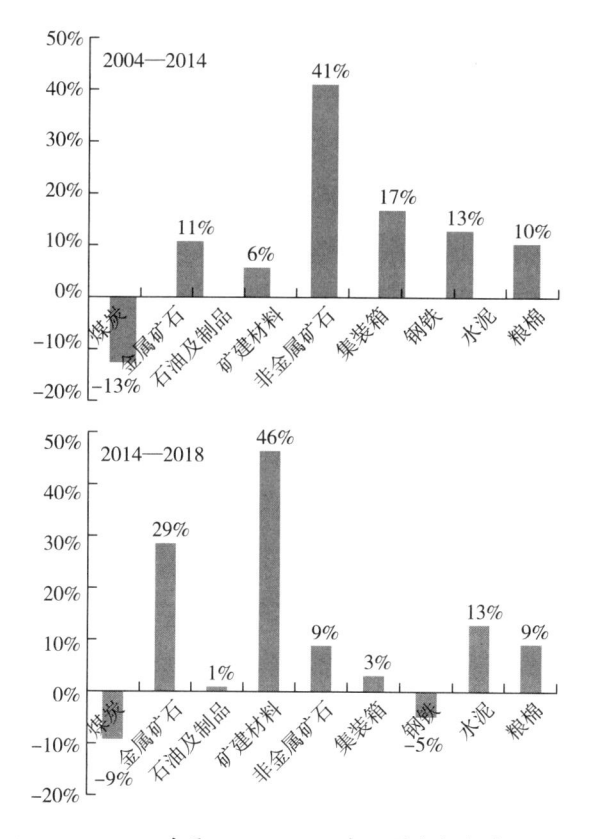

图2-6 2004—2014年和2014—2018年三峡船闸货类增长贡献率

同时，长江上游地区沿江产业的发展也带动了石油及制品、钢材和集装箱的发展，2004—2014年石油及制品、钢材、集装箱年均增长率分别达到20.5%、22.8%、20.2%，均高于过闸总量的年均增长速度。2014—2018年金属矿石、矿建材料、水泥、粮棉年均增长率分别达到17.7%、10.1%、19.0%和37.4%，明显高于过闸总量的年均增长速度。

三、主要过闸货类流量流向变化较大

——煤炭下行逐年萎缩，上行总体保持稳定。2014年，三峡船闸过闸煤炭运量为835万吨，其中上行370万吨，下行465万吨，约89%与重庆港相关。从流量流向来看，上行过闸到重庆港280万吨，服务重庆地区电厂和工业用煤，其中73%来自长江下游，主要是北方煤炭通过海进江调入，近年来增长较快；27%来自长江中游，主要为安徽等地的煤炭调入，近年来保持稳定。从重庆港下行过闸煤炭460万吨，绝大部分为四川、云贵地区煤炭通过支流等在重庆港中转，服务于长江中下游地区电厂和工业用煤，其中75%流向长江下游，25%流向长江中游，近年均呈下降趋势。2018年，三峡船闸过闸煤炭运量为533万吨，其中上行391万吨，下行142万吨，上行变化不大，下行继续减少。

——金属矿石、石油及制品流向格局维持稳定。2014年，三峡船闸过闸金属矿石运量为1013万吨，其中上行918万吨，下行95万吨，约83%与重庆港相关。从流量流向来看，上行过闸到重庆港772万吨，服务于重钢和四川达钢等，其中92%来自长江下游，主要是外贸进口铁矿石通过海进江调入，其余8%来自长江中游的矿区，近年均保持稳定；从重庆港下行过闸金属矿石72万吨，主要服务于湖北地区冶金工业使用，近年略有增长。2018年，三峡船闸过闸金属矿石运量为1945万吨，其中上行1852万吨，下行93万吨。2014—2018年，上行继续保持增长，下行保持稳定。

2014年，三峡船闸过闸石油及制品运量为506万吨，其中上行439万吨，下行67万吨，约65%与重庆港相关。从流量流向来看，上行石油及制品过闸到重庆港328万吨，其中62%为长江下游调入的成品油，38%为长江中游调入，近年均保持稳定。2018年，三峡船闸过闸石油及制品运量为535万吨，其中上行508万吨，下行27万吨。上行保持增长，下行下降。

——矿建材料保持较快增长。2014年，三峡船闸过闸矿建材料运量为3228万吨，其中上行2160万吨，下行1068万吨，约64%与四川港口相关。结合实地调研，上行矿建材料绝大部分为黄砂，主要服务重庆地区城市基础设施建设，2010年同比激增220%，随后保持稳定；下行过闸矿建材料为石材，主要服务中游地区交通等基础设施建设，2014年同比增长137%。2018年，三峡船闸过闸矿建材料运量为4745万吨，其中上行2739万吨，下行2006万吨。上行保持增长，下行增长较快。

——非金属矿石总体保持增长。2014年，三峡船闸过闸非金属矿石运量为1299万吨，其中上行256万吨，下行1043万吨。从流量流向来看，上行过闸主要来自中游地区，近年略有下降；下行绝大部分是四川、贵州地区的磷矿，主要服务于长江下游地区的化工产业，近两年增长迅速。2018年，三峡船闸过闸非金属矿石运量为1588万吨，其中上行215万吨，下行1373万吨。上行运量略有下降，下行运量保持增长。

——水泥下行运量较快增长。2014年，三峡船闸过闸水泥运量为420万吨，其中上行9万吨，下行411万吨，基本都与重庆相关。从流量流向来看，下行27%到长江中游地区，73%到长三角地区，2011年后提升较快；上行水泥在2009年之后大幅萎缩。2018年，三峡船闸过闸水泥运量为843万吨，其中上行11万吨，下行832万吨，下行运量保持较快增长。

——集装箱总体保持增长。2014年，三峡船闸过闸集装箱1143万吨，其中上行609万吨，下行534万吨，约90%以上与重庆港相关。从流量流向来看，上行集装箱的92%和下行集装箱的88%是和上海港交流，但实际上该部分集装箱量绝大部分只是通过上海港进行中转,同时近年上行增长要略快于下行增长。2018 年,三峡船闸过闸集装箱 1244 万吨,其中上行 651 万吨,下行 594 万吨。上下行保持同步增长态势。

四、翻坝滚装汽车运输总体呈现下降

从 2004 年实施翻坝运输以来,翻坝运输量逐步增长,并于 2008 年达到 42.2 万辆的峰值;2009 年底,沪渝高速宜昌—恩施段全线贯通后,重庆—宜昌段的高速公路通行成本费用和时间大幅降低,部分重载滚装车辆重新回到公路运输,2009 年后翻坝运量呈现下降后趋稳态势。2010 年三峡翻坝高速开通后,翻坝运输主要是载货汽车通过三峡库区,经由右岸宜昌港茅坪作业区转陆路翻过三峡大坝的一种运输模式。2013 年为 29 万辆,较 2008 年下降了 31%,但同比上年增长了 4 万辆。货类主要为长江上游地区与长江中下游、华北地区交流的件杂货、机械设备以及鲜活物资等。2018 年为 20 万辆,总体呈现下降趋势。

五、过闸客运量逐年下降

近年来,随着三峡坝区沪渝高速公路、宜万铁路以及三峡翻坝高速公路的贯通,三峡船闸过闸客运量呈不断下降的态势。2014 年过闸 52 万人次,仅为 2004 年的 28%。2018 年过闸客运量为 17 万人次,仅为 2014 年的 1/3 左右。见表 2-3。

表2-4　　　　　典型年份三峡枢纽分货类过坝运量表　　　单位：万吨、万人

年份	2005年 合计	2010年 合计	2014年 合计	2014年 上行	2018年 合计	2018年 上行
一、过坝货运量合计	4393	8794	11930	6718	14318	8169
（一）过闸货运量	3291	7880	10898	6137	14166	8103
1. 煤炭	1750	2875	835	370	533	391
2. 石油及制品	139	583	506	439	535	508
3. 金属矿石	220	841	1013	918	1945	1852
4. 钢铁	145	636	887	616	729	518
5. 矿建材料	238	550	3228	2160	4745	2739
6. 水泥	64	172	420	9	843	11
7. 木材	3	35	81	80	119	117
8. 非金属矿石	43	640	1299	256	1588	215
9. 化肥	100	114	170	14	166	12
10. 粮棉	44	82	117	113	415	412
11. 集装箱重量	266	649	1143	609	1244	651
#箱量（万箱）	22	60	73	38	76	38
12. 商品滚装	13	63	53	19	77	31
#车辆数（万辆）	6	31	27	9	38	16
13. 其他	266	641	1174	535	1226	647
（二）翻坝货运量	1102	913.5	1032	581	699	317
#车辆数（万辆）	31.5	26.1	33	17	8	4
二、过闸客运量合计	188	50.7	52	26	17	22

数据来源：主要来自长江三峡通航管理局统计年报；集装箱箱量和商品滚装车辆数根据重庆、四川港口统计年报分析所得。

第 3 章 三峡枢纽过坝主要货类运量影响因素分析

煤炭、金属矿石、矿建材料、非金属矿石、水泥和集装箱是三峡过闸的主要货类，2014年占过闸总量的70%，2018年占比为76%。结合腹地经济发展概况、综合交通发展概况和三峡过坝运输发展概况，分析这些货类近年变化特点及影响因素，有助于探寻三峡断面运量发展的内部机理。

第一节 煤炭

上游地区耗煤量增长，出川煤炭大幅下降，海进江煤炭维持一定规模，成为煤炭消费量的重要补充。自2010年以后三峡船闸煤炭运量开始急剧下滑，但上行运量同期提升了300万吨到2014年的370万吨，2018年进一步增长到391万吨。结合前文流量流向分析可知，煤炭下行运量急剧下滑超过2300万吨，经分析，其中约43%是重庆港口减少的，约52%是四川港口减少的；煤炭上行增量分布在川渝和湖北巴东地区，主要是海进江来的北方煤炭，2018年，煤炭运输格局基本稳定（图3-1）。

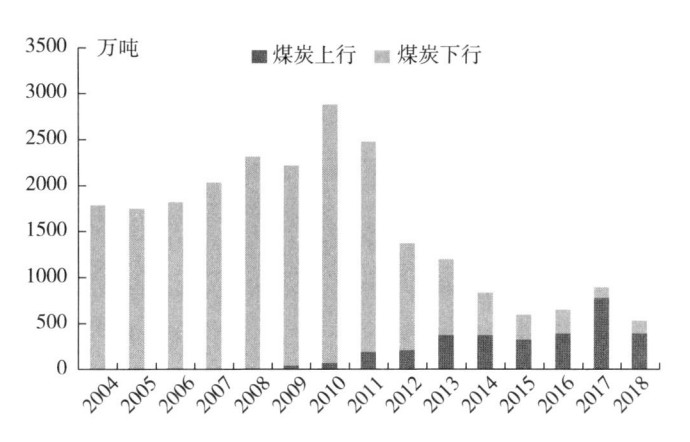

图 3-1 2004—2018 年三峡船闸煤炭运量变化图

造成煤炭过闸的这种变化主要是由两方面因素造成的：一是上游地区资源储量减少，煤炭产业面临退出，煤炭产销不平衡逐步增大，以重庆为例，其煤炭产销缺口由 2010 年的 2500 万吨迅速提高到 2014 年的 5000 万吨，由此，出川渝煤炭不断减少。二是随着船舶大型化和煤价下滑，近年来海进江煤炭运输经济性优势逐步显现，运量不断提升的同时运输范围逐步向上游拓展，2010—2014 年年均增长 45%，已成为长江中下游地区煤炭调入的重要组成部分，2018 年上行煤炭运量继续维持 2014 年左右的规模（图 3-2）。

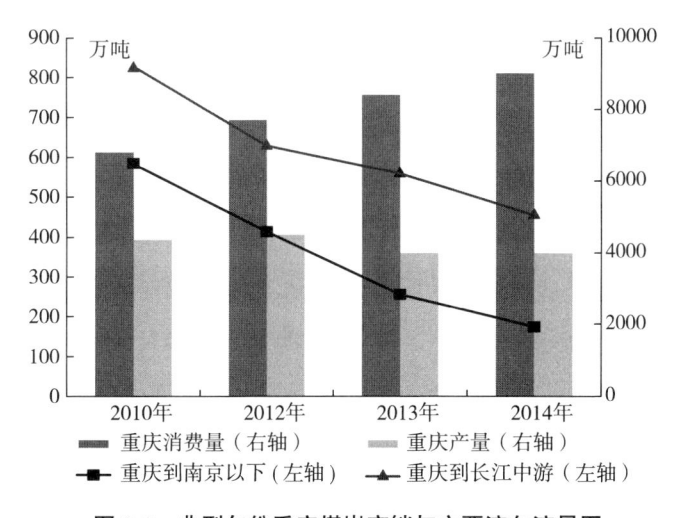

图 3-2 典型年份重庆煤炭产销与主要流向流量图

区别于大宗散杂货运输，集装箱运输具有其自身发展规律，影响机制较为复杂。其中，外贸集装箱发展与该地区外贸进出口总额、外贸商品结构、进出口平衡度以及航线航班密度密切相关。2005年以来，川渝两地的外贸进出口额年均增长分别为25%和41%，高新技术产品占工业总产值比重分别提高4个百分点和12个百分点，航线航班密度不断增加，有力促进了长江上游外贸集装箱运量的增长。另一方面，内贸集装箱的发展则与区域经济发展、货源结构、运输组织等关联密切。近年来，国民经济持续快速发展和地区间存在的资源、产业结构差异，促进了地区间货物交流日趋活跃，长江三角洲地区港口凭借着信息健全、交通网畅通和雄厚的技术实力，成为全国内贸集装箱物流的主要集聚地。在长江航道条件和航运市场逐步完善的背景下，内贸集装箱运输便利、优质等优势逐步显现，内贸集装箱运输模式认知度提高，内贸物资集装箱化率不断提高，长江上游地区内贸集装箱水运量得到了快速增长。

第二节　钢铁

钢铁冶金业的发展以及本地矿石生产去产能是金属矿石增长的主要原因。

2014年三峡过闸金属矿石1013万吨，2004—2014年保持了17.0%的高速增长，2014—2018年金属矿石运量保持18%的年均增速。基本全为海进江上行的外贸铁矿石，增量的80%以上是到重庆港的。分阶段来看，2004—2010年三峡过闸金属矿石运量增长迅速，而2011—2016年运量徘徊在1000万吨左右，这与三峡船闸到达设计通过能力的时间吻合，但实际上造成金属矿石运量的这种变化特征与冶金工业发展密切相关。由图3-3所示，三峡金属矿石上行运量与重庆港金属矿石内贸进口量、重庆铁矿石需求量和重庆黑色金属冶炼及压延加工业产值变化是高度一致的，即在2011年之前随着冶金工业的发展，三者均呈均高速增长，2011年之后我国钢铁产能过剩问题开始显现，钢厂效益大幅下降，产量及运输需求下滑，并造成了三峡过闸金属矿石运量的这种变化特征。"十三五"期间，特别是2017年、2018年，四川、重庆等地受"去产能"政策影响，本地矿石产量明显下降，是外贸铁矿石保持较快增长的重要原因之一，见图3-3、图3-4。

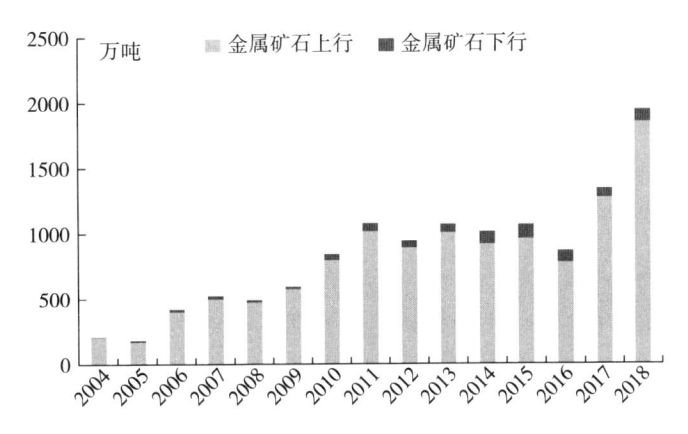

图 3-3 2004—2018 年三峡船闸金属矿石运量变化图

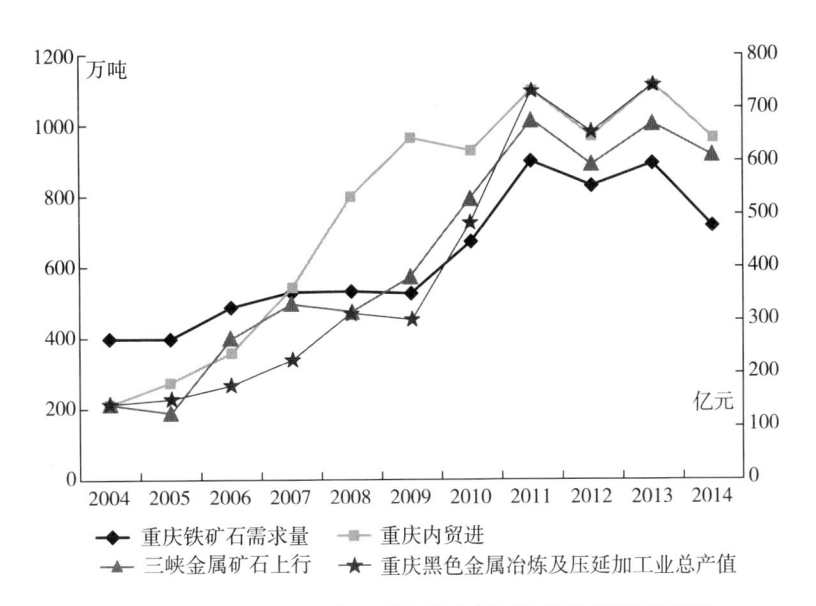

图 3-4 2004—2014 年三峡过闸金属矿石相关因素变化图

第三节 矿建材料

砂石开采相关政策的调整以及基建提速推动了矿建材料的增长。

2014年，三峡过闸矿建材料运量完成3228万吨，已成为三峡过闸运量最大的货种，占总量的30%。2015年后，受政策影响，下行矿建材料出现大幅增长，2015—2018年运量翻了近一番。2018年，三峡过闸矿建材料运量完成4745万吨，仍然是三峡过闸运量最大的货种，约占总量的30%。

分阶段来看，2004—2009年矿建材料过闸运量徘徊在200万吨左右，2010年之后则呈现出爆发式增长，但上下行的变化特点有所区别：2011年上行矿建材料同比增长220%，但之后几年则只有9%的增长；同时下行矿建材料在2011年三峡枢纽整体达到设计通过能力后逆势大幅上涨，年均增长达110%，见图3-5。

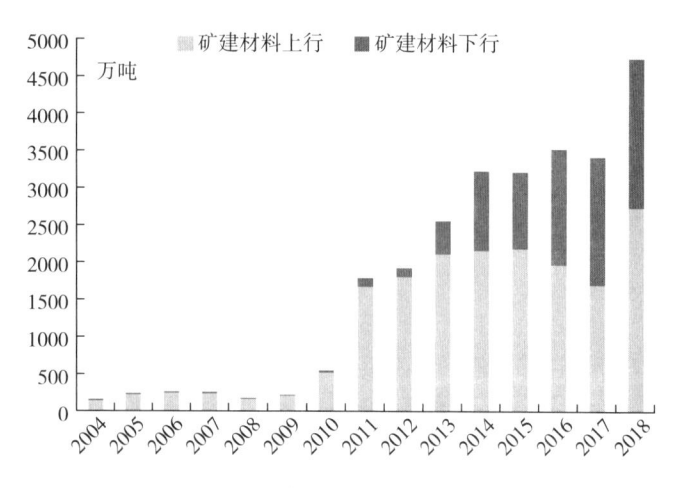

图3-5 2004—2018年三峡过闸矿建材料运量变化图

由于矿建材料特别是沙石的开采较为灵活，港口统计数据与实际数据存在不一致。该货种在三峡过闸货种中占比最高，对总量判断影响较大，我们进行了大量调研，咨询了船公司、地方政府等，综合分析矿建材料运量变化影响因素如下。

从矿建资源供给来看，川渝地区呈现"多石少砂"的特点，两湖地区则呈现"多砂禁石"的特点，即：川渝地区石材资源多，但黄砂开采成本逐步提高，开采量下降；两湖地区特别是枝城周边低价黄砂自2010年后开采量大增，加上洞庭湖的优质砂源供应量大，因此两湖地区黄砂向上游地区调出开始增多并形成较为固定的市场。但另一方面，近年长江中下游地区实行了严格的山石禁采政策，石材则需要外部调入。从需求角度来看，2009年国务院加快推进重庆城乡统筹改革工作，推动了重庆城乡基础设施建设，黄砂等建材需求大增；同时近两年长江中游地区交通基础设施建设提速，石材需求增长较快。

总的来看，造成近几年矿建材料突增的主要因素，一是中上游地区城镇化对矿建需求的提升，二是长江沿线地区矿建资源的变化和相关开采政策的影响。

第四节　非金属矿石

丰富的资源储量和长江中下游发达的化工产业是非金属矿石增长的主要推动力。

2014年三峡过闸非金属矿石1299万吨，2004—2014年保持了41.6%的高速增长，并已发展成为三峡过闸第二大货种。2018年三峡过闸非金属矿石1588万吨，2014—2018年年均增速为5.2%。分上下行来看，下行非金属矿石近年快速增长,主要为磷矿,用于中下游的化工产业;上行非金属矿石自2011年之后逐步下降,2014年共完成256万吨,主要为川渝地区化工产业所需要的非金属矿石品种调剂。

从前文分析可知,长江上游地区有着极其丰富的非金属矿石资源,同时湖北宜昌地区、长江下游地区化工产业发达,对磷等非金属矿石需求旺盛,直接推动了三峡过闸下行非金属矿石的增长。上行非金属矿石作为品种调剂,在2011年三峡船闸达到上行设计通过能力之后开始平缓下滑(图3-6)。

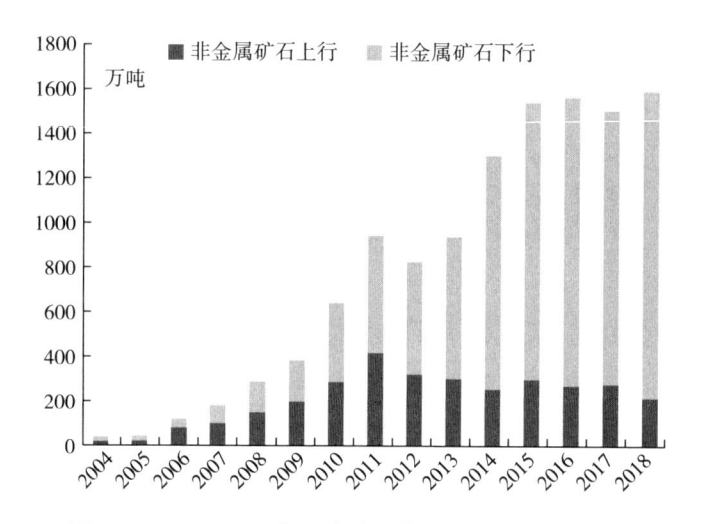

图3-6 2004—2018年三峡过闸非金属矿石运量变化图

第五节 水泥

产能提升是水泥运量增长的主要因素。

2014年三峡过闸水泥运量420万吨,2004—2014年以来实现了34.5%的高速增长。2018年，三峡过闸水泥运量843万吨，几乎全部是下行运量。根据实地调研，2008年之后上行大增主要是因为汶川地震灾后重建，从中下游大量调入，之后大幅萎缩；2011年后海螺水泥、华新水泥、东方新希望等水泥厂陆续落户重庆投产，除满足本地消费外，大量调往武汉、长沙、宜昌等城市，推动了下行水泥量的快速增长（图3-7）。

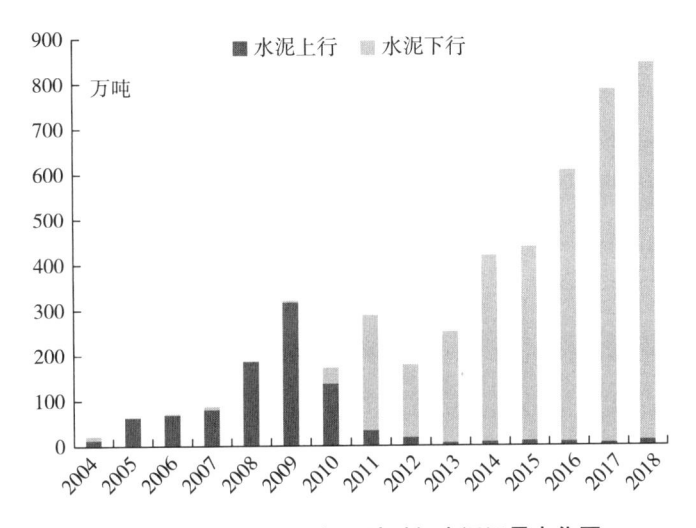

图3-7 2004—2018年三峡过闸水泥运量变化图

第六节 集装箱

外向型经济发展和运输效益提高促进了集装箱运量的增长。

2014年三峡过闸集装箱运量1143万吨，2004—2014年以来实现了20.2%的高速增长。2018年，三峡过闸集装箱运量1244万吨，2014—2018年年均增速仅为2.2%，主要是2018年集装箱运量出现较为明显的下降。

目前，三峡过闸的集装箱90%以上与重庆港相关，绝大部分内贸箱和外贸箱是与上海港进行交流。从货源情况来看，外贸集装箱上下行主要为机电和轻工较重相关产品，内贸集装箱下行主要为钢坯、元明粉、化工产品等初级产品，上行主要为机电、轻工等加工产品和粮食，见图3-8。

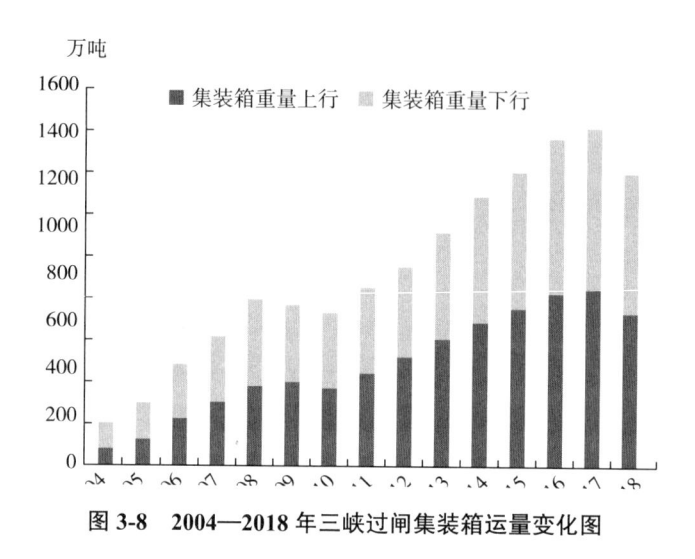

图3-8　2004—2018年三峡过闸集装箱运量变化图

第七节　其他

中欧班列运输主要为高附加值货物提供高质量服务，对运量预测影响不大。

我国外贸箱源90%分布在东部沿海地区，海运是主要运输方式；中西部地区的外贸箱源则高度集聚在长江经济带为轴线的城市群以及重要铁路通道沿线的部分内陆中心城市。目前直达班列国内始发城市主要有，西部地区的重庆、成都、西安、兰州和乌鲁木齐,中部地区的武汉、郑州、合肥、南昌、长沙和太原,华东地区的苏州、义乌、连云港、青岛和济南,珠三角地区的东莞和厦门,京津冀地区的天津,以及东北地区的沈阳、营口、长春和大连等城市。

2018年开行超过300列的城市有西部的成都、重庆、西安,中部的郑州、武汉和东部沿海省份的义乌市,从城市分布看,除义乌外,均为中西部地区重要枢纽、节点城市。六市开行列数占全国的比重由上年的79%上升到91%,其中成都、重庆占一半以上。中欧班列集聚效益明显,成都、重庆处于第一梯队,西安、郑州、武汉处于第二梯队,义乌则由于小商品品牌效应,在东部地区脱颖而出。

中欧班列是为广大内陆地区提供新的贸易通道,为高附加值货物提供高质量服务和定制服务,提升中西部地区在全球开放格局中的地位。沿海地区仍应充分利用海上丝绸之路。初步判断,"西部通道"(经阿拉山口/霍尔果斯等口岸出境,经第二大陆桥到达东欧、中欧、西欧、南欧地区)的合理服务范围应以在京广线以西的广大中西部地区为主,服务本地出口导向等较高附加值产业;京广线以东地区可选择其他通道和海运。

中欧班列早期所运货物品类相对单一,最早开通的线路"渝新欧"起初运输的多是当地生产的电子产品。近年来,随着中欧班列数量以及回程开行班列的快速增长,中欧班列所运输货物品类多元化,去程主要包括电子产品、机械制品、化工产品、木制品、纺织品等,回程主要包括欧洲机电产品、食品、医疗器械、汽车零部件、机械设备、酒类、电子产品、木材等。

从货运量来看,截至2019年3月底,中欧班列已经累计开行超过1.4万列,运送货物超过110万标箱。2018年中欧班列共开行6300列,运送货物50万标箱左右,其中重庆、四川运送的货物约为20万标箱。从国内外贸货物实际运输方式来看,中欧班列占比较低,目前国内超过九成的外贸货物通过海运完成,其次是陆路口岸公路运输,中欧班列外贸货运量占比不足1%。

第 4 章 三峡枢纽过坝运输需求与腹地经济关系

综合三峡枢纽过坝运量变化影响因素解析，可以发现三峡枢纽过坝运量与区域经济发展、腹地能源原材料资源、综合交通发展存在紧密联系。本节拟将在运量变化影响因素解析的基础上，进一步分析三峡枢纽过坝运量发展与经济发展、综合交通发展和资源开发之间的关系，为三峡断面运量预测奠定基础。

第一节 与经济发展的关系

近年来，腹地经济社会快速发展，工业化、城镇化深入推进需要大量的能源、原材料资源，同时产生了中间产品和终端产品，在贸易全球化、区域经济不平衡的背景下，需求与供给的矛盾直接推动了水运运输的发展；反之，水运通过运量大、运价低等优势，也引导相关产业沿江布局。聚焦到三峡过坝运量来看，其与腹地经济发展的特点如下。

（1）与腹地经济呈现良好互动发展态势

三峡枢纽通航运营以来，有力促进了腹地经济的快速发展，但不同阶段也呈现出不同特点。以重庆市为例，2004—2011年该市GDP年均增速为14.7%，同期三峡过坝运量年均增速也为14.6%，GDP每提升1000亿元三峡断面过坝运量就能提高近1500万吨，较三峡枢纽通航之前的1995—2003年增长了1200万吨，可以看出三峡断面运量增长与经济增长的互动关系在三峡船闸建成后显著增强。2011年三峡船闸达到设计通过能力之后，过坝运量增速迅速下降，与经济的互动效果也明显减弱。总的来看，三峡船闸在建成后，在通过能力没有受限的情况下，三峡断面运量发展与上游市经济发展呈现了良性互动关系。

（2）支撑和引导了沿江产业带的形成与发展

依托水运运输优势，长江上游沿江地区形成了以化工、钢铁、电力、造纸和汽摩等产业为主的临港产业带。重庆市约80%以上的工业园区布局在沿江，并集中了全市95%以上的化工、钢铁、电力、造纸等企业，特别是近年福特汽车、IBM、惠普等大型制造企业落户重庆，均是看中了该市在西部地区的区位优势、商贸环境和运输优势。长江水运承担了重庆市约50%、四川省约20%的外贸物资运输以及云贵两省大宗散货资源外调的任务，为长江上游地区经济和对外贸易的快速发展提供了重要支撑和保障。

（3）有力支撑了腹地工业化、城镇化的发展

我国西部地区正在逐步形成以集装箱、大宗散货、汽车滚装等货类为主的运输系统，水运承担了川渝地区60%的煤炭外调量，70%以上外贸铁矿石调入量以及47%的外贸集装箱运输量，长江航运在腹地能源、原材料运输体系中发挥着重要的作用，并有效支撑了腹地工业化、城镇化的发展，缩小了与东部地区经济的发展差距。结合流量流向、货类影响因素分析，重庆冶金工业与金属矿石上行运量、重庆化工工业与石油及制品运量、重庆机械设备制造业与集装箱运量、重庆固定资产投资与矿建材料上行运量均具有很高的关联性,进一步证实了水运对腹地工业化、城镇化的促进作用。

(4)有效推进了西部与东部地区之间的协调发展

长江干线是我国唯一横贯东、中、西部地区的水运大通道。随着西部大开发、中部崛起和东部率先发展以及国家经济结构调整和转型升级等战略的实施,东部的长三角地区产业升级明显加快,部分产业沿长江向中西部省市转移趋势十分明显,长江沿线东中西部地区间的经济联系和交通往来日益密切。长江水运的快速发展,加快了地区之间资源、技术、资金等要素的有效利用和优势互补,有力支撑了沿江产业结构调整和流域经济的持续快速发展。2005年以来,三峡过闸运量增速远超下游增速,同期中上游人均GDP(可比价)增速也远领先于下游,三峡枢纽有力改善了上游地区的通航条件,成为沿线东中西部地区之间物资交流的主要通道和西部地区对接海洋、通江达海的重要依托,并有效推进了东西部的协调发展。

第二节 与资源开发利用的关系

腹地工业化、城镇化发展促进了相关产业的规模扩大,同时对大量能源原材料需求与日俱增。资源的储备和开采,推动了相对不足资源的调入和相对富裕的资源调出。聚焦到三峡过坝运量来看,其与腹地资源储量和开发利用关系特点如下。

(1)对能源资源的大量需求符合工业化发展阶段的特征

能源资源消耗与工业化城镇化发展具有内在的逻辑关系。相关研究和发达国家实证表明,在工业化初期,工业生产主要以纺织和食品加工为主,能源资源消耗开始增长,但较为缓慢。在工业化中期,人口快速向城市集中,铁路、公路等基础设施建设大规模展开,经济发展进入一个以重化工业为中心的发展阶段。该时期能源资源的消耗增长速度要超过 GDP 增速。在工业化后期,随着汽车和家电等耐用消费品进入大众消费时代,交通运输机械、电气机械等高加工度产业快速发展,对原材料的加工链条越来越长,零部件等中间产品在工业总产值中的比重迅速增加,加工度的提高,提高了产品附加值,在一定程度上降低了工业对原材料和能源的依赖程度,但由于工业在 GDP 中占比较大,经济发展仍需要消耗大量的能源和原材料,单位 GDP 的能源资源消耗尽管有所回落,但仍保持在较高的水平。

对应重庆市的发展轨迹来看,即使是在 2010 年该市产业结构向产业链高端转型取得了较大成效,但二产比重持续上升(55%)、轻型加工业和原材料加工业在工业总产值中保持较高比重(35%)等实证表明,对能源资源的大量需求是工业化发展不可逾越的规律性过程,见表 4-1。

表4-1　　　　工业化不同发展阶段对能源资源的消耗特点

发展阶段		产业结构特点	产业变迁特点	能源资源消耗特点	重庆发展特点
工业化前阶段	初级产品生产阶段	一产占主导	发展农业为主	不会显著提高	重化工长期占主导(重工业占比70%) 化工、冶金等、机械装备制造业得到了长足发展 2010年以来高新技术产品制造业高速发展 能源资源消耗增速高于GDP增速
工业化实现阶段	工业化初级阶段	二产(重化工)占主导,三产几乎不变,资本是经济增长主推动力	原材料和基础工业增长	增长缓慢	
	工业化中级阶段		化工、冶金、金属制品、电力等有很大发展	增速超过GDP	
	工业化高级阶段		交通运输装备、电气机械等高加工度产业加快发展,对原材料的加工链变长,中间产品占比提高	增速回落,但保持较高水平	
后工业化阶段	发达经济初级阶段	工业占比下降,三产占主导	高新技术产业、服务业成为主推动力	增速明显放缓,但总量仍保持较高水平,并可能下降	
	发达经济高级阶段				

（2）三峡过坝运输有力支撑了川渝地区资源调运

新世纪以来，长江沿线各省市工业化、城镇化的推进带动了腹地资源的调运。原材料加工业是重庆市重点产业之一，产业发展需要大量的原油、煤炭和矿石资源，与此同时，城镇化所带来的固定资产投资也需要大量的矿石和矿建资源。根据前文分析可知，长江上游地区拥有丰富的非金属矿石、煤炭等资源，但金属矿石品位较差、优质黄砂和原油等资源并不富裕。由此可见，重庆市经济发展所需要的金属矿石、部分矿建资源主要依赖从外地调入，而上游地区相对富裕的非金属矿石等则要向中下游需求地区输出。三峡成库以来，长江上游航道条件得到较大改善，三峡过坝运输有力支撑了川渝地区的资源输出与调入。

第三节　与综合交通发展的关系

综合交通发展与水运量增长互有促进，也互有影响。一方面，综合运输体系的发展，能提高各种运输方式效率，促进水运量进一步发展；同时，随着铁路等基础设施逐步完善，也能替代部分水运量。聚焦到三峡过坝运量来看，其与腹地综合交通发展关系的特点如下。

（1）运输经济性、便利性和安全性优势突出，在长江综合运输通道中的作用显著加强

长江综合运输通道（东向）是川渝地区对外货运交流的主通道，占到对外交流总量的46%。由于川渝地区山多地险，建设高速公路和货运铁路代价高、运输安全性低，而长江运输则具有较高的安全性和便利性，加之在三

峡枢纽运营以后，长江水运的运输经济性逐步提高，推动了水运在长江综合运输通道中作用的提高。2013年，川渝地区东向综合运输通道对外交流量20500万吨，其中水路运输完成10700万吨，约占52%，较2005年增加3个百分点。2005年以来腹地东向通道增加运输需求11500万吨，其中有6300万吨即近55%的运量由长江水路运输承担，可见长江水运在长江综合运输通道中的地位显著增强，特别是在内贸的长距离运输、大宗散货运输中具有不可替代的作用。2018年，川渝地区东向综合运输通道对外交流量2.4亿吨，其中水路运输完成1.5亿吨左右，约占63%，与2013年相比占比进一步提升，见表4-2。

表4-2　　　　　　长江综合运输通道运量现状变化表　　　　　　单位：万吨

	2005年 运量	2005年 比例	2010年 运量	2010年 比例	2013年 运量	2013年 比例	2018年 运量	2018年 比例
对外交流量	9000	100%	16000	100%	20500	100%	24000	100%
其中：铁路	3700	41%	4500	28%	4500	22%	4000	17%
公路	900	10%	2700	17%	5300	26%	5000	21%
水路	4400	49%	8800	55%	10700	52%	15000	63%

（2）与航空运输等共同构筑了长江上游对外贸易的主通道

2010年以来，川渝地区外向型经济高速发展，并推动了相关产品的外贸额增长。以重庆市为例，从产业发展到运输需求具有非常清晰的传导路径：2010年以来重庆市高新技术产品制造业快速发展，产值占工业总产值比重由11%提高到22%，直接推动了重庆外贸额和对外依存度的迅猛提升，而外贸额增量的95%集中在适箱货类上，适箱货类增量的91%集中在机电较轻和轻工较轻两个货类中。可以看出，重庆外向型经济的发展实际上是直接推动了机电、轻工较轻产品的对外运输需求。

三峡枢纽投入运营以来，长江水运长期在重庆对外贸易运输中占据绝对主导地位，水运承担外贸金额占适箱货比重保持在80%左右。但在2010年以来，重庆对外贸易运输通道产生了新的变化，并呈现出两个特点。

一是航空运输金额增长迅猛，与水运共同承担了近年重庆对外贸易增长带来的运输需求。2010年以来，重庆市外贸金额中水运承担适箱货比重下降到35%，而航空运输占比则由17%提升到58%。从增量变化来看，2010—2014年重庆机电较轻产品外贸额增长了406亿美元，其中航空承担了57%，水运承担了36%；同期轻工较轻产品外贸额增长了188亿美元，其中航空承担了94%，水运只承担了4%。

此外，2018年中欧贸易中铁路班列运输金额占比由2015年的1.8%迅速上升到2018年的3.7%；出口适箱货运输中铁路班列占比则由2015年的1.6%上升到2018年的4.3%。

由此可见，航空与水运共同承担了重庆近年对外贸易增长带来的运输需求，中欧班列成为有效补充。

二是重庆的产业结构转型大幅提高了水运、航空外贸的单位货值。2010年以来，重庆市航空货运量与三峡过闸外贸集装箱货运量年均增长13.1%和15.2%，均远低于该市外贸额增长速度，但单位重量的货值则实现了高速增长：航空运输承担适箱货价值由2010年的9.6万美元/吨[①]提高到2014年的20.6万美元/吨，同期水运承担适箱货价值由1600美元/吨提高到3900美元/吨。从另一方面来看，重庆市近年大力发展的高新技术产业产品时效性强、价值高等特点，直接决定了航空运输的高速增长，也间接带动了水运外贸集装箱的发展。

总的来看，经济发展是水运量增长的内生动力，资源储量和开发是水运量增长的主要推动力，综合交通发展与水运量增长互有促进，也互有影响。过去长江三峡过坝运量的快速发展，得益于腹地工业化城镇化带来的运输需求增长提速、水运在综合运输通道作用的提升以及长江上游资源的输出。

---

① 以海关数据中单位为公斤的计算。

第 5 章 腹地经济发展和资源开发趋势

第一节 腹地经济社会发展趋势

经济发展是水运量增长的内生动力。长江上游地区经济发展水平与我国东部地区存在较大差距，缩小这种差距是长江经济带等新时期国家战略着力改善的目标。判断腹地经济社会发展趋势，研究工业化、城镇化发展路径，需站在国家发展战略的高度，总结先发国家的经验特点，结合我国现实国情，进而进行趋势判断。

一、腹地经济发展环境

（1）国际发展新形势

当前，全球发展格局进入深度调整期，国际分工体系面临变革，发达经济体在较长时间内难以恢复到危机前增长状态，新兴经济体成为全球经济增长的主要动力，特别是东亚、东南亚地区经济将保持较快增长。新冠肺炎疫情极大地冲击了全球经济贸易格局和产业链、供应链体系，将对国际经济政治格局带来深远的、难以预估的影响。特别是贸易保护抬头，出现"逆全球化"趋势等对我国的外贸外资发展带来很大的不确定性。

国际产业结构高度化演进继续加速，信息产业产值占比不断提升，知识要素在产业结构调整中作用日益重要。国际产业分工体系由垂直型分工为主导已向混合型分工为主导转变，与此同时，全球进入第四轮产业转移大潮，我国东部沿海地区劳动密集型的以出口或代工为主的中小制造企业向东南亚诸国转移，发达国家部分资本、技术双密集型产业开始向发展中大国转移。

此外，新一轮的产业变革正在孕育之中，互联网、云计算、3D打印、新能源技术等正酝酿新的突破。针对全球气候变化、金融系统监管等，全球不同经济体间协调难度加大，全球治理格局面临变革。

（2）国内发展新动态

国际金融危机后，我国经济结构调整和产业转移升级步伐进一步加快，当前及未来一段时期我国经济正处于增长速度换挡期、结构调整阵痛期、前期刺激政策消化期叠加阶段。在潜在增长率下降、增长阶段转换的同时，经济结构和增长动力将发生变化，经济社会转型进入关键时期。具体表现在，经济将由高速增长阶段逐步转入中高速增长阶段；人口和劳动力结构发展重大变化，传统人口红利即将消失；经济结构随增长阶段转换而显著变化，服务型经济特征凸显；内需与外需、投资与消费失衡的局面逐步改善，消费对经济增长的贡献持续增加；地区差距和城乡差距逐步缩小。

突如其来的新冠肺炎疫情，对我国经济短期影响巨大。中长期看，我国经济发展进程面临的内外部条件将更加复杂。但我国具有完整的工业体系，第二产业特别是制造业在我国经济中的核心地位将依然稳固。同时，考虑到我国经济整体以及制造业的国际竞争力优势，中国世界工厂的地位在很长一段时期内还将继续维持，其中低附加值制造业将向中西部地区转移，沿海地区将实现产业的转型升级并在全球产业链中扮演更加重要的角色。

党的十九大根据我国经济社会发展实际，提出了新的要求：坚持引进来和走出去并举，加强创新能力开放合作，形成陆海内外联动、东西双向互济的开放格局，拓展对外贸易，推进贸易强国建设，实施区域协调发展战略强化举措推进西部大开发形成新格局。

我国将形成全面开放新格局，加快向西开放力度。通过中欧班列发展，加大与中亚、欧洲等地区的联系和贸易往来。通过西部陆海新通道建设，加快发展海铁联运，加大与东南亚、南亚、欧洲等地区的联系和贸易往来。

（3）我国经济中长期发展目标

进入21世纪以来，党和政府人均把实现两个一百年目标作为政府经济发展的宏观纲领和蓝图，其中，党的十八大报告首次提出到2020年全面"建成"小康社会、国内生产总值和城乡居民人均收入均比2010年翻一番的发展目标。而对于2049年中等发达国家水平的目标，本研究以当前典型中等发达国家为例，并结合美国1955年之后的经济发展速度作为参考，描绘2050中等发达国家即我国经济发展水平的情况。

2013年，韩国人均GDP（2000年美元可比价，下同）1.8万美元，排名全球第26位[①]，总体处于中等偏上发达国家水平。根据前文分析，韩国在1995年前后完成工业化，当年人均GDP为9584美元。后工业化发展的近20年来，韩国凭借技术革新等措施仍保持了6%的GDP增长水平，2013年韩国人均GDP已达1.9万美元。分析美国1955年完成工业化后的经济发展特点，可以发现美国的经济增长经历了多次衰退和复苏交替，期间美国通过政府干预、技术革命、知识经济革新等措施维持了其GDP的稳步增长。但总的来看，1955年后美国GDP增速呈逐步放缓趋势。

2003年以来韩国GDP增速已降至4%以内，参考美国1955年后近60年来的发展经验和启示，报告认为以韩国为代表的中等发达国家未来的GDP增速在完成工业化后也将逐步放缓。鉴于美国经济增长的背景是基于其在"二战"后长期以来引领全球科技等生产力新要素的革新，因此预计韩国今后

---

① 不包括沙特等石油国家。

GDP 增长水平要略低于美国当年增速。预计 2018-2030 年韩国 GDP 增速为 2%，2030-2050 年 GDP 增速为 1%。根据韩国统计厅公布的《2013 年韩国社会指标》，2030 年韩国人口将达到峰值为 5216 万人，2050 年预计下降到 5050 万人。综上，预计 2050 年韩国的人均 GDP 将达 3.5 万美元[①]。

根据党的两个一百年目标，到 2035 年左右我国人均 GDP 要达到中等发达国家水平。基于未来韩国仍将为中等偏上发达国家水平的判断，以 2050 年韩国人均 GDP 的 80% 作为我国发展目标，即 2050 年我国人均 GDP 为 2.8 万美元。根据相关机构对我国未来的人口预测，2030 年将达峰值为 15 亿人，2050 年下降到 14.5 亿人。因此，预计 2050 年我国 GDP 将达 40 万亿美元，2013-2050 年 GDP 年均增速为 6.3%。

（4）区域发展新战略

回顾新世纪以来区域战略规划的演变历程，可以发现互联互通、开放合作已经成为新时期区域发展战略的主题。世纪之初，中共中央为贯彻邓小平关于中国现代化建设"两个大局"战略思想、全面推进社会主义现代化建设，相继提出了西部大开发和振兴东北老工业基地发展战略，成为 21 世纪初拉动区域经济增长和缩小区域发展差距的重要手段。以西部大开发和振兴东北老工业基地为代表的区域发展规划，把经济发展水平和产业结构相似的区域整体为对象，规划影响范围广，涉及人口较多，综合影响力较大。2009—2010 年是区域发展规划出台的密集期，短短两年时间内，国务院批复了十多个区域经济发展规划上升为国家战略。这一时期的区域发展规划并不只针对中西部欠发达地区，而是遍布长三角、珠三角、黄三角、北部湾、环渤海、海峡西岸、东北三省等地，规划面积大到中部六省，小到只有 86 平方公里的横琴岛。众多区域规划上升为国家战略，一方面，说明众多地方政府渴望国家层面的政策优惠，突破本地经济发展瓶颈；另一方面，也反映出中央政府加快地方经济发展，促进区域协调发展的政策方向。

---

① 假设美元汇率较为稳定。

新时期以来,"一带一路"建设、京津冀协同发展、长江经济带发展等相继实施,更加强调区域联动和协同发展,区域差距有望进一步缩小。首先,规划的重点开始由以往单个点(城市)和面(区域),转为区域之间的相互促进和带动。以长江经济带为例,区域内部各省市的经济发展水平梯度差异非常明显,这与西部大开发、振兴东北老工业基地和中部崛起规划,包含的省、自治区经济发展水平、产业结构、人均收入同属一个档次形成鲜明对比,以往的规划谋求规划区内所有省、自治区整体发展水平得到提高,而建设长江经济带的关键则是,发挥长三角地区带动和辐射作用,加强发展水平差异较大的省、直辖市之间的经济联系,建立统一要素市场,形成联动的格局。其次,规划着眼于对外开放合作。建设丝绸之路经济带和21世纪海上丝绸之路的提出,旨在努力提高对外开放合作力度,大力加强中国与中亚、西亚、欧洲和非洲的商贸合作,保障中国未来经济发展的资源需求,与此同时,在更广阔的领域、更高的平台上探索多项战略合作,创开经济与政治双赢的新格局。

长江经济带上中游地区有望培育成为中国经济增长的第四极。东部沿海地区经过20世纪90年代以来的第一轮经济增长,由南向北已经形成了珠三角、长三角和环渤海三大增长极,但是,仅仅依靠东部沿海的三大增长极,仍然无法全面带动广大中西部内陆得到长足发展,因此,必须在中西部地区培养出新的经济增长点,才能保证区域协调发展的实现。近年来,国家对长江中上游地区发展的关注明显加强,全国统筹城乡综合配套改革试验区(成都与重庆),全国"两型社会"建设综合配套改革试验区(武汉城市圈和长株潭城市群),皖江城市带承接产业转移示范区规划、鄱阳湖生态经济区规划的相继落户,一系列先试先行的政策优惠,将有助于长江中上游地区进一步吸引中西部地区产业、资金、人才等资源向产业基础较好、交通便利的城市群集聚,使之成为内陆地区产业承接的前沿地区,为成为经济增长第四极打下基础。

二、川渝地区经济发展趋势

根据前文分析，缩小东西部之间的经济发展水平是今后我国经济发展的必然方向。川渝地区作为西部经济发展的高地，未来经济发展增速将快于我国整体发展水平乃至东部地区发展水平。2000年以来重庆、四川GDP年均增速分别为12.8%和11.6%，均高于全国9.5%的平均水平。结合我国"两个一百年"的战略目标，以及我国区域发展的战略思路，预计2018-2030年之间川渝地区生产总值还将保持6%左右的增长，2030-2050年GDP增速有所回落，预计在5%左右。总的来看，未来川渝地区经济发展增速快于全国平均水平，同时还将领跑西部地区，并与东部地区的发展水平差距逐步缩小。

未来，川渝地区经济发展将呈现以下特点。

第一，川渝地区将在2030年前后完成工业化，与东部地区经济发展水平差距逐步变小。

近年来，川渝地区社会经济持续快速发展。其中，重庆市三次产业结构由2000年的16∶42∶42调整为2017年的7∶44∶49，人均GDP从2000年的758美元提升到2017年的44651元；四川省三次产业结构由2000年的16∶42∶42调整为2017年的12∶39∶50，人均GDP从2000的600美元提升到2017年的63689元。总的来看，2017年川渝地区人均GDP为49676元，第二产业占比仍处于波动上升时期，第一产业就业人数占比约40%，参考典型发达国家工业化发展特点和相关研究机构的研究结论，报告认为当前川渝地区总体上正处于工业化中期向后期过渡阶段。

未来，我国经济结构调整和产业转移升级步伐进一步加快，经济发展的内生动力进一步增强。同时中西部地区进入新的发展阶段和时期。长江经济带、丝绸之路经济带等规划及发展战略陆续出台，东部沿海地区服务腹地逐步延伸、陆海通关合作持续推进。在我国宏观经济发展战略的调整背景下，西部地区将进入新一轮加快经济社会发展的黄金期。结合腹地经济发展有关规划，考虑人口总量维持稳定，按照前文分析的6%左右GDP增速，预计川渝地区将在2030年左右完成工业化。

第二，川渝地区2030年之前将继续保持高速城镇化进程，并成为长江中上游城镇化发展高地。

"十二五"以来，中西部地区经过新一轮的经济增长，城镇化水平也得到了显著提高，最具有代表性的是重庆，在成为中国第四个直辖市之后，重庆城镇化发展一直保持强劲动力，年均增幅接近2个百分点，目前城镇化水平已达到64%，是长江中上游地区最高水平。目前除湖北省之外，长江中上游其他省市正在经历着历史上城镇化增速最快的时期，目前城镇化年均增速1.5百分点以上，近年来，中西部地区在产业转移，户籍制度改革和新一轮城镇化规划的带动下，整体上经济增速已经赶超东部沿海地区，城镇化增速全面超越东部地区的时代已经到来。

根据《全国主体功能区规划》和《国家新型城镇化规划（2014—2020年）》对重点开发区域的功能定位和覆盖范围，以及目前城镇人口集聚情况，可以确定武汉城市圈、环长株潭城镇群，成渝城镇群应该成为未来长江中上游最重要的三大城镇群。目前，成渝城镇群是目前长江中上游城市数量最多，人口规模最大，城市最为密集，城镇群的城镇化动力更足，经济发展最有活力的地区。重庆作为我国中西部地区唯一的直辖市和国家中心城市[①]，在区域关系和经济发展中自然承担了一些其他城镇群无法具备的国家或者地区性职能。

结合前文总结的国外城镇化发展的一般规律，以及国家出台相关政策，可以预见未来几十年将是长江经济带，乃至全国大部分地区城镇化发展速度最快的时期。综上所述，按照略低于当前城镇化增速的水平，2030年前川渝地区将继续保持高速城镇化进程，并成为长江中上游地区城镇化发展的高地，

---

① 国家中心城市的提法来源于《全国城镇体系规划（2010—2020）》草案，重庆与北京、天津、上海、广州并列成为五大全国中心城市。

长江经济带城镇化区域差异明显缩小。其中，西南四省年均城镇化年均增速达到 1.6 个百分点，重庆城镇化水平将超过 70%，领先其他地区。2030 年川渝全面进入城镇化平稳期，城镇化区域差异进一步缩小。2020 年以后，西南四省城镇化增速将下降到年均 1.1 个百分点，2030 年重庆城镇化水平接近 80%，四川城镇化水平接近 70%。2050 年川渝地区城镇化质量得到根本性提高，城镇化发展整体达到中等发达国家水平。在城镇化平稳发展阶段，长江中上游各地区城镇化年均增速差别不大，都将在 0.5% 以下，城镇化发展由重"速度和数量"转为"质量"，城市的基础设施、住房、养老、医疗、教育水平都将得到大幅提高，全国城镇化发展整体达到中等发达国家水平，见表 5-1。

表5-1　　　　　　　　长江经济带城镇化水平预测

地区	2017年城镇化率（%）	预测：年均增速（百分点）			预测：城镇化水平（%）		
		2018—2020	2020—2030	2030—2050	2020	2030	2050
长三角地区							
上海	88	0.1	0.2	0.1	88.3	90.3	92.3
江苏	68.8	1.2	0.9	0.5	72.4	81.4	91.4
浙江	68	0.9	0.7	0.4	70.7	77.7	85.7
长江中游地区							
安徽	53.5	1.5	1	0.3	58	68	74
江西	54.6	1.6	1	0.3	59.4	69.4	75.4
湖北	59.3	1.4	1	0.3	63.5	73.5	79.5
湖南	54.62	1.5	1	0.3	59.12	69.1	75.1
长江上游地区							
重庆	64	1.9	0.8	0.4	69.7	77.7	85.7
四川	50.8	1.6	1.3	0.3	55.6	68.6	74.6
贵州	46	1.3	1.3	0.5	49.9	62.9	72.9
云南	46.7	1.7	1.1	0.4	51.8	62.8	66.8

第三，高技术制造业将主导川渝地区工业内部结构调整。

近年来，作为西部地区经济发展和对外开放的高地，一批具有国际水平的大企业、大项目纷纷落户川渝地区，使区域先进制造业，装备制造，电子产业拥有良好的发展基础。从客观发展条件来看，过去30年我国粗放式的工业化发展透支了土地资源、环境等边际增长效益，意味着该地区进一步通过重化工业外延式增长的空间减少，未来产业发展模式将有别于传统的工业化发展路径。从比较优势来看，川渝地区高校众多人才优势突出，拥有长江黄金水道、东西铁路大动脉以及西部航空枢纽等交通优势，在承接全国乃至全球资金技术双密集型产业转移中具备优势。

综上，无论从宏观发展条件还是今后产业发展战略导向来看，川渝地区工业化发展都将区别于传统的工业化城镇化发展路径，而是走以高科技产业为核心增长点，以原材料加工业为基础和以金融、现代物流、规模化经营为特征的高科技生态型的外向型、内涵增长型经济道路。

三、云贵地区经济发展趋势

（1）云南省经济发展趋势

经济总量仍将保持稳定较快发展。"十三五"时期提出了经济保持中高速增长的发展目标，在提高发展平衡性、包容性、可持续性基础上，全省经济年均增速8.5%左右，人均地区生产总值与全国平均水平的差距明显缩小，经济总量和质量效益全面提升。预计到2035年经济总量仍将保持平稳较快发展，到2050年实现国家提出的"两个一百年"的发展目标。

产业结构持续优化，构建具有云南特色的现代产业体系。未来云南省在做大做强传统优势产业、大力发展战略性新兴产业的同时，也将加大招商引资力度，构建开发性产业平台，吸引产业加速向云南转移，努力构建现代产业体系。重点表现以下几个趋势：一是加强承接东部沿海发达地区产业转移力度，在沿边的产业园区、开发开放试验区、边境经济合作区布局出口型加工企业；二是引进高新技术，加快推进自主创新，把科研成果转化为现实生产力，加快传统产业同信息产业的融合，扩大传统产业增值环节，提高产品附加值，改变传统产业散、小、弱状况，做优做强传统产业；三是立足云南自身优势，培育和发展壮大生物医药、新材料、先进设备制造、电子信息、现代物流等优势产业。

形成以滇中为核心、沿边为前沿、多点为支撑的"一圈一带多点"产业空间格局。从产业布局来看，突出"做强滇中、搞活沿边"，发挥市场配置资源决定性作用，加快构建以滇中为核心、沿边为前沿、多点为支撑的"一圈一带多点"产业空间格局。其中，滇中城市群以发展战略性新兴产业、现代服务业、高原特色产业、冶金精深加工、石油化工和优化提升重化工业、烟草产业为重点，打造特色优势产业集群。大力发展总部经济，依托长水国际空港发展临空经济。围绕把沿边开放经济带建设成为面向南亚、东南亚辐射中心的前沿和窗口，外向型进出口加工基地，开放型经济建设新的增长极，重点发展农产品深加工、旅游文化、商贸物流、沿边金融等产业。面向南亚、东南亚市场，发挥区域比较优势，提升重点开发开放试验区、边（跨）境经济合作区、境外经贸合作区等开放平台功能，建设一批外向型产业园区，积极承接国际国内加工贸易订单和加工贸易企业转移。

加快推进新型城镇化，优化城镇空间布局。以大城市为引领，以中小城市为重点，以特色城镇为基础，构建大中小并举、分布合理、优势互补、特色鲜明、协调发展的城镇体系，促进全省各级城镇协调发展。推动建设以昆明为核心的区域性国际城市，增强城市辐射带动功能。提升曲靖、玉溪、楚雄、红河、大理、昭通等区域性中心城市综合服务功能，发挥其在吸纳人口和产业发展中的重要作用，逐步培育成为大城市。培养促进安宁、宣威、祥云、景洪、芒市等州市域中心城市发展，完善市政基础设施和公共服务设施配置，逐步培育成为中等城市。

开放型经济建设取得明显成效。连接相邻省区、周边国家的互联互通能力大幅提升，开放平台和机制进一步健全，各类开放合作功能区基本建成，国际产能和装备制造合作全面加强，服务和融入国家重大战略的能力显著提高，面向南亚东南亚辐射中心建设取得重大进展。

（2）贵州省经济发展趋势

根据相关规划，未来贵州重点围绕数据强省，加快国家大数据综合试验区建设，加强信息基础设施建设，全面实施"互联网+"行动计划，深入推进大数据与经济社会发展和脱贫攻坚相结合，引领经济转型升级。

传统产业发展方面，根据规划，未来贵州将依托本省资源优势，有序推进煤化工产业发展，改造提升焦炭、化肥、乙炔等传统煤化工产业，稳步推进现代煤化工产业的发展；稳步发展铝工业，支持贵阳、遵义铝加工产业基地建设，加快开发交通运输、食品医药、航空航天等行业用铝产品和高端铝合金材料产品，合理开发铝矾土资源；推动钢铁业向特种钢材料转型，以优化产品结构为重点，推动以硅、锰系等合金产品高端化发展，支持遵义、铜仁等地有序发展金属锰精加工；推进重点大型矿区综合利用项目，建设毕节煤炭清洁高效利用及煤层气开发示范基地、六盘水煤炭清洁高效开发利用示范基地、黔西南及盘南煤炭清洁高效利用及煤层气开发示范基地。

分区域看，未来将加强黔中经济区、黔北经济协作区、毕水兴经济带建设。其中，黔中经济区打造为高科技、优产业、开放型、生态化、经济率先崛起的核心区域和西部地区新的经济增长极；黔北经济协作区，发挥遵义、铜仁中心城市的辐射带动作用，重点发展特色装备制造、资源深加工、特色轻工等产业，推进仁赤习特色轻工、务正道铝及铝加工等产业带建设；毕水兴经济带，充分发挥能源矿产资源优势，优化发展煤电，大力发展新型煤化工、清洁能源及新能源、农产品精深加工等产业，加快建设循环经济工业基地，加快建成全国重要能源基地、全国重要的特色资源深加工基地，建设成我国南方重要的战略资源支撑基地。

第二节 腹地资源开发规划

根据西部大开发规划以及各省矿产资源规划，按照"鼓励开采短缺的矿产，限制开采供过于求的矿产，对出口优势矿产实行限产保护"的总方针，调控矿产资源开发利用总量，优化矿产资源开发利用布局，调整矿产资源开发利用结构，推动矿产资源节约与综合利用，建立安全稳定的矿产资源供给体系，保障长江上游城市经济社会可持续健康发展。国家西部大开发"十二五"规划中，支持川渝东北地区和攀西—六盘水地区等8个资源富集区集约发展。规划川渝东北地区重点加大天然气、页岩气资源勘查力度，增加天然气后备储量，支持开发大中型天然气田，建设天然气精细化工和大型复合肥、氮肥生产基地。攀西—六盘水地区重点开发利用煤、铁及钒钛、铜、铅锌、稀土等矿产资源，加强矿山整合，规划建设攀枝花-西昌钢铁、钒钛加工基地和六盘水、毕节、黔西南煤炭综合利用基地。

一、重庆市

重庆市遵循区域经济协调发展、可持续发展的原则，以资源为基础，优化矿产资源开发利用布局，构建具有特色的区域矿业集群，依靠科技进步和技术创新，延长资源加工业产业链，做大、做强资源加工业，促进区域经济快速、健康发展。到2020年，规划全省原煤年产量2000万吨，天然气（含页岩气）产能达到 400 亿立方米，产量达到 280 亿立方米。规范锰矿开采和资源加工业发展，严格控制开采总量；鼓励重点优势企业生产高技术含量、高附加值、低消耗、低污染的深加工产品；通过资源整合，推进锰矿资源开采和加工一体化，延长产业链，做大做强锰加工产业，建成国内重要的锰工业基地。锰矿年产量控制在 250 万吨以内。

二、四川省

四川省根据其经济社会发展布局和矿产资源分布特点，发挥各地区的特色和优势，将矿产资源开发利用与区域经济发展紧密结合起来，规划逐步形成特色突出、优势互补的五大矿产资源经济区。同时，四川将加大川南煤田等无烟煤产地的开发力度，合理确定重点地区煤炭开采规模和强度，限制开采高硫煤、高灰煤，改善原煤结构。稳步推进煤炭资源开发整合，调整改造中小煤矿，推进大型煤炭基地建设，到 2015 年，煤炭矿山数减至约 1200 个。鼓励合理开发利用铁、锰、铜、铅、锌、岩金、银、铂族和锂、铌、钽等金属矿产，重要金属矿产资源开采总量保持平稳增长，为钢铁冶金和有色金属工业持续健康发展提供资源保障。

三、云南省

云南省规划打造滇西"三江"有色金属基地、滇东南锡、锌、钨、铟、铝基地、滇中磷、铁、铜、金基地、滇东北煤、铅、锌、锗、银基地 4 个大型矿产资源开发基地。此外，云南省规划实施一批矿业开发重大建设工程，加大资源开发力度，到 2015 年规划全省生产煤炭 1.3 亿吨、铁矿石 3500 万吨、铅锌金属135万吨、铜金属45万吨、金40吨、银2000吨、磷矿石2800万吨，实现矿业产值（含采、选、冶、加工）4000亿元，利税500亿元。实施18种主要矿产开采总量控制。钨、锡、锑、稀土为国家实行保护性开采的特定矿种，其开采总量为约束性指标，实行严格的总量调控；其余14种矿产的开采量为预期性指标，主要通过市场调节。

四、贵州省

贵州省根据省内矿产资源分布和开发利用现状，以及市场需求和资源环境并重的原则，将全省分为黔中、黔西、黔北、黔东四个矿产资源开发利用区域。黔中区包括贵阳市、安顺市东部、黔南北部，区内有磷、铝、煤等矿产，重点开发利用磷矿及铝土矿资源，以国有大型企业为基础，建设磷化工产业带和铝工业基地。黔西区包括毕节地区、六盘水市、黔西南州北部，重点开发利用煤炭和金矿优势资源，建设煤炭工业基地和黔西煤化工产业带，以及黄金生产基地。黔北区包括遵义市辖区范围，重点开发铝土矿、锰矿、煤炭资源，建设铝工业基地、电煤基地、煤化工基地、锰系合金加工基地。黔东区包括铜仁地区东部及黔东南州中东部，重点开发利用锰、重晶石、金、锑等特色矿产资源，建设特色矿产资源加工业基地。

第 6 章 腹地综合交通发展趋势

第一节 腹地对外交通发展规划

为满足腹地经济发展需要，实现川渝地区煤炭、铁矿石等大宗能源物资供需平衡，提高外贸企业产成品的外运保障度，长江上游地区加快推进客运专线、快速铁路、高速公路和高等级航道等对外的通道建设，并提出了"强化东通道、开辟西通道、突出南通道、扩大北通道"的发展思路，通过东向黄金水道、北向的渝新欧、南向的渝深和渝广等铁路货运大通道建设，形成能源和外贸物资主要通过东向水运和铁路、北向国际铁路、南向"铁水联运"和国际公路多种运输模式共同承担的格局。此外，川渝地区对外客运为主的快速铁路建设也能兼顾集装箱等快运货物班列的运输，并且为既有线路减轻了客运压力，释放更多的货运能力。各方向推进中、规划和设想的通道情况分析如下。

一、强化东通道

"渝沪"五定班列。为满足上海和重庆两地 IT 企业往返的原材料和产成品运输的铁路运输专线。该班列是在铁道部运输局、上海铁路局及中铁多联上海公司的大力支持下，于 2011 年 7 月开通，货物从苏州西和上海杨浦站集合后开至重庆团结村站。目前，重庆到华东方向的货运铁路主要是襄渝线。襄渝一线全程 895 千米，于 1998 年全线电气化，设计货运能力 1700 万吨；襄渝二线全程 507 千米，于 2009 年通车，设计能力客车 50 对／日，货物运力 4000 万吨。但考虑到襄渝需承担部分陕甘煤炭调入量，运能不能全部用于长江上游地区与华中、华东的物资交流。

沪汉渝蓉铁路大通道。该通道定位为"快速客运专线"，由上海出发，途经南京、合肥、武汉、重庆等城市，到达成都。全程 2078 公里，是中国"四纵四横"客运专线中的最长的"一横"。沪汉渝蓉快速客运专线贯通后，从重庆出发，10 小时内能到上海，90 分钟能到湖北境内。该铁路通道在三峡区域内主要包括宜万、渝利、汉宜和渝万铁路。

宜万铁路（宜昌—万州）全程 377 千米，为国家Ⅰ级双线电气化铁路，2010 年 12 月通车。该铁路以客运为主兼顾货运，目前开通客车 14 对／日；货运能力约为 400 万吨。渝利铁路（重庆—利川）全程 264 千米，为国家Ⅰ级双线电气化铁路，2008 年 12 月开工，2013 年全线贯通。渝利铁路在湖北利川凉雾站，与宜万铁路接轨，连通武汉和上海。该铁路以客运为主，开通客车 60 对／日；货运主要是发展双层集装箱运输，货运能力规划达 1000 万吨。重庆的集装箱可直达上海港，行驶时间 8 小时，缩短了 80%。

汉宜（汉口—宜昌）铁路客运专线全程长 291 千米，为国家Ⅰ级双线电气化铁路，2012 年 7 月开通。汉宜高速铁路东连合武高速铁路、西接宜万铁路，以客运为主，兼顾货运，从武汉坐火车到宜昌不到 2 小时。

渝万铁路（重庆—万州）铁路全程248千米，为双线客运专列，规划运输能力为单向6000万人/年。

渝长铁路客运专线（重庆—长沙）：该铁路将分为重庆—黔江、黔张常、常德—长沙三段分期实施建设。其中，黔张常铁路（黔江—常德段）为国家Ⅰ级铁路，2020年建成通车。使重庆直达长沙只需要3个小时，比渝怀线节约近7个小时。黔张常铁路横跨渝怀线、枝柳线、石长铁路，沟通成渝、京广、浙赣等铁路干线，成为连接成渝地区与华中地区并沟通华东、华南的客货运快速通道。

三峡坝区公路规划。三峡坝区沿江公路主要有宜大公路、宜巴公路、三峡专用公路和三峡翻坝高速公路，对外与沪渝高速公路连接。"十二五"期间，沪渝高速公路重庆境内新线路开通，成渝高速复线、万州—利川高速公路也先后建成，还有沪蓉高速公路宜昌—巴东段、保康—宜昌高速公路、宜昌—慈利高速公路、宜昌—岳阳高速公路等陆续开通，极大改善了三峡库区公路网的通行水平，提高了通行能力。

二、开辟西通道

加快川藏、川青、成都—西宁等铁路项目前期工作，推进映秀至汶川、汶川至马尔康等高速公路建设，支撑藏区经济社会跨越式发展，开辟连接南亚次大陆的对外开放通道。

三、突出南通道

渝深铁海联运国际大通道。该通道于2010年5月开通，起点在重庆团结村集装箱中心站，途径渝怀—沪昆—京广—广九—平盐铁路到达深圳盐田港，通过国际班轮海运至欧美地区。该通道运输货物主要是重庆笔记本、液晶屏、摩托车、发动机等产品出口，到达深圳53小时，至欧洲27天，与东向海运通道时间相差无几。

渝深铁海联运国际大通道中，渝怀铁路于2007年建成通车，西起于重庆团结村站，向东南跨重庆、贵州、湖南，东至沪昆铁路怀化枢纽。该铁路全程625公里，国家Ⅰ级电气化铁路，规划输送能力客车17对/日，货运能力1000万吨/年。该铁路建成后不久达到运量饱和，2009年启动渝怀复线，规划输送能力客车19对/日，双线货运能力达到8800万吨/年左右，预计2015年全线建成通车，届时将成倍增长川渝通往华中、华东和华南沿海的运输能力。

渝黔铁路新线。该铁路全程345千米，2012年开工，工期为5年，初步规划发送客车84对/日，货运能力2400万吨/年。建成后与兰渝、贵广铁路相连，形成川渝乃至西北地区与北部湾、广州等泛珠三角地区的快速通道。此外，渝黔新线开通后，客运主要走新线，释放川黔铁路的货运能力。川黔铁路现有货运输送能力1600万吨/年，渝黔新线分流客运后，将新增运能800万吨/年。据此测算，未来渝黔铁路通道总货运能力将突破4800万吨/年。

规划的成贵快速铁路（成都—贵阳）和成昆复线（成都—昆明）以客运为主，可释放成昆老线的货运能力。

西南出海运输通道及连接中印缅孟走廊设想。重庆市正在尝试开辟经渝黔铁路至云南、广西到东盟出海通道，这条通道将利用渝黔铁路由重庆经贵阳、昆明后，到达大理，由瑞丽出境，经缅甸中部由西部皎漂港出海，通达印度洋和中东地区。经这条出海通道，重庆到达欧洲荷兰鹿特丹港，全长1.8万公里，只需30天。

四川提出由已建成的成渝、隆纳、纳溪—毕节高速公路以及隆黄铁路，在建的成自泸赤高速以及成贵铁路共同打造成都—贵阳—南宁—北部湾及珠三角通道；由已建成的成昆、内昆铁路和成雅、西攀等高速公路，在建的成昆铁路扩能等共同打造成都—昆明—东南亚及泛亚铁路通道。

重庆—东盟国际公路物流大通道设想。目前，重庆到东盟的陆路物流路线有西线、中线和东线 3 条，包括西线"重庆—昆明—瑞丽—仰光"、中线"重庆—昆明—磨憨—曼谷—吉隆坡—新加坡"、东线"重庆—南宁—凭祥—河内—东河—沙湾拿吉—孔敬—曼谷—吉隆坡—新加坡"。重庆到东盟国际公路物流大通道将借助现有的中线以及位于巴南南彭的重庆公路物流基地，进行路线优化，经优化后，这条全程 4175 千米的物流线路，全程只需 6～7 天，比经上海走海路节约 2/3。

四、扩大北通道

渝新欧国际铁路联运大通道。该通道于 2011 年 5 月开通，国内途径达州、安康、西安、兰州、乌鲁木齐和阿拉山口，国际途径哈萨克斯坦、俄罗斯、白俄罗斯、波兰，最后达到德国杜伊斯堡。全程 11179 公里，耗时 17 天，较东向海运通道节省一半时间。受到运价的限制，该通道将成为川渝地区与欧洲间高新技术、机电、汽配及化工等高附加值产品运输的新战略通道。目前，渝新欧铁路大通道的渝遂段旧线发送列车 26 对 / 日；新线规划能力客车 90 对 / 日，货运能力 2000 万吨 / 年。综合测算，渝新欧铁路大通道最大货运能力约 2500 万吨 / 年。

兰渝铁路。该铁路 2008 年 9 月开工，2017 年全线通车。该铁路北起兰州东站，经榆中县、岷县、陇南市，然后向东经四川省的广元、阆中到南充，在南充分线，一条经武胜县到重庆市，另一条经岳池县、广安市，在华蓥市高兴镇接入襄渝铁路到重庆市。线路全长 820 千米，国铁 I 级，双线电气化，规划输送能力客车 50 对 / 日，货运能力 5000 万吨 / 年。该铁路建成后将成为渝新欧铁路大通道的重要组成部分，是"疆煤入川渝"的主要通道。

此外，规划的西成铁路（西安—成都）和万郑铁路（万州—郑州），是以客运为主的快速铁路。除了能够满足西南地区不断增长的旅客运输的需要外，同时也为既有线路减轻了客运压力，释放更多的货运能力。

北向出海通道及对接中亚、巴基斯坦走廊设想。四川提出由建成的宝成、襄渝铁路、成绵广陕、达陕高速公路，在建的成绵乐、西成客专、成南巴陕高速公路共同构建成都—西安—环渤海地区通道；由在建的成兰、兰渝铁路、既有的宝成铁路等共同构建成都—兰州—经欧亚大陆桥至欧洲通道。

五、北通道中的中欧班列发展

最近几年快速发展的中欧班列，是北通道的重要组成部分。2016 年，国家印发《中欧班列建设发展规划（2016—2020 年）》，明确提出建设中欧铁路运输通道，主要包括三个方向的细分通道。

——西通道。一是由新疆阿拉山口（霍尔果斯）口岸出境，经哈萨克斯坦与俄罗斯西伯利亚铁路相连，途经白俄罗斯、波兰、德国等，通达欧洲其他各国。二是由霍尔果斯（阿拉山口）口岸出境，经哈萨克斯坦、土库曼斯坦、伊朗、土耳其等国，通达欧洲各国；或经哈萨克斯坦跨里海，进入阿塞拜疆、格鲁吉亚、保加利亚等国，通达欧洲各国。三是由吐尔尕特（伊尔克什坦），与规划中的中吉乌铁路等连接，通向吉尔吉斯斯坦、乌兹别克斯坦、土库曼斯坦、伊朗、土耳其等国，通达欧洲各国。

——中通道。由内蒙古二连浩特口岸出境，途经蒙古国与俄罗斯西伯利亚铁路相连，通达欧洲各国。

——东通道。由内蒙古满洲里（黑龙江绥芬河）口岸出境，接入俄罗斯西伯利亚铁路，通达欧洲各国。

《规划》明确，中欧班列通道不仅连通欧洲及沿线国家，也连通东亚、东南亚及其他地区；不仅是铁路通道，也是多式联运走廊。

《规划》提出三大通道的主要货源吸引区分别是，西通道：西北、西南、华中、华南等地区，经陇海、兰新等铁路干线运输。中通道：华北、华中、华南等地区，经京广、集二等铁路干线运输。东通道：东北、华东、华中等地区，经京沪、哈大等铁路干线运输。

中西部是中欧班列的主力，开行量占全国的86%。截至2018年年底，全国有59个城市开行中欧班列，运行线路达65条。从区域分布来看，主要集中在中西部，其中中欧班列（成都）连续三年稳居第一，2016—2018年开行量分别为460列、1020列和1591列，均占开行总量的25%以上；此外，中西部城市中，2018年重庆中欧班列开行量为1442列，西安1235列，郑州752列，武汉423列。包括成都在内，2018年五大城市中欧班列开行量达5443列，占总体的85.5%，是中欧班列的绝对主力，图6-1。

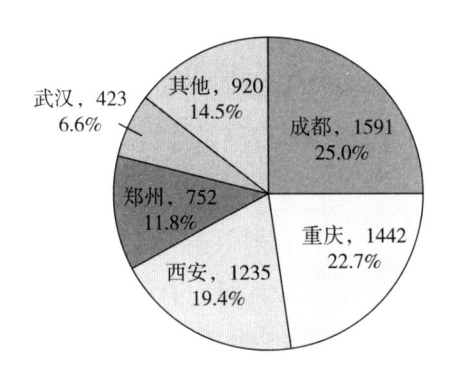

图6-1 2018年中欧班列开行班次分布

六、南通道中的西部陆海新通道规划建设

2019年，国家发展改革委印发《西部陆海新通道总体规划》，明确西部陆海新通道位于我国西部地区腹地，北接丝绸之路经济带，南连21世纪海上丝绸之路，协同衔接长江经济带，在区域协调发展格局中具有重要战略地位。

《规划》提出，统筹区域基础条件和未来发展需要，优化主通道布局，创新物流组织模式，强化区域中心城市和物流节点城市的枢纽辐射作用，发挥铁路在陆路运输中的骨干作用和港口在海上运输中的门户作用，促进形成通道引领、枢纽支撑、衔接高效、辐射带动的发展格局。在主通道方面，建设自重庆经贵阳、南宁至北部湾出海口（北部湾港、洋浦港），自重庆经怀化、柳州至北部湾出海口，以及自成都经泸州（宜宾）、百色至北部湾出海口三条通路，共同形成西部陆海新通道的主通道。

《规划》明确，统筹各种运输方式，围绕建设大能力主通道和衔接国际运输通道，进一步强化铁路、公路等交通基础设施，提升沿海港口功能，着力构建完善的交通走廊。一方面，提高干线运输能力。加快推进铁路建设。打造重庆、成都至北部湾出海口大能力铁路运输通道，实施一批干线铁路扩能改造项目，新建局部支线和联络线，畅通能力紧张"卡脖子"路段，形成东、中、西线合理分工、相互补充的铁路运输网络。中线着力提升通道能力，加快贵阳至南宁等新线建设；东线着力加快既有铁路改造提升，推进渝怀铁路增建二线等项目建设；西线加强补齐通道短板，建设黄桶至百色等铁路项目。研究建设双层集装箱运输通道。另一方面，完善公路运输网络。进一步扩大公路网覆盖面，有效扩大主通道辐射范围。加快国家高速公路、普通国省干线瓶颈路段扩能改造和待贯通路段建设，有序建设一批对通道具有重要支撑作用和通往港口、口岸的地方高速公路项目。

目前，该通道处于规划建设阶段，与中欧班列类似，主要以铁路运输相对高附加的货物为主，对运量预测影响不大。

第二节 上游支流航道开发建设展望

随着国家区域战略的深入实施，长江上游地区将加快推进干线航道和支线航道建设，大力改善内河水运基础设施条件，构建起便捷高效、覆盖面广、安全绿色的航道网络，充分发挥内河水运潜力和比较优势创造条件，努力提高内河水运服务水平，推动资源禀赋优势将转化为经济优势，实现以内河水运带动地区经济发展、助力贫困地区脱贫减贫。特别是云南、贵州、四川等省市，根据经济产业发展规划，未来原材料和产成品运输需求将持续增长，需要内河水运发挥在大宗货物长距离运输中的比较优势。随着航道等级的提升和干支航道通畅连接，港口基础设施改善和功能拓展，水运将在上游工业化、城镇化进程中发挥重要支撑作用。

贵州省。乌江腹地的遵义市和松桃县的锰矿储量占全省总量的50%，贵阳、修文、织金、遵义、息烽等地的铝土矿储量占全省总量的95%以上，南、北盘江及红水河腹地的晴隆和都柳江腹地的独山的锑矿储量占全省总量的65%以上，目前贵州金属矿石主要运往广西、重庆等地。随着航道条件的完善，预计金属矿石水运量将保持增长趋势。乌江腹地的开阳、息烽、瓮安、福泉4个县磷矿储量达12.4亿吨，重晶石主要分布在清水江腹地的天柱、施秉、南、北盘江及红水河的晴隆、乌江的沿河等地，硫铁矿、水泥用灰岩、白云石等主要分布在黔北、黔西北的遵义、大方、桐梓、习水及仁怀等地。随着航道条件改善，预计未来其产成品外调量将增加。2018年贵州省的非金属矿石水路运输量为190万吨左右，主要为磷矿、重晶石、硫铁矿，预计到2035年非金属矿石水路运输量将达600万吨左右。

云南省。水运货物运输量约90%集中在金沙江、澜沧江航道，红河、右江、怒江等河流受到腹地产业、通航条件等因素的制约，水运量尚处于缓慢发展阶段。云南各河流腹地矿产资源和水电资源丰富，云南省将依托水电基地、石油炼化基地及国际能源枢纽"两基地一枢纽"，推进水电铝、铅锌冶炼、磷盐产业、煤化工、水电硅产业与能源产业融合发展。随着航道条件的开发建设和通航环境的改善，沿江临河的资源优势产业必将带动新的水运运输需求的出现。此外，红河、德宏自贸区的建设已经促进边贸运输需求增长，这些必将带来云南省红河、右江、怒江等河流的水运量出现跨越式增长。

四川省。岷江承担着重装设备运输的重要任务，目前是四川重大件装备产品进出川的重要通道，在四川乃至中国西部具有重要的战略地位。岷江向内连接成都、川南等城市群，向外经长江直通上海，是四川联系周边省市和长江中下游地区的重要纽带，是构建国家高等级水运网的重要组成部分。未来航道条件改善，将拉动重大件等运输需求增长。

嘉陵江是四川省纵贯南北的水运干线，是沟通西南与西北的水上运输线和战备航道，是西南地区综合运输网的重要组成部分，在全国内河运输网中具有十分重要的地位，并且随着区域经济的快速发展，航道渠化工程和配套工程的完建，嘉陵江航道货物运输需求将逐步复苏。

金沙江是滇北和四川攀西地区通往长江、沟通东中部地区的重要水运通道，腹地矿产资源富集、开发和利用极具潜力。攀西地区是四川省进出东南亚的重要门户，西部钢铁工业基地，世界钒钛工业中心，承接成乐雅，带动川西南，战略地位十分显著，随着金沙江沿线地区，特别是攀西地区经济的快速发展，以及梯级建成后航道条件的改善，水运需求将日益繁荣。

渠江是全国最早实施渠化建设的航道，是达州、广安连接西南重镇重庆市的重要水上通道，具有河床质相对单一、河势基本稳定、冲淤变化不大、过闸次数少的优势。渠江航道的开发建设，对于满足水运增长需要，开发腹地矿产资源，支持川东北天然气化工工业和旅游业发展都具有重要意义。

沱江是成都平原沟通长江中下游地区的一条重要通道，资阳、内江、自贡、泸州等腹地经济发达。自贡市是我省重要的化工和装备制造业城市，境内铁路运能有限，而水运由于航道条件限制通航能力低，对重大件运输有着比较优势的水运需求极为迫切。

涪江沿线的绵阳、遂宁等是四川省经济比较发达的地区，机械、电子、纺织、食品、建材等工业发达。涪江是川北、川中地区重要的水运动脉，是完善地区综合交通运输体系、降低物流运输成本的有效途径之一，在促进资源优势互补和经济交流、合作以及区域经济协调发展中可以发挥桥梁和纽带作用。未来具有较大水运需求潜力。

第 7 章 长江三峡过坝运输需求总量预测

第一节 腹地经济发展对长江水运的要求

根据腹地经济发展面临的国际、国内、区域发展环境，典型发达国家工业化、城镇化发展的经验借鉴，以及腹地资源开发规划、对外交通发展规划，判断未来三峡断面水路运输需求呈以下几个特点。

（1）我国区域发展战略对长江水运发展提出了更高要求

我国区域发展长期存在着东西部地区不平衡现象，近年来国家相继出台了西部大开发、中部崛起以及重庆两江新区、成渝经济区等一系列新的区域发展规划和战略，旨在缩小地区差距、促进区域经济的协调发展。新战略的实施将推动区域间经济、产业和交通运输的内在联系的进一步加强，并对将来水路运输特别是三峡断面提出了更高的要求。一方面，川渝地区目前还处于工业化中期，到 2030 年期间该地区工业将呈较快发展态势，原材料等大进大出的物资对水运需求还将持续增长；另一方面，东部沿海地区服务腹地逐步延伸、陆海通关合作持续推进，迫切要求水运加强与铁路、公路与航空等方式的联系，继续加快航道、码头等设施的建设步伐，在腹地集装箱、大宗能源物资运输中发挥枢纽作用，为腹地经济的增长提供充足的保障。

（2）区域全新对外开放体系中要求水运进一步提升在综合物流中的地位

未来我国将谋划对外开放新格局，将以更主动的姿态在更高水平上参与经济全球化的发展。自贸试验区、"两廊两带"（中缅孟印经济走廊、中巴经济走廊、新丝绸之路经济带、21世纪海上丝绸之路经济带）、中国东盟自贸区、上合组织等建设和发展，都是旨在构建由东部到西部地区点线面全方位对外开放战略新格局。

港口水运是衔接国内地区与国际市场的重要资源，特别是长江黄金水道，是我国西部地区连接东部沿海地区并面向国际市场的天然大动脉，是其参与全球经济合作的核心载体，在西部对外开放战略中扮演着不可替代的角色。西部全新对外开放战略迫切要求长江水运提升在物流体系中的作用，增强三峡断面通过能力，缩短与国际市场、国际资源的时间、空间和成本距离，服务以川渝为核心、以云贵等为延伸的广大西部地区，成为"国内产业走出去与国际产业走进来"的桥梁。

（3）城镇化快速推进将带动矿建等水运需求增长

当前，川渝两地城镇化率仅为54%，落后于全国平均水平，根据前文预测，到2030年川渝城镇化水平将达到70%以上。随着城镇化的快速推进，矿建等大宗物资通过三峡断面的水运调入需求还将持续增长。主要原因在于，随着川渝城镇人口规模扩张，消费结构将不断优化调整，住房、出行等在消费中比重将逐步提升，由此不仅会带动新一轮房地产、道路设施等基础设施投资，还将推动汽车等现代化耐用品产业的发展。但另一方面川渝地区的矿建、铁矿石等大宗物资又较为依赖水运调入，因此未来城镇化的快速推进必将带动该类物资水运需求的增长。

（4）产业结构、消费结构和物流模式的优化升级将推动水路集装箱运输的发展

未来，川渝地区产业发展将呈现新型工业化和现代服务业高度融合发展的道路，具体表现为以高科技产业为核心增长点，以原材料加工业为基础和以金融、现代物流、规模化经营为特征的高科技生态型的跨越式发展道路。高技术产品制造业、装备制造业的快速发展将提高外贸集装箱生成量的需求强度，外贸集装箱生成量将进入"低基数、高增长"阶段。受内需拉动、贸易方式和物流模式发展，水运内贸集装箱将有稳定较快增长。同时，在产业结构的优化调整、消费结构持续升级和更注重生态环境的可持续发展方式推动下，未来商品汽车滚装运输、邮轮旅游、滚装甩挂运输等新兴货类将成为三峡断面水路运输发展的新增长点。

（5）能源消费结构将逐步调整，能源供给由自给为主转为多来源、多通道供给为主，水路大宗能源运输需求将逐步降低

长期以来，长江上游特别是四川等地凭借丰富的资源储备，在满足自身能源消费的前提下，还大量将煤炭等能源物资通过长江调往中下游地区。未来，在地区经济快速发展和我国能源政策的调整下，川渝地区的能源消费结构和供给方式将发生改变。从消费结构上来看，该地区未来产业发展重心转向电子电气制造业、高端装备制造等高科技产业，对大宗能源的消费增速较以往会有所下降；加之我国宏观政策鼓励今后大力开采、推广和应用更为清洁的天然气以替代煤炭，而川渝地区蕴藏着极为丰富的天然气资源，预计未来地区能源消费结构中煤炭占会持续下降。从供给结构上来看，未来中缅、中哈原油天然气管道将陆续投产，川渝地区的能源供给将呈本地为主、外调为辅的多通道多来源趋势。在此影响下，三峡断面水路运输在川渝大宗能源运输中的比重将逐步降低。

第二节　长江三峡断面水运量总量预测

前文分析了长江三峡枢纽运量的影响机理以及主要影响因素的发展趋势，为运量预测奠定了定性分析基础。本节以运输强度法、"生产—分担"法、产业关联法为主，尝试寻找运量与经济、产业、综合运输等之间的定量定性发展关系，进而预测长江三峡断面货运量。

一、预测思路和方法

长江三峡断面运输需求与长江上游地区的经济发展水平、产业结构、资源开发和综合交通发展等密不可分。特别是川渝地区的产业布局、产业规模直接决定了长江三峡过坝运输需求的水平。但考虑到川渝地区面临前所未有的政策环境和机遇，大型产业尚处于引进、起步阶段，这为运输需求规模带来一定不确定因素。因此，本次长江三峡断面运输需求预测采用定性分析与定量计算相结合的综合分析方法，并且对近、中、远期预测分别采取了不同的预测方法和思路。

近中期（2020年、2030年）预测，主要以"十二五""十三五"期的相关经济社会发展规划、产业规划、交通规划为依据，考虑相关产业重大建设项目，结合集装箱和大宗能源、原材料物资的运输系统的论证结果，对长江三峡断面运输需求进行综合分析。

远期（2050年）预测，考虑到未来发展的不确定性增大，由于缺少相关产业、交通规划支撑，对腹地远期宏观经济发展、经济结构变化及相关经济指标难以准确判断，因此本研究主要在对长江上游地区工业化、城镇化发展阶段判断的基础上，既要为港口和产业发展留足空间和余地，又要考虑长江上游地区水运资源容量（岸线、集疏运、陆域、环境等）的制约，以趋势分析为主，把握2050年长江三峡断面水运需求总规模。

二、运输强度法预测

（1）水运量运输强度的一般发展规律

从全球范围来看，美日韩[①]三国的水运量运输强度随着工业化进程的推进呈现了倒"U"型发展特点。由图7-1可见，美日韩的水运量强度均呈现先上升后下降，其中美国在工业化中期的1930—1940年之间水运量强度已总体呈现逐年下降的态势，从1930年到1953年左右完成工业化时20年下降了35%，从1953年到1970年美国进入信息化社会期间水运量强度降幅变缓，近20年下降了10%；日本水运量强度的峰值转折点与其工业化完成峰值具有非常高的契合度，并在之后五年内迅速下降了50%；韩国水运量强度则是在其工业化快速发展的20世纪80、90年代快速上升，在完成工业化的2000年之后则进入一个峰值平台期并逐步下降。

总体来看，倒"U"型拐点的出现与工业化发展阶段并无直接关系，而是与一国的资源禀赋、发展路径密切相关：美国国土广大，资源相对丰富，在工业化实现阶段对水运的依赖程度相对不高，因此拐点出现较早；日韩的资源禀赋条件和工业化发展路径较为类似，都是国土狭小且极

[①] 由于数据获取较难，报告选取了美国、日本和韩国三国数据。

其缺乏资源并高度依赖出口发展重化工的国家，因此其在工业化实现阶段对水运的需求是快速上升的。日本在1980年后逐步将其制造业转移到其他国家，韩国则在1998年后大力发展服务业，降低工业在其国民经济中的比重，导致了两国水运量强度的下降。可见国外发达国家水运量强度变化呈现倒"U"型变化的普遍规律，但拐点出现在工业化阶段的时间点则有所不同：资源禀赋越好的国家拐点出现越早、产业转型发展越快的地区拐点出现越早（见图7-1）。

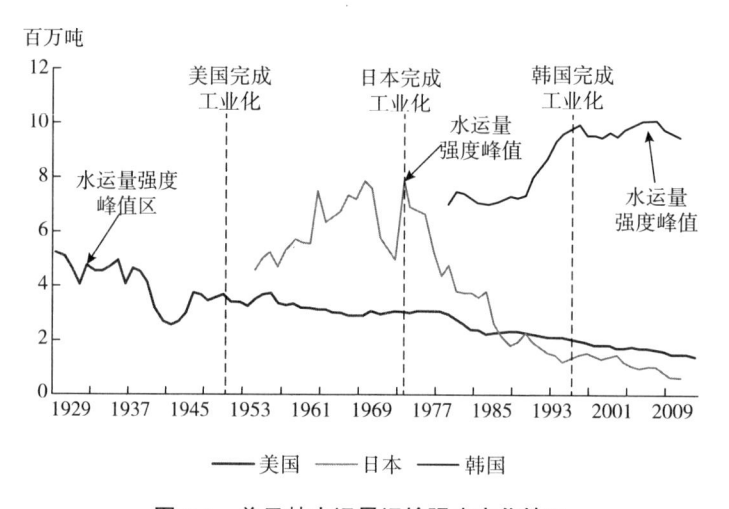

图 7-1 美日韩水运量运输强度变化情况

（2）三峡断面水运量趋势分析

从三峡过坝运量强度的发展情况来看，如图7-2所示，2004—2011年川渝地区每百万元GDP（2000年不变价）产值产生的三峡过坝运量一直在48吨左右徘徊，在2011年三峡枢纽达到设计通过能力之后降至40吨。对比重庆吞吐量强度来看，其也在2011年之后出现了下降，可以看出2011年之后的数值不能反映出三峡断面正常的运输强度变化，因此在本研究只选取2004—2011年之间的历史数值分析，图7-2。

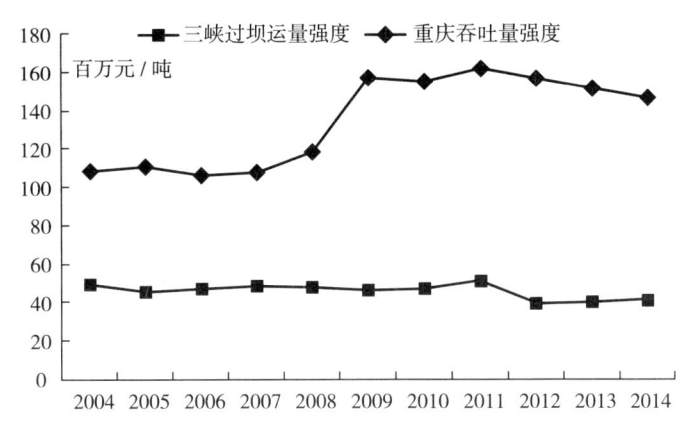

图 7-2　2004—2014 年长江干线水运量运输强度

对比典型发达国家的变化特点，可以发现川渝地区的发展与美国具有一定相似性。从腹地资源禀赋来看，我国西部地区煤炭、矿产、天然气等资源相对丰富，除大量金属矿石和部分矿建材料需调入以外，其他资源基本可以实现内部平衡；从腹地工业化发展路径来看，占三峡断面货运比重绝大部分的川渝地区积极转型高新技术产品制造业等技术密集型产业，目前正处于转型发展的关键时期（详见表 7-1）。而比较美国水运量强度增长变化特点，其运输强度拐点出现在工业化完成之前至少 20 年，同时峰值比完成工业化时下降了 35%。结合前文所述，川渝地区将在 2030 年完成工业化，预计三峡断面运量强度将在近年达到峰值并缓步下降，预测 2020 年、2030 年三峡断面运量强度为 40 吨/百万元和 30 吨/百万元，相应的三峡断面运量分别为 2.0 亿吨和 3.0 亿吨。

表7-1　三峡断面水运量强度主要影响因素趋势判断

		资源开采		产业结构	
		近期（2020 年）	中远期	近期（2020 年）	中远期
重庆	资源、产业变化	黄砂开采减少，石材开采增加，煤炭产量维持稳定，非金属矿石稳步提升	煤炭产量下降，矿建材料受政策影响，非金属矿石稳步提升	原材料加工业和机械装备制造业占主导	高新技术产品制造业占主导
	对三峡断面水运强度影响	增长	不确定性较强	逐步降低	大幅降低

续表

		资源开采		产业结构	
		近期（2020年）	中远期	近期（2020年）	中远期
四川	资源、产业变化	黄砂开采减少，石材开采增加，煤炭产量下降，非金属矿石提升	煤炭产量下降，矿建材料受政策影响，非金属矿石提升	原材料加工业和轻型加工业占主导	高新技术产品制造业快速发展
	对三峡断面水运强度影响	增长	不确定性较强	稳步提升	逐步下降
云贵	资源、产业变化	煤炭产量稳步提升，非金属矿石稳步提升	煤炭产量稳步提升，非金属矿石稳步提升	采掘业和原材料加工业占主导	机械装备制造业等快速发展
	对三峡断面水运强度影响	增长	增长	快速提升	稳步提升

三、产业关联法预测

（1）相关产业发展趋势

根据第二章现状分析，三峡过闸主要货类可以分为资源类和中间终端产品两大类，2004—2014年期间资源类的过闸货运量增速显著高于中间终端产品货种的增速，这与新世纪以来川渝地区工业化城镇化高速推进、原材料加工业得到大力发展是分不开的。结合第三章腹地经济社会发展趋势，按照我国"两个一百年"战略发展目标，川渝地区将在2030年之前完成工业化、城镇化，并将走以高技术产品制造业为增长动力、以机械设备制造业和原材料加工业为基础的发展道路，由此也将决定未来三峡过闸主要货类的变化特征。

具体来看，随着川渝地区的产业转型，腹地对中间终端产品货种的需求增速要快于资源类货种的增速。详见表7-2。

表7-2　　　　　　　　　三峡过闸主要货类与关联

	三峡过闸主要货类	关联产业类别	具体产业	关联产业发展趋势	产业对资源/产品的需求
资源类货种	煤炭	原材料加工业	电力工业等	稳步提升	稳步提升
	金属矿石		冶金工业等	平稳发展	平稳发展
	非金属矿石		非金属矿品制造业	平稳发展	稳步提升
	原油		石化产业等	较快发展	稳步提升
	木材	轻型加工业	木材制品业等	平稳发展	稳中趋升
	矿建材料	城镇化	固定资产投资	较快发展	稳步提升
中间终端产品货种	成品油	城镇化、高技术产品制造业等	石化产业等	较快发展	较快提升
	水泥	城镇化	固定资产投资	较快发展	稳步提升
	件杂货（集装箱）	机械设备制造业、高技术产品制造业	电子电气设备制造业等	快速发展	较快提升
	钢材		交通运输设备制造业等	较快发展	较快提升
	商品汽车	机械设备制造业	交通运输设备制造业等	快速发展	较快提升

（2）相关货类发展趋势

参考上表的分析，结合腹地未来资源开发规划、对外交通发展规划，可判断出三峡断面运输主要货类的发展趋势，并将可将适合水路运输的货物按占总量比重分为趋于下降、具增长潜力以及稳步发展三大货类，其发展各呈现以下趋势和特点。

趋于下降的货类。主要是指附加值较低、运输规模较大、对运价敏感度较高的煤炭等传统大宗货物。目前，该部分货类运输需求占到了过坝运输需求的24%。2018年占比下降到23%。未来，随着川渝地区对煤炭资源需求的增加，煤炭外运量大幅度减少，但上行煤炭仍将保持一定规模；今后重庆市将调整本地钢铁生产结构，以发展满足本地汽车等产业所需的钢材为主，上下行运输需求均将下降；同时，由于国内本地矿品位较差，今后上行外贸铁矿石还将平稳增长。

具增长潜力的货类。主要是指附加值较高、运输需求快速增长的集装箱、石油及制品、商品车滚装等货类。随着长江上游地区产业结构逐步提升，高新技术制造、装备制造、化工等产业将占据主导地位，化工品、集装箱、商滚等高附加值的货物比例将进一步提升；随着上游支流航道等级的提升，非金属矿石调运下行量也将快速增长。总体来看，化工品、集装箱、商滚和非金属矿石等货类所占比重呈现上升态势。近几年，受政策等因素影响，石油及制品运量增速明显放缓，但具备长期增长潜力。

稳步发展的货类。主要是指粮棉、水果以及重载汽车滚装承担运输鲜活、件杂等生活物资。生活物资大多需求分散，属于批量小、批次多、对时间要求较高的货物，水路运量增长将保持平稳。

表7-3　　　　　　　　水路运输需求货类结构趋势分析

	现状			趋势分析		
	2005年	2014年	2018年	2020年	2030年	上下行
合计	4393	11930	14866	100%	100%	
1.趋于下降货类：	50.40%	24.30%	22.7%	18%左右	14%左右	
其中：煤炭	39.80%	7.00%	3.6%	运量占比大幅下降		下行继续萎缩，上行增长
钢铁	3.30%	7.40%	4.9%			上下行均下降
金属矿石	5.00%	8.50%	13.1%	运量占比小幅下降		上行平稳增长
化肥	2.30%	1.40%	1.1%			下行下降
2.具增长潜力货类：	10.60%	23.60%	24.0%	25%左右	29%左右	
其中：石油及制品	3.20%	4.20%	3.6%	运量占比小幅上升		下行增长，上行降低
木材	0.10%	0.70%	0.8%			上行增加
集装箱	6.10%	9.60%	8.4%	运量占比上升		上下行均较快增长
商品汽车滚装	0.20%	0.40%	0.5%			下行较快增长
非金属矿石	1.00%	8.70%	10.7%			下行稳步增长
3.稳步发展货类：	39.10%	52.10%	53.3%	55%左右	58%左右	
其中：矿建	5.40%	27.10%	31.9%	运量增长趋稳		上下行均稳步增长
水泥	1.50%	3.50%	5.7%			下行增长
粮棉	1.00%	1.00%	2.8%			—
重载汽车滚装	25.10%	8.70%	4.7%			下行增长
其他	6.10%	11.80%	8.2%			—

(3)三峡断面水运量预测

根据水路运输需求货类结构趋势分析,结合集装箱、煤炭、石油及制品、矿石、钢铁、商滚等重要货类相关产业发展趋势及运输系统结果综合分析,预测2020年、2030年三峡枢纽过坝运输需求分别为1.6亿~2.1亿吨、2.0亿~2.7亿吨。

四、综合预测

(1)近中期(2020年、2030年)预测

总的来看,以上两种预测方法各有特点:运输强度法从运量与经济增长的直接定量关系出发,综合了典型发达国家的发展经验和川渝地区的实际情况,进而做出预测;产业关联法则是从主要货类相关联的产业出发,结合产业的发展趋势和对货类运输需求的特点,综合判断近中期三峡断面运量。

结合前文对川渝地区工业化、城镇化阶段的判断,可以说近20年内是长江上游地区工业化、城镇化推进最快的时期,也是嘉陵江、乌江、岷江等支流航道加快建设,水运加快发展的时期,沿江产业大项目引入将会带动水运量呈现上千万吨的突增。因此,在综合推荐中,本文参考两种预测方法结果,考虑为产业发展留有余地,预测2020年、2030年三峡枢纽过坝运输潜在需求分别为1.7亿吨、2.3亿吨左右。

(2)远期(2050年)预测

这一阶段,由于时间跨度较长,并缺少相关产业规划支撑,对腹地远期宏观经济发展、经济结构变化及相关经济指标难以准确判断,主要考虑以下两方面因素。

因素1:根据国外发展经验和腹地经济发展态势分析,川渝等地区2030

年人均GDP达1万美元（2000年美元可比价），城镇化率达到70%以上，基本进入后工业化时期，进入较为稳定的城镇化发展阶段。产业结构升级加快，工业内部结构升级，开始向低运量的高加工度产业转换，高新技术制造、装备制造等先进制造业将占据主导地位，运量与GDP增长的弹性系数将呈下降趋势，货运需求增长会放缓。

因素2：受到资源容量的限制，长江上游地区港口发展目标由基础设施建设向运输系统完善、功能拓展转变，通过物流系统和信息系统的有效衔接，提升港口运转效率，重视港口与城市功能、环境容量的协调发展。

因此，预测该时期长江三峡过坝运输需求增长较前期放缓，货类结构优化，预测2050年三峡枢纽过坝运输潜在需求2.9亿吨左右，见表7-4。

表7-4　　　　长江三峡枢纽过坝货运量综合预测表　　　　单位：亿吨

	预测		综合推荐
	运输强度分析法	产业关联分析法	
2020年	2.0	1.6 ~ 2.1	1.73
2030年	3.0	2.0 ~ 2.7	2.34
2050年			2.89

第 8 章　长江三峡过坝分货类运输需求预测

为满足腹地经济快速发展,今后 10～20 年将是长江上游地区逐步建立并完善以港口为核心,铁路、公路、内河等集疏运通道为依托,服务腹地产业发展需要的集装箱、煤炭、石油及制品、矿石、商滚等货类运输系统的关键时期。结合现状分析中的主要货类影响因素分析,本节选取集装箱、煤炭、石油及制品、矿石、钢铁、滚装等货类发展趋势进行重点分析。

第一节　集装箱

2014 年长江三峡枢纽过坝集装箱运量 124 万 TEU,较 2005 年年均增长 21.2%。其中内支线 52 万 TEU,内贸线 72 万 TEU。过坝集装箱运量中 76% 是由重庆港进出,其余从四川泸州港进出。2018 年长江三峡枢纽过坝集装箱运量在 140 万 TEU 左右。

（1）外贸集装箱

①外贸集装箱生成量现状。

腹地内各省市的外向型经济发展和产业结构决定了外贸集装箱生成量规模。川、渝及云贵北部地区2014年外贸集装箱生成量已达188万TEU，较2005年年均增长18.6%。生成量主要集中在川渝地区，尤其是经济较为发达的成渝经济区集中了近60%的外贸集装箱生成量。初步估算，2018年，川、渝及云贵北部地区外贸集装箱生成量为240万TEU左右，较2014年增长28%。详见表8-1。

2014年前，从外贸商品结构来看，四川省高新技术产品出口比重快速提高，使得单箱货值有所提升，同时，航空运输在外贸适箱货中的比重也相应由2005年的25%快速提高至2014年68%，导致四川省通过水运的外贸集装箱生成量增速滞后于外贸额增速；重庆市由于近年来惠普、富士康等大型项目落户，拉动电脑、仪器仪表等机电类产品增势迅猛，占适箱货比重由2005年的12.7%增长至2014年的66%，平均单箱货值显著提升，通过航空进出口的商品额也由2005年的9.8%提升至2014年的58%。2014年后，重庆市外贸额出现明显下滑，四川等地外贸额快速增长，导致重庆市外贸重箱生成量增速明显放缓。

表8-1　　　　　腹地外贸集装箱生成量现状　　　　　单位：万TEU

	2005年	2010年	2014年	2018年
合计	40.6	95	188	240
其中：四川	24	60	85	120
重庆	16	34	100	115
云贵北部	0.6	1	3	5

依托运输条件，腹地省市集装箱运输格局各有不同，参见表8-2。

表8-2 腹地外贸集装箱生成量运输组织现状　　　　单位：万TEU

省市	运输组织模式	生成量 2005年	生成量 2014年	生成量 2018年	口岸
四川省	合计	24	85	120	
	铁路直接进出境	1	2	10	新疆等陆路口岸
	公路直接进出境	2	11	25	新疆、香港、昆明等陆路口岸
	铁路、公路至港口	19	42	55	上海、青岛、天津和广州等港口
	水运至港口	2	20	30	通过重庆等港口转至上海港
重庆市	合计	16	100	115	
	铁路直接进出境		5	6	新疆等陆路口岸
	公路直接进出境	1.5	15	17	香港等陆路口岸
	铁路、公路至港口	0.5	10	12	上海、青岛、天津和广州等港口
	水运至港口	14	70	80	上海港
云贵北部	合计	0.6	3	5	
	铁路至港口	0.5	2	3	广州、深圳等港口
	公路至港口	0.1	1	2	广州、深圳等港口

2014年四川省外贸集装箱生成量85万TEU，其中约13万TEU通过公路或者铁路集疏运至新疆、香港、昆明等陆路口岸进出（内陆口岸进出境多数以散件形式运输）；约42万TEU通过铁路和公路集疏运至上海、青岛、天津和广州等港口进出；其余20万TEU通过水运集疏运至上海港进出，占外贸集装箱总生成量的17%，较2005年上升近10个百分点。2018年四川省外贸集装箱生成量约120万TEU，其中约35万TEU通过公路或者铁路集疏运至新疆、香港、昆明等陆路口岸进出（内陆口岸进出境多数以散件形式运输）；约55万TEU通过铁路和公路集疏运至上海、青岛、天津和广州等港口进出；其余30万TEU通过水运集疏运至上海港进出。

2014年重庆市外贸集装箱生成量100万TEU，其中约5万TEU通过渝新欧国际铁路等大通道陆路口岸进出；约15万TEU通过公路集疏运至香港等陆路口岸进出；约7万TEU通过铁路、公路集疏运至上海、青岛、天津和广州等港口进出；其余70万TEU通过水运集疏运至上海港进出，占外贸集装箱总生成量的 69%，较 2005 年有所下降。2018 年重庆市外贸集装箱生成量在 115 万 TEU，其中约 6 万 TEU 通过渝新欧国际铁路等大通道陆路口岸进出；约 17 万 TEU 通过公路集疏运至香港等陆路口岸进出；约 12 万 TEU 通过铁路、公路集疏运至上海、青岛、天津和广州等港口进出；其余 80 万 TEU 通过水运集疏运至上海港进出。

云贵北部的铜仁、遵义、毕节和昭通等地区生成量较小，2014 年外贸集装箱生成量为 3 万 TEU，均通过铁路或者公路经广州、深圳等口岸进出。2018 年外贸集装箱生成量为 5 万 TEU。

②外贸集装箱生成量预测思路。

在分析腹地外向型经济和外贸进出口额发展趋势的基础上，对外贸集装箱生成机制进行分析（如外贸商品构成、箱化率、空重箱比、重箱载重量等）。采用多因素动态生成系数法，即通过建立集装箱生成量预测模型，把经济、外贸和运输等影响集装箱生成量的众多因素加以量化，并通过计算机的反馈优化得出预测结果。

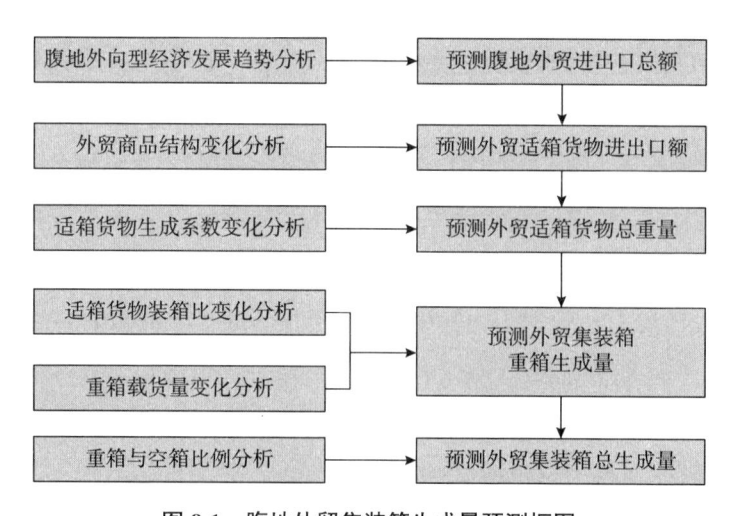

图 8-1 腹地外贸集装箱生成量预测框图

③外贸集装箱生成量生成机制分析。

今后将是西部地区新一轮加快经济社会发展的黄金期。目前一批具有国际水平的大企业、大项目纷纷落户川渝地区，为川渝地区外贸发展带来了巨大的潜力。川渝地区将成为国家重要的内陆制造业基地,并逐渐成为国际化大型企业全球物流供应链中的重要节点。这种发展模式决定了川渝地区外贸有望实现跨越式发展,大大超过全国发展的平均水平和速度。预测2030年重庆市外贸进出口额将达到2000亿美元左右;四川省外贸进出口额将达到2500亿美元左右。先进制造业和高新技术产业的发展将会促进该地区外贸适箱货比例提高,预计未来该地区适箱货比例将达到85%以上;同时,由于惠普等项目产品进出口多采用空运,因此预计采用航空运输方式的货物比重将大幅提高,远期达到60%左右;随着集装箱运输方式进一步推广,以及重庆长江上游航运中心的功能得到发挥,箱化率将达到70%以上;重箱平均载重量仍维持在约9~10吨;重箱比例将逐步提高到75%左右。

④外贸集装箱生成量预测结果。

根据对腹地外贸集装箱生成机制及各影响因素的变化趋势分析,预测2030年四川省外贸集装箱生成量为240万TEU,重庆市外贸集装箱生成量为200万TEU,见表8-3。

表8-3　　　　　　　　腹地外贸集装箱生成量预测　　　　　　　　单位:万TEU

	2014年	2018年	2030年预测
生成量总计	188	240	460
四川省	85	120	240
重庆市	100	115	200
云贵北部周边地区	3	5	20

⑤外贸集装箱过坝运量预测。

随着渝新欧国际铁路大通道、渝深和渝沪铁海联运通道的开通,重庆地区集装箱铁路运量将有较快增长;但重庆长江上游航运中心的建设将充分发挥港口经济在区域经济发展中的引擎作用,水运运量大、成本低、效率高优势进一步体现,预测水运承担的重庆市外贸集装箱生成量份额仍将保持在65%以上。四川水运集装箱运输份额主要受到铁路集装箱的竞争。考虑到目前腹地铁路运能基本饱和,今后新增的铁路运能还需承担煤炭等大宗物资调运，因此，水运集装箱仍有一定的发展空间。同时，随着港口基础设施、内陆无水港、通关等环境的完善，以及集装箱发展策略和优惠政策优势的体现，水运承担的四川省外贸集装箱生成量份额呈现稳步增长态势，预测2030年可以达到35%。此外，港口辐射能力增强后，还将吸引周边部分省区外贸集装箱中转运量，水运承担云贵北部及周边省份的外贸集装箱生成量份额将快速增长，预测2030年将达到约38%，见表8-4。

表8-4　　　　2030年腹地外贸集装箱生成量与水运量预测　　　单位：万TEU

	重庆市	四川省	云贵北部及周边地区
外贸集装箱生成量	200	240	20
水运承担的运量	120	72	8
水运占总量比重	60%	30%	40%

综上所述，预测到2030年，长江上游地区港口承担的外贸集装箱运量为220万TEU左右。

（2）内贸集装箱

①内贸水运量现状。

2000年，长江上游地区内贸集装箱水运量规模较小，仅为0.3万TEU。随着2003年三峡库区蓄水，航道条件逐步改善，集装箱主力船型达到300T以上；2007年"集装箱内外贸同船"试点业务开展，解决了长江上游地区集装箱箱源规模较小、集装箱班轮航线运输效益较差的问题，提升了长江上游集装箱班轮航线在腹地集装箱运输中的竞争力。内贸集装箱运输的便利、优质等优势不断显现，长江上游地区内贸集装箱水运量快速增长，由2005年的6万TEU迅速提升至2014年的72万TEU，增长近10倍。2018年为83万TEU，继续保持稳步增长。

②内贸水运量运输格局。

长江上游地区内贸集装箱水运量的流向主要为本地通过下游港口与沿海地区之间的物资交流；运往下游的内贸箱货物主要为钢坯、元明粉等矿产资源初级产品;从长三角地区转运往上游的主要为粮食、机电、轻工等产品。目前,腹地内贸集装箱水运量主要通过重庆、泸州两港运输,其中,约63%的水运量通过重庆港进出,37%的水运量通过泸州等四川港口进出。

③内贸水运量预测。

目前,长江上游地区的水运内贸集装箱运输主要集中在与华北、华南地区的物资交流上,同时还有部分铁路运输。未来随着我国区域经济协调发展,地区产业结构的调整及地区间分工与协作的加强,沿海地区产业链不断向内陆延伸,西部和东部沿海地区间物资交流将不断增加,并且增幅大幅度提升。腹地内贸水运量出现以下发展趋势。

一是长江上游港口大型专业化集装箱专用码头的建设和航线、航班密度的增加提高了水运内贸集装箱的运输效率,从而进一步加大水运内贸集装箱运输对内贸物资运输的吸引力。二是长江沿线港口水运内贸集装箱规模的扩大为上海、苏州等内贸集装箱枢纽港的发展创造了条件,上海、苏州等港口利用河海交界的区位优势,为长江上游地区中转至北方、华南沿海地区的内贸集装箱运输需求逐步扩大。三是区域消费品集散中心逐步向具备规模化集装箱运输条件的重庆、武汉、南京等沿江港口集聚,并通过各大节点向西部和中部内陆地区延伸。这种物流网络的布局带动了重庆与武汉、南京等沿江港口间内贸集装箱运输的需求。预测2030年长江上游地区内贸水运集装箱水运量将达到150万TEU。今后较长一段时间腹地水运内贸集装箱的货物仍将以低值货为主,但高附加值的货物会逐步增加,见表8-5。

表8-5　　　　长江上游地区内贸集装箱水运量预测　　　　单位:万TEU

	2018年	2030年
内贸水运量合计	80	150
其中:与长江三角洲地区间	20	45
与北方、华南沿海地区间	50	85
通过中部港口中转	10	20

综合以上对长江上游地区水运集装箱的分析结果,预测2030年长江三峡

过坝集装箱运量为350万TEU；远期水路集装箱运输作为环保、便捷的先进运输方式，仍将在腹地运输中发挥重要作用，预计2050年达到550万TEU。

第二节 煤炭

2014年长江三峡枢纽过坝煤炭运量835万吨，较2005年下降52%。2018年完成533万吨，比2014年下降36%。近年来，由于川渝煤炭消费量快速增长，加之贵州至上游港口的条件较差，调往中下游地区的煤炭在2010年达到2800万吨峰值后，开始出现明显下降。与此同时，上行煤炭近年开始较快增长，2014年完成370万吨，较2010年增长了4倍多，其中约50%以上为海进江煤炭。2014年后，上行煤炭总体维持高位波动，2018年上行煤炭为391万吨。

（1）腹地煤炭产运销现状

长期以来，在全国煤炭产需平衡格局中，西南地区（即云贵川渝）是煤炭自给区域。近年来，随着川渝地区工业化、城镇化进程加快，能源需求旺盛，煤炭供需由"自给自足、适当调出"转变为"调煤入川渝"。川渝地区的煤炭调运呈现递推格局，仍保持部分川渝煤炭通过水运调往长江中下游，需求缺口由周边陕西、贵州、甘肃等省份通过铁路和公路调入补充。2016年川渝地区煤炭需求缺口（净调入量）近6000万吨，其中，通过铁路从陕西、贵州等地区调入约3000万吨，其余通过公路调入。云贵地区煤炭净调出量达到300万吨左右，其中2/3经铁路和公路运往广西、广东、湖南等地，约1/3的煤炭供应川渝地区，见表8-6。

表8-6　　　　　　　　　川渝云贵煤炭产销平衡情况　　　　　　　　单位：万吨

	2005年			2012年			2016年		
	产量	消费量	产销差	产量	消费量	产销差	产量	消费量	产销差
合计	29000	23100	5900	41500	43200	-1700	30039	35648	-5608
四川	8500	8000	500	9500	11900	-2400	6165	8869	-2705
重庆	3300	2600	700	3600	6500	-2900	2437	5674	-3237
贵州	10700	7200	3500	18000	15000	3000	16851	13643	3208
云南	6500	5300	1200	10400	9800	600	4587	7461	-2874

（2）腹地煤炭产运销趋势分析

目前，全国仅内蒙古、山西、陕西、贵州、新疆5省区为煤炭净调出省，合计净调出约15.7亿吨煤炭。其中内蒙古、山西、陕西3省区为全国的煤炭主产区，除自身外主要供应沿海、沿江、华北、东北及西南省份，年净调出量分别为5.8亿吨、5.1亿吨、4.5亿吨，合计约15.4亿吨；贵州为西南的煤炭主产区，主要供应西南地区，供给侧改革后贵州产量收缩较快；新疆近年供需两旺，且由于地处偏远、运输不便，偶有余量供应甘肃西部和青川渝。

根据2017年煤炭消费量数据和2018年产量数据，晋陕蒙黔新5省区净调出约16亿吨煤炭，其他地区净调入约19亿吨煤炭，缺口主要由进口煤填补。在煤炭净调入地区中，根据煤炭供需及调运格局，将其划分为沿海（缺口8.8亿吨）/沿江（缺口2.9亿吨）、华北（缺口3.1亿吨）/西北（缺口0.4亿吨）、东北（缺口2.6亿吨）、西南（缺口1.0亿吨，该区域产量2.3亿吨、消费量3.3亿吨左右）区域。

随着能源生产消费的生态环境制约加大，未来四川省、重庆市将加快产业结构调整和节能减排，中小煤矿继续推行"关井压产"的发展思路。预计重庆市中长期实际产量将维持在2000万吨左右；四川省煤炭产量增长不大，预计今后至2030年维持在4000万吨左右。综合电力、建材、冶金和化工发展需求，预计2030年川渝煤炭供需缺口将在7500万吨左右（表8-7）。

表8-7　　　　　　　川渝煤炭净调出（+/-）预测表　　　　　　单位：万吨

	2012年	2016年	2030年预测
合计	-5300	-5942	-7500
四川	-2400	-2705	-3500
重庆	-2900	-3237	-4000

未来重庆市、四川省发展必须依靠外来煤炭输入。因此，长期形成的"川煤外运"的运输格局将发生改变。考虑运输习惯和运输经济性，川煤沿长江外运的格局依然存在，但总量规模大幅度下降，其相应扩大的煤炭需求缺口应由其他地区补充。未来贵州、云南煤炭调出量大幅下降，不足以弥补川渝的供需缺口；从长江中下游调入的海进江煤炭将成为川渝地区的有效补充；此外，如果疆煤入渝纳入国家战略，并且相关铁路通道建设进展顺利，疆煤将成为川渝地区煤炭消费缺口的重要来源。总体来看，川渝地区今后可能形成以本地煤炭和疆煤为主，以云贵调入为辅，以海进江煤炭为补充的供应格局。

综合长江上游地区煤炭外运格局分析，预测2030年和2050年长江三峡断面煤炭运量均为500万吨。其中，随着川渝煤炭调出逐步减少，下行煤炭运量维持为100万吨左右；随着长江中游航道改善，海进江煤炭稳步增长，以及蒙华通道建成后从荆州中转上行的煤炭，预计上行煤炭运量将维持在400万吨左右。

第三节　石油及制品

2014年，长江三峡枢纽过坝石油及制品506万吨，较2005年年均增长15.4%；2018为535万吨，总体规模波动中保持稳定，受近两年沿江化工企业治理等因素影响，石油及制品运量增长速度放缓。石油及制品主要包括油品和液体化工品两大类，其中油品主要是满足重庆市生活和生产所需的汽、柴油，以及为重庆等西部地区机场调运的航空煤油；液体化工品主要满足川渝沿江化工企业原材料和产成品的调运需求。

（1）油品预测

长江三角洲地区是我国成品油和化工品运输、贸易、仓储物流等活动最繁忙的地区。在成品油运输方面，长江三角洲地区自身成品油产量大，供需基本平衡略有缺口，但由于受到来自中石油的北方南下油品及外贸进口成品油的影响，本地生产的成品油很大一部分沿长江运往中上游地区或者南下运往华南地区。

目前，重庆市成品油需求主要通过中石油和中石化两公司承担的成品油配送任务来解决。中石油主要通过兰成渝输油管道从西北地区调入成品油；其余需求的则由中石化从长江中下游地区的岳阳、九江、安庆以及武汉等地区调入。随着重庆地区经济和综合交通的快速发展，对成品油的需求将会越来越大。"十二五"期间，建成中石化贵阳至重庆成品油管线，输送能力达300万吨/年；扩建中石油兰成渝管道，输送能力提高到300万吨/年；增加兰郑长管道经铁路或水路的成品油输入量，形成"管道为主、水运为辅、铁路和公路为补充"的成品油保障网络。加快推进中缅油管道昆明至重庆段工程及千万吨炼油项目规划建设，彻底解决成品油供应保障问题。届时该项目成品油产量近800万吨，除满足重庆市需求外，部分将通过公路、水运调往周边地区。但考虑到重庆港还将承担重庆、成都、贵州等地航空煤油和燃料油的调运任务，因此，预测长江上游成品油调入需求仍将保持稳步增长，2030年和2050年分别为350万吨和500万吨。

（2）液体化工品预测

依托丰富的天然气、煤炭、盐矿、磷矿等资源，川渝沿江地区形成了各具特色的化工产业，并呈现一体化、产品错位发展以及产业向园区集中的发展格局。根据川渝地区化工产业发展规划，重庆形成了以长寿、涪陵、万州三大基地为主，以天然气化工和精细化工为特色的产品结构体系，巴斯夫MDI、川维厂、扬子乙酰和建峰化工的生产规模、技术装备水平、产品竞争力位居国内前列；泸州市加快建设泸州西部化工城，巩固发展天然气化工，积极发展煤化工，重点建设硫磷钛化工生产基地；自贡市加快建设以盐化工为基础的硅氟新材料产业基地；宜宾市加快建设氯碱化工生产基地。

长江上游地区的化工产业从资源开采到基础原料生产，从大宗化工产品生产到精细化工产品生产，以满足腹地需求为主，部分供应华东地区及东南沿海地区，并有少量出口海外。未来，上游地区的大型炼化项目将进一步完善化工产业链，产品结构向精细化、专用化发展，运输需求呈现批量小、批次多、流向多元化的特点。本地及周边地区短途运输主要采用公路，与华东地区的化工原材料和产成品的交流将越来越多地依托长江水运。因此，从长期看，液体化工产品过坝运输需求将继续保持增长态势，预测2030年和2050年分别为650万吨和1100万吨。

综合成品油、液体化工品运输需求分析，预测2030年和2050年长江三峡断面石油及制品水运量分别为1000万吨和1600万吨，其中上行分别为800万吨和1280万吨。

第四节　金属矿石

2014年长江三峡枢纽过坝金属矿石运量1013万吨，较2005年年均增长20.9%；受本地"去产能"政策等因素影响，2018年完成1945万吨，保持快速增长。金属矿石主要包括上行的铁矿石和铝矿粉，以供应川、渝两地钢铁、铝业企业为主；其余少量为金沙江流域攀西地区的钒钛磁、铅锌等金属矿石外运。

（1）腹地铁矿石运输需求现状及趋势分析

依托丰富的矿石资源，重庆、四川地区布局了重钢、攀钢、达钢、川威、德胜等钢铁企业。上述企业原先均主要依靠本地铁矿资源，但随着近年来生产规模的扩大，重钢、达钢等水运较为便利的钢铁企业，对外贸进口铁矿石的需求逐年增多。2014年，重庆市和四川省铁产量共计2376万吨，铁矿石需求量约为3800万吨；当年共从区外调入铁矿石约1400万吨，其中外贸进口铁矿石1300万吨，由湖北等地调入国内矿约100万吨。

受"去产能"等政策影响，四川本地矿产量明显下降，外贸进口矿石需求明显增加。2018年，重庆市和四川省铁产量共计2559万吨，铁矿石需求量约为4100万吨；当年共从区外调入铁矿石约2150万吨，其中外贸进口铁矿石2050万吨，由湖北等地调入国内矿约100万吨。

随着我国城镇化的推进，钢铁产业作为国民经济发展的基础原材料产业，仍将保持稳定发展态势。然而，考虑到我国钢铁企业总体产能过剩与高端关键产品供应不足并存，今后钢铁产业将淘汰落后产能，支持发展高附加值深加工钢材即延伸产品；通过联合重组发展大型和特大型钢铁集团，以产业布局调整为主，提高产业集中度。钢铁产业布局上东部着重整合产能、产品升级，中部地区实施总量控制、结构调整，西部地区根据资源、市场和产业转移适度增量发展。因此，腹地钢铁企业的发展趋势如下。

四川的钢铁企业坚持以钒钛带钢铁，突出特色发展；以钢铁补产业，提升产业发展水平。钢铁产业布局围绕攀西钒钛资源的综合开发利用，重点建设"一个基地，六个产业集聚发展区"。炼铁规模保持一定水平，以攀钢集团为龙头，整合省内钢铁企业，提升产业集中度和产业结构；深度开发钒钛优势产业集群，建成世界最大最强的钒钛产业基地。

重钢将利用其靠近消费地、紧邻长江黄金水道等优势，成为西部地区重点集中发展的钢铁企业。重钢规划将形成千万吨生产能力，打造全国船舶用钢生产基地，新增的铁矿石需求将主要由外贸进口满足。同时结合近期市场变化和产业结构调整的需要，推进钒钛综合利用项目、FINEX 综合示范钢厂项目、冷轧镀锌等依托国内资源的重大项目，紧密结合区域市场，实现钢厂转型和产品升级。

综上，川渝地区的钢铁产量规模将保持适度增长态势，预测 2030 年为 3500 万吨；矿石需求量为 5500 万吨；外贸进口铁矿石为 2000 万吨。此外，国内调入矿石受产量和品位限制，维持现有的 100 万吨左右水平，见表 8-8。

表8-8　　　　　　腹地钢铁企业铁产量及铁矿石需求量预测　　　　　单位：万吨

	2018 年			2030 年		
	铁产量	需矿量	外进矿	铁产量	需矿量	外进矿
合计	2559	4100	2050	3500	5500	2000
重庆	580	1000	900	1000	1500	1150
四川	1979	3100	1150	2500	4000	850

（2）腹地铁矿石运输格局现状及趋势分析

考虑到运输的合理经济性，腹地增长的铁矿石需求中，重钢、达钢等企业主要由外贸铁矿石通过水运调入满足，攀钢等企业主要依托本地资源。腹地铁矿石的调入运输主要包括以下三种方式。

①外贸进口铁矿石由西南的湛江港等港口接卸后，转铁路直达长江上游地区四川的攀钢和川威等钢厂。2018 年该地区铁路调入外贸铁矿石量约 400 万吨，预测 2030 年该部分调入量保持在 400 万吨。

②外贸进口铁矿石由上海、镇江等长三角地区港口接卸后，经长江中转至重庆港和四川港口；其中有部分到重庆港后再经铁路或公路至达钢、川威等四川钢厂。2014 年四川港口调入 20 万吨铁矿石；重庆港调入 1050 万吨外贸进口铁矿石，中转至四川的外贸铁矿石量约 100 万吨。随着港口和航道条件的改善，四川和重庆港口的铁矿石调入量均保持增长态势。2018 年港口调入铁矿石约 1700 万吨左右。预测 2030 年长江上游港口调入需求为 1700 万吨

左右。

③湖北等地的国内矿也是由水路调入为主，直达重钢，2014年该部分国内矿调入量约70万吨；其余约30万吨调入的国内矿，经重庆港上岸再由陆路至达钢、川威等四川钢厂。受到产量和品位的限制，预测2030年该部分运量保持在100万吨。

此外，腹地内铝业还通过水运从长江中下游调入铝矿粉，攀西地区也为长江中下游输送钒钛磁铁矿等金属矿石，运量约为69万吨左右。随着金沙江沿线资源的开发和攀西钒钛产业基地的建设，该部分运量应保持稳定增长态势，预测2030年为300万吨。

综合以上金属矿石需求和调运分析，预测2030年长江三峡断面金属矿石水运量为2000万吨，远期保持稳定态势。

第五节　钢材

2014年长江三峡枢纽过坝钢材运量887万吨，较2005年年均增长22.3%。这些钢材之中，近70%是为了满足重庆市企业生产、城市建筑所需而调运的。2018年长江三峡枢纽过坝钢材运量729万吨，较2014年下降18%，总体呈现下降趋势。

重庆钢铁消费量较大，其中装备制造业（主要是汽摩产业）的钢铁消费约占总需求的70%；随着城市化进程加快，轻轨、大型桥梁、城市改造等项目带来建筑钢材需求的增长，这部分钢铁消费约占总需求的20%；此外，三峡蓄水和长江航道的改善，促使重庆造船业发展，重庆近50家造船厂的用钢量将较快增长。预计在未来十年内，全市钢材需求量达到1000万吨以上。

目前，重庆用于汽摩产业的薄板90%需从武钢、宝钢调入，主要依靠水运。重钢生产规模已经达到810万吨，产品以造船所需的中厚板和建材型材为主。近年来，我国造船业出现产能过剩，加之重钢原材料和销售地两头在外，成本急剧上升，已迫使重钢今后调整产品发展思路。未来，重钢将减少船板钢材产量，紧密结合本地区域市场，推进钒钛综合利用项目、FINEX综合示范钢厂项目、冷轧镀锌等重大项目，实现钢厂转型和产品升级，提高对本地区汽车等相关产业钢铁的供给度。因此，预测未来重庆市钢铁将以自产自销为主，部分产品与长江中下游地区进行调剂，过坝钢铁运输需求增长逐步放缓。预测2030年和2050年三峡断面钢材水运量都为600万吨。

第六节　非金属矿石

2014年长江三峡枢纽过坝非金属矿石运量1299万吨，较2005年年均增长46%。目前，长江上游地区水路非金属矿石运输主要为下行磷矿和硫铁矿，上行主要为硫磺，满足四川沿江、重庆和宜昌等地的化肥企业生产所需。其中，磷矿运输量占到70%以上。2018年长江三峡枢纽过坝非金属矿石运量1588万吨，较2014年增长22%，继续保持稳步增长。

依托丰富的磷矿资源和天然的长江运输通道，宜昌以上的沿江地区集聚了泸天化、赤天化、云天化、川天化和涪陵化工、宜化等大型化肥企业。其中，宜化集团是中国最大的磷复肥生产企业，磷复肥产能达到200万吨/年。今后，宜昌及以上的长江沿线地区的磷化工产业发展将以重点骨干企业和优势产业为依托，以资源和产品为纽带，不断加快特色园区和综合性工业园区建设，推动产业布局集中化、清洁化，形成一批重点产业集群。其中，宜化集团 2015 年磷复肥产能达到 500 万吨以上；涪陵化工公司将建成西部最大的磷肥生产基地；雷波县已进驻洋丰、施可丰、凯瑞等大型磷化工项目。

沿江磷化工产业的发展将带动磷矿、硫铁矿和硫磺等原材料的需求增长。但随着金沙江等磷矿资源的开发，同时依托达州、广元、南充等地气田，可带来硫磺产品，仅达州就将达到年产 400 万吨的规模。长江上游地区的磷化工产业新增原材料需求可就近采购，过坝上行调运的需求将保持逐步趋稳态势。另一方面，随着宜昌坝下的化工产业园以及长江下游化工产业的发展，川渝磷矿等非金属矿石下行还将保持较快增长趋势。预测 2030 年和 2050 年长江三峡过坝非金属矿石运量分别为 2400 万吨和 3000 万吨。

第七节　矿建材料

2014 年长江三峡枢纽过坝矿建材料运量 3228 万吨，较 2005 年年均增长 35%；2018 年运量为 4745 万吨，较 2014 年增长 47%，继续保持较快增长。目前，长江上游地区水路矿建材料运输主要为下行石材，上行黄砂，满足重庆和湖北地区的基础设施建设所需。

未来，如长江中游地区石材禁采政策继续实施，中游交通基础设施建设所需的石材仍需通过川渝地区调运。另外，上游地区黄砂开采成本已较高，今后城镇化所需的优质黄砂需要从下游或沿海等地调入。因此，矿建材料的运输需求将进一步增加，预测 2030 年长江干线矿建材料运量为 5500 万吨。远期腹地城镇化进程明显放缓，预测 2050 年矿建材料运量将维持在 5500 万吨。

第八节　商品汽车滚装运输

2014年三峡过坝商品汽车滚装运量为27万辆，较2005年年均增长18.2%；2018年完成38万辆，与2014年相比增长45%。总体上看，长江上游滚装船运输发展较快，目前西部地区除重庆港具有滚装运输的能力外，泸州港至上海的商品汽车航线也开始运营。重庆港滚装汽车出口主要是重庆长安汽车销往华中地区的商品车，进口主要是上海大众、奇瑞、江铃等长江沿线地区的汽车企业销往西南地区的商品车。重庆港商品滚装运量与重庆市汽车产量高度相关，2000年以来除个别年份以外，重庆港商品滚装运量占到重庆市汽车产量的20%～30%左右，并随汽车产量增加呈上升态势。由于西南地区汽车产销量的增长，经港口进出西南地区的商品汽车滚装运输量也保持增长。近几年，受汽车产销量下降等因素影响，滚装汽车运量增速出现放缓趋势。

从人均汽车保有量来看，目前我国轿车保有量仅为全球平均水平的1/3、发达国家的1/10，我国汽车消费存在较大的增长空间。根据重庆市、四川省的汽车产业发展规划，预计2030年汽车产量将分别达到1000万辆左右。其中，适合滚装运输的轿车系列主要集中在成渝经济区。

商品滚装运输是在市场竞争中发展起来的运输方式，只有提高服务水平，降低运输费用，减少中转运输的时间和成本才能提高市场竞争力。从细分市场来看，水路商品汽车滚装的优势市场如下。

①对在沿江地区、时间要求不高的货源具有绝对优势。

②随着西南地区汽车企业生产规模扩大，销售网络的密度增加，为节

省物流成本，商品汽车滚装运输模式将从以点到点为主向建立大型集散物流中心辐射周边转变，因此，滚装的运能大优势将更加突出。预计长江沿线地区将建设武汉、九江、南京、苏州等集散物流中心，进一步辐射华中和东南地区。

③未来腹地从其他地区调进的商品车也将保持增长。长江沿线地区是我国主要的汽车生产基地，主要汽车生产企业包括上海大众、上海通用、东风汽车、奇瑞汽车等，正适合用滚装船沿长江水运进西南地区。

④重庆保税港区已经国家批准成为汽车整车的进口口岸。据重庆保税港区统计数据显示，目前西南腹地每年进口汽车的需求量超过 10 万辆，重庆港在被批准为整车进口口岸后，将成为西南地区进口汽车物流中心。

综合以上分析，未来商品汽车滚装潜在运输需求将保持长期增长趋势，预测 2030 年和 2050 年三峡过坝商品汽车滚装运输需求分别为 125 万辆和 275 万辆左右。

第九节　其他货类

经三峡过坝运输的货类还包括矿建材料、水泥、木材、化肥、粮食等。

2014 年水泥三峡过坝运量为 420 万吨，较 2005 年增长近 6 倍。2018 年水泥三峡过坝运量为 843 万吨，较 2014 年增长一倍。随着中下游水泥企业向上游转移，水泥过坝流向逐步由上行向下行转变，主要是满足长江中上游城市基础设施建设所需。

2014 年木材三峡过坝运量为 81 万吨，较 2005 年增长近 25 倍；2018 年完成 119 万吨，较 2014 年增长 47%，主要是满足重庆等长江上游城市基础设施建设所需。

2014年化肥三峡过坝运量为170万吨，较2005年年均增长6.1%；2018年完成166万吨，规模总体稳定，主要为长江上游沿江磷化工企业满足腹地需求后，部分产品外运。近几年，受沿江化工企业治理等政策影响，化肥运量受到一定影响。

2014年粮棉三峡过坝运量为117万吨，较2005年年均增长11.5%；2018年完成415万吨，保持快速增长，增长了2.6倍，主要是满足泸州、宜宾沿江的酒业所需的原材料调入。

腹地城市化进程处于快速推进阶段，沿江产业规模扩大，航道条件不断改善。在这些因素的推动下，粮食、木材、水泥等货物的潜在水运需求仍将保持长期增长态势。

第十节　旅客运输

今后，随着腹地经济发展和人们生活水平的提高，生活节奏加快，人们对于出行的时效性、灵活性和舒适性要求将日益提升，越来越倾向于选择方便快捷的交通方式。同时，腹地客运运输网络进一步完善，航空、高速公路、高速铁路等基础设施建设规模不断扩大，切实改善人们的出行条件，满足经济发展要求。与此同时，高速客船、滚装运输由于适应了社会对快速便捷交通的要求，仍具有较大的竞争力；长江上游沿线景点观光、旅游也将成为旅客运输新的增长点。预测三峡过坝旅客运量2030年和2050年分别在50万人和150万人左右。

第 9 章 需求预测主要结论

第一节 三峡过闸运输需求预测

目前，三峡枢纽过坝运输需求主要由过闸、翻坝两种运输方式共同承担，升船机承担一小部分货物运输功能。

自 2004 年 4 月以来，为缓解现有三峡船闸通航运力不足的问题，相关管理部门决定对过坝运输量中的滚装车辆实施全面翻坝，翻坝运输已成为常态。2010 年三峡翻坝高速开通后，重载汽车滚装运输主要是载货汽车通过三峡库区，经由右岸宜昌港茅坪作业区转陆路翻过三峡大坝的一种运输模式；货类主要为长江上游地区与长江中下游、华北地区交流的件杂货、机械设备以及鲜活物资等。

从 2004 年实施翻坝运输以来，翻坝运输量逐步增长，并于 2008 年达到 42.2 万辆的峰值。2009 年底，沪渝高速宜昌—恩施段全线贯通后，重庆—宜昌段的高速公路通行成本费用和时间大幅降低，部分重载滚装车辆重新回到公路运输，导致 2009 年后过坝运量呈现下降趋稳态势，2012 年为 25 万辆，较 2008 年下降了 40%；2014 年恢复到 33 万辆；2018 年下降到 20 万辆。

三峡库区滚装运输是完全市场化的产物，其最初出现是为了给库区多余的运力寻找出路，从一开始就在与公路、水运争抢空间，竞争焦点在于价格与时间。本文以重庆—宜昌运输区段为基础，选取集装箱、煤炭、矿石、石化产品、重载滚装进行翻坝运输和过闸运输费用比较，具体结果详见表9-1。

表9-1　长江三峡枢纽主要货类翻坝费用比较

运输区段	运输方式	集装箱（元/TEU）	煤炭（元/t）	矿石（元/t）	石化产品（元/t）	载货汽车（元/车）
重庆—宜昌	水路	1530	70	70	80	2860
	翻坝转运	1670	140	130	150	2800
	增加费用	140	70	60	70	-60

注：费用比较借鉴《三峡枢纽运输组织模式及对策研究》相关研究成果。其中翻坝运输费用不包含吊装费用。

从运输成本来看，除重载滚装运输外，重庆—宜昌运输区段中集装箱、煤炭、矿石和石化产品翻坝运输较过闸运输分别增加运输成本约为140元/TEU、70元/吨、60元/吨、70元/吨。这个费用差还将随着运输距离的增加而成倍增长。从安全、环保、便捷等角度看，翻坝运输需增设专门装卸码头和装卸设施，增加了运输环节，也不再具备运输规模效应；煤炭、矿石等货类翻坝中容易造成环境污染；石油及制品存在安全隐患；商品汽车滚装运输涉及到"零公里"销售需求，无法进行翻坝运输。综合以上分析，除重载滚装运输，集装箱、煤炭、矿石等大宗物资均不适宜采用翻坝运输。

重庆交通网络不断建设和完善（尤其是沪渝、沪蓉等高速公路贯通），与长江并行的公路、铁路的通过能力大幅提高，货物集装箱化也在快速发展，这些因素都将导致重载滚装货源分流。但另一方面，考虑到腹地相关运输需求总量的增长、滚装运输自身的不断完善以及重载滚装运输安全、环保的发展理念，未来重载滚装仍将维持一定规模。预测三峡过坝重滚运输车量2030年和2050年为25万辆，翻坝运量为900万吨。

综合以上三峡断面和翻坝运量趋势分析，预测2030年和2050年三峡枢纽过闸潜在货运需求分别为2.3亿吨和2.8亿吨左右。

第二节 未来趋势判断

综合现有相关研究的成果和本次研究预测，本研究提出三峡断面货运量两个"不会变"和两个"会改变"的总体特征。

三峡过闸货运量增长的趋势"不会变"。预测 2020—2030 年、2030—2050 年三峡过闸货运量年均增速分别为 3.9% 和 1.2%。

上行运量高于下行运量的结构"不会变"。预计 2030 年、2050 年三峡断面货运量上下行之比在 1.7:1 左右。

部分货类流量流向"会改变"。预计煤炭以上行运量为主；矿建材料短期保持较快增长，长期趋稳；钢铁上下行流量均下降；非金属矿石、水泥下行运量增长较快。

断面货源地构成"会改变"。预计未来三峡断面货运量中，货源地和目的地为重庆的比重将逐步下降，四川和云贵的比重将逐步上升。

三峡断面货运量和过闸货运量预测详见表 9-2 和表 9-3。

表9-2　　　　　三峡断面分货类过坝运量预测表　　　　单位：万吨

年 份	2030 年 合计	2030 年 上行	2050 年 合计	2050 年 上行
过坝货运量合计	23400	13070	28900	16440
1. 煤炭	500	400	500	400
2. 石油及制品	1000	800	1600	1280
3. 金属矿石	2000	1900	2000	1900
4. 钢铁	600	360	600	360
5. 矿建材料	5500	3300	5500	3300
6. 水泥	1200	20	1300	30

续表

年　份	2030年		2050年	
	合计	上行	合计	上行
过坝货运量合计	23400	13070	28900	16440
7. 木材	200	200	300	300
8. 非金属矿石	2400	240	2500	250
9. 化肥	250	20	250	20
10. 粮棉	600	570	800	760
11. 集装箱重量	3500	2100	5500	3300
#箱量（万箱）	350	180	550	280
12. 商品滚装	250	100	550	220
#车辆数（万辆）	125	50	275	110
13. 其他	5400	3060	7500	4320
过坝客运量	50	30	150	90

注：考虑到突发大项目货类未定，将运量放入其他货类中。

表9-3　　　　　三峡枢纽过闸分货类过坝运量预测　　　　　单位：万吨

年份	2030年		2050年	
	合计	上行	合计	上行
过坝货运量合计	22500	12710	28000	16080
1. 煤炭	500	400	500	400
2. 石油及制品	1000	800	1600	1280
3. 金属矿石	2000	1900	2000	1900
4. 钢铁	600	360	600	360
5. 矿建材料	5500	3300	5500	3300
6. 水泥	1200	20	1300	30
7. 木材	200	200	300	300
8. 非金属矿石	2400	240	2500	250
9. 化肥	250	20	250	20
10. 粮棉	600	570	800	760
11. 集装箱重量	3500	2100	5500	3300
#箱量（万箱）	350	180	550	280
12. 商品滚装	250	100	550	220
#车辆数（万辆）	125	50	275	110
13. 其他	4500	2700	6600	3960
过坝客运量	50	30	150	90

第 10 章 三峡枢纽通航船舶船型发展趋势

第一节 国内外主要内河运输船型现状及趋势

一、内河船型发展

内河运输方式因各国通航条件、货源流量流向及经营方式的不同，存在较大差异。内河运输发达国家，大体上可以分为两种类型，一种是以美国密西西比河为代表以分节驳顶推船队运输方式为主；另一种是以欧洲莱茵河流域诸国为代表的机动驳及机动驳顶推船组运输方式。万吨级顶推船队和千吨级机动驳已成为发达国家内河运输的主力，是内河运输现代化的重要标志。

传统的拖带运输方式已淘汰。对发展内河航运所采用的技术路线也有两种不同的思路，一种是以美国为代表的从"以水适应船"的角度出发，在完成水系渠化改造治理后再发展船舶，扩大船队规模是依靠储备富余功率（占总功率的40%左右）来提高船队控制能力；另一种以德国、意大利为代表的从"以船适应水"的角度出发，在对水系进行局部改造治理但基本处于自然状态条件下发展船舶，扩大船队规模是以提高船舶推进和操纵性能来提高船队控制能力。目前，世界大多国家都是根据各自的内河航道情况，选择其中一种航运方式作为主要运输方式，辅以其他运输方式来构成本国完整的内河航运系统。

长江干线是长江流域经济发展最重要的纽带，长江航运对带动沿江经济发展及产业布局具有十分重要的作用。随着国民经济的发展及航道条件的改善，长江干线航运船型也发生了巨大变化。

2012年1月交通运输部发布了《关于编制全国内河主要通航水域运输船舶标准船型主尺度系列的通知》，由长航局牵头组织相关研究机构开展了长江水系、京杭运河和淮河水系主要通航水域运输船舶标准船型主尺度系列的编制工作，并于2012年年底颁布了《长江水系过闸运输船舶标准船型主尺度系列》，该尺度系列于2013年4月1日正式实施，如表10-1、表10-2所示，为目前实施的部分标准船型尺度系列。2017年对该尺度系列进行了修订，2019年7月以强制性国标（GB38030）进行了颁布，2020年2月已正式实施。

表10-1　长江水系过闸干散货船、液货船标准船型主尺度系列

船型名称	BOA /m	LOA /m	参考设计吃水 /m	参考载货吨级 /t
长江水系货 -24	13.0	60 ~ 75	2.2 ~ 3.0	1500
长江水系货 -29	13.8	72 ~ 88	2.4 ~ 3.5	2000 ~ 2500
长江水系货 -34	15.0	82 ~ 88	2.8 ~ 3.5	2000 ~ 3000
长江水系货 -35		82 ~ 88	3.3 ~ 4.3	2500 ~ 3500
长江水系货 -36	16.3	90 ~ 105	4.1 ~ 4.3	3500 ~ 5000
长江水系货 -37		125 ~ 130	4.1 ~ 4.3	5500 ~ 6000

表10-2　长江水系过闸集装箱船标准船型主尺度系列

船型名称	BOA /m	LOA /m	参考设计吃水 /m	参考载箱量级 /TEU
长江水系集 -8	13.0	70 ~ 80	2.0 ~ 3.0	100
长江水系集 -14	13.8	75 ~ 88	2.2 ~ 3.5	150
长江水系集 -16	15.0	85 ~ 88	2.8 ~ 3.5	200
长江水系集 -17	16.3	85 ~ 88	2.8 ~ 4.3	250
长江水系集 -18		105 ~ 110	2.8 ~ 4.3	300
长江水系集 -19	17.2	105 ~ 110	3.0 ~ 4.3	350

表10-3　　　长江干线过闸干散货船标准船型主尺度系列

船型编号	总宽（BOA）/m	总长（LOA）/m	参考载重吨/t
CG-H1	11.0	66.0	1000
CG-H2		88.0	
CG-H3	13.8	88.0	2000
CG-H4	15.0	88.0	2500
CG-H5	16.3	88.0	3000
CG-H6		110.0	4000
CG-H7		130.0	5000

注：本尺度系列中船舶总宽可下浮不超过2%、船舶总长可下浮不超过10%。

表10-4　　　长江干线过闸集装箱船标准船型主尺度系列

船型编号	总宽（BOA）/m	总长（LOA）/m	参考载箱量/TEU	对应参考载重吨级/t
CG-J1	11.0	66.0	60	1000
CG-J2	13.8	88.0	180	2000
CG-J3	16.3	88.0	250	3000
CG-J4		110.0	300	4000
CG-J5		130.0	350	5000

注：本尺度系列中船舶总宽可下浮不超过2%、船舶总长可下浮不超过10%。

从表10-1至表10-4可以看出，部分标准船型船舶吨位已超过了《内河通航标准》（2004）对应的船舶吨位等级要求。为适应长江航运船型大型化的发展趋势，促进长江黄金水道的发展，2013年5月交通运输部启动了长江干线专项通航标准的制定工作，2015年9月正式颁布了《长江干线通航标准》（JTS180-4-2015），于2016年1月1日起正式施行。表10-5、表10-6为《长江干线通航标准》所依据的代表船型（部分）。2020年对《长江干线通航标准》进行了修订，并于2020年11月颁布实施，如表10-7所依据的散货船代表船型。

表10-5　　　　　　　　　　内河散货船代表船型尺度

船舶吨级 /t	设计船型尺度 /m		
	总长 L	型宽 B	吃水 T
1000（1000～1500）	85.0	10.8	2.0
2000（1501～2500）	90.0	16.2	2.6
3000（2501～4000）	110.0	16.2	3.0
5000（4001～6000）	110.0	19.2	4.0
7000（6001～8500）	118.0	20.2	4.5
10000（8501～12000）	123.0	21.6	5.8

表10-6　　　　　　　　　海船（散货船）代表船型尺度（部分）

船舶吨级 DWT/t	设计船型尺度 /m			
	总长 L	型宽 B	型深 H	满载吃水 T
2000（1501～2500）	78	14.3	6.2	5.0
3000（2501～4500）	96	16.6	7.8	5.8
5000（4501～7500）	115	18.8	9.0	7.0
10000（7501～12500）	135	20.5	11.4	8.5
15000（12501～17500）	150	23.0	12.5	9.1
20000（17501～22500）	164	25.0	13.5	9.8
35000（22501～45000）	190	30.4	15.8	11.2

表10-7　　　　　　　　　　内河散货船代表船型尺度

船舶吨级（DWT）/t	代表船型尺度特征值 /m			
	总长	总宽	设计吃水	空载水线以上高度
1000（1000～1500）	85.0	11.0	2.0	14.5/干支直达10
2000（1501～2500）	88.0	15.0	2.6	16.4/干支直达10
3000（2501～4000）	110.0	16.3	3.0	17.1
5000（4001～6000）	110.0	19.2	4.0	17.1
	130.0	16.3	4.3	17.2
7000（6001～8000）	118.0	19.2	4.5	17.3
10000（8001～12000）	130.0	22.0	5.5	17.8
15000（12001～17500）	135.0	22.0	7.8	19.0

回顾长江航运发展，至20世纪70年代末开始，船队运输逐渐成为长江水路运输，尤其是散货运输的主力，1993年曾创造是四万吨船队上水开往武

汉的历史辉煌。但进 21 世纪以后，随着水运市场的进一步开放，大小船公司雨后春笋般破土而出，货源不断地被分流，特别是煤炭运输市场重心向海运转移，长江上轮驳搭配拖带运输从高峰走向低谷，从主角变成了配角。2009年 11 月 10 日，随着长航凤凰对 106 艘 2000 吨中分节驳实行一次性退出市场，曾经创造长江航运辉煌的船队，黯然地退出历史舞台，被新型的长江货轮所取代。可以从以下几方面的原因，看出目前市场状态下船队退出市场的必然。

（1）通航环境条件变化导致船队丧失竞争力

随着长江"深下游、畅中游、延上游"航道工程的逐步推进，长江船舶大型化发展迅猛。由于长江船队轮驳和驳驳间采用短缆柔性连接（与密西西比河船队刚性锁连接不同），风浪中轮—驳、驳—驳间的相对运动较大，系缆力较大，驳船大型化后适航性较差，因此从对通航环境的适应性上看，船队运输缺乏竞争力。

另外，从港口的适应性看，20 世纪 90 年代，长江港口包括武钢、马钢码头以及绝大多数的煤炭码头均为浮式（趸船）码头，其靠泊能力小、装卸效率低，仅适应类似 2000 吨和 3000 吨驳船靠离泊及装卸作业（长江码头的设计标准最大为 3000 吨级），当时的自航船一般在 3000 吨级以下，川江自航船均不超过 1000 吨级。随着港航体制改革（港航分家）和大型岸壁式码头（可适应万吨级船舶）的兴起，港口方对提高码头装卸效率的要求不断加大，对于需要采用拖轮取送、靠离泊时间长的小型驳船给予排斥，部分港口对到港船舶的装卸顺序是先自航船、后驳船，船队在港口长时间的待港滞留（相对自航船），使船队运输成本增加，竞争力下降。

（2）物流环境变化导致船队运输进退两难

20 世纪 90 年代初，由于以海上为重心的煤炭运输格局尚未形成，长江干线上还存在计划配额，因此航线上传统的煤炭和金属矿石两大干散货货源，上下水基本对流，为大型船队高效运行提供了条件。如 6000 马力推轮，下水顶推20艘载重2000吨的分节驳，组成4万吨船队，由汉口运煤到镇江谏壁电厂；上水由镇江顶推3.6万吨铁矿石到武钢，船舶效率和效益均很好。但是随着流域经济发展导致原材料和能源需求的变化，货物的流量流向格局发生了重大改变，特别是长江流域经济发展对能源需求逐步增加，我国煤炭净出口为主格局被打破，煤炭运输市场的重心逐步向海上转移，煤炭运输流向由过去大量西煤东运、全部是下水，演变成了海煤进江、逆流上水。由于下水煤炭运量的急剧下滑，所以难以组织起货物对流的大型船队，从而加速了船队规模不断萎缩，最后形成了以1942kW推轮组成的12000吨级主力（中型）船队，此外，货主（钢厂）为降低物流成本，采取每批次小订单市场招标模式，国有企业体制机制弊端导致1942kW中型船队经常处于低负载率状态，长江船队运输步入了进退两难的尴尬境地。

（3）市场环境变化导致船队运输退出市场

国内船队及船员配置模式是船队运输，相对自航船运输而言，船队运输人工成本明显偏高。尤其国内人力成本逐年增加，使船队运输方式每运1吨货所花费的船员人工成本远高于自航船，另外加上驳船调配必须有辅助基地，维持基地正常运转需要开支泊位费、人员工资、水电等成本，在干散货市场微利和人工成本刚性上升两个常态下，船队运输长期处于亏损状况，且船队运力规模越大，亏损越严重，已与规模经营产生规模效益的经济学理论相悖，最后不得不退出航运市场。

从长江船队退出市场的成因来看，主要与通航环境、物流环境、市场环境有关。从未来的通航环境来看，航道水深条件将进一步趋好，这一点更利于自航船运输（自航船需要的是增加航道水深，船队需要的则是增加航道的平面尺度和曲率半径）；从物流环境来看，随着流域经济发展重心逐步由东部向中西部转移，预计川渝煤炭出口将演变为进口，将进一步加剧货流的不对称性，这一点很不利于船队运输；从市场环境来看，国家将进一步加快市场化进程，在此背景下虽可以通过采用现代企业股份制模式建立船港货一体化的产业联盟，以形成集约化经营、产生规模化效益，从而激活长江船队运输，但由于市场化、集约化、一体化需要政府在政策和资金上的扶持，需要物流链上各利益相关方间的良性互动，其间除需要解决大量复杂的经济问题之外，还需要通过技术创新解决船队的适航性重大难题，以提高船队与大型自航船的竞争力。因此，在目前长江干散货运输低迷、运力大量过剩的情形下，短期看长江干线船队难以在运输市场中担当主力。目前长江干线干散货、集装箱、液化品、商品车这四大主要货品的运量占到总运量的近八成，机动货船占到了运输船舶的主要部分。

二、江海直达船型发展

江海直达运输由于减少中间环节、消除了货物损耗、大幅降低运输成本而深受船东和货主的欢迎。早在20世纪20年代，欧洲的封闭水域与内河之间便出现了现代江海直达运输方式的雏形，当时所使用的船型主要是性能较好的内河船或小型海船，主要航行于伦敦与巴黎、伦敦与布鲁塞尔、科隆与东普鲁士各港以及布达佩斯与亚历山大之间的定期航线上。

20世纪七八十年代，西欧各国江海直达运输发展也比较快。在莱茵河上，江海直达运输的主要终点港为杜伊斯堡，船型主要以卡尔哥拉伊涅尔型、罗尔拉伊涅尔型和其他新型船型为主，吃水2.3米时载重量为1000吨，吃水3米时为1700吨，吃水4米时，载重量达到2800吨。江海直达船只能在中、洪水期到达莱茵河中上游，而且适度减载。

美国于20世纪60年代采用载驳货船组织江海直达运输，取得一定效果。之后，载驳船在苏联、印度及欧洲各国相继得到应用。1965至1975年间，载驳船发展迅速，1976年以后进入缓慢发展和停滞状态，主要是因为这类船舶造价高，配套设施要求高，驳船进入腹地以后管理困难，效益优势难以体现。

我国江海直达运输较晚，具备江海直达通航的航道主要是长江水系和珠江水系。20世纪50年代有关专家对江海直达运输的合理性进行了论证和探讨，

20世纪70年代初期5000吨级油船曾航行于湖南长岭至大连及日本航线，中期交通部组织上海海运局5000吨级海船自秦皇岛直达武汉的煤炭运输获得成功。在"七五"期间江海直达5000吨级运粮船、4000吨级化学品船和4000吨级（268TEU）集装箱船的一批重点攻关项目取得丰硕成果。"九五"期间宁波北仑港至武汉的矿石直达运输也取得重大突破。

长江江海直达船型经历了多个阶段，1988—1992年，其载量主要是2000～3000吨左右；1993—2002年，其载量在4000～7000吨左右；2003年至现在其载量在8000～10000吨左右。从趋势来看，随着长江航道的改善、港口装卸能力和船舶设计水平的提高，江海直达运输船一直朝着大型化方向发展，并能够充分采用变吃水技术以适应市场和航道需求。

就船舶用途而言，除了少量的油船和化学品船外，主流船型为干散货船和集装箱船。从长江水系和珠江水系调研情况看，目前市场已经存在并且需求较大的江海直达运输船舶主要是具有长大舱口的自航干散货船和集装箱船，具有甲板大开口的集散两用船由于其更大的适应性也有望成为未来的主流船型。表10-8为推荐的长江中下游江海直达船型（GB/T 17872-2009）该标准并未考虑上游及过闸需求。

表10-8　江海直达货船船型主尺度系列（长江中下游）

吨位	船长/m	船宽/m	设计吃水/m	设计载货量/t	主机功率/kW
1000吨级	60.0	11.3	3.4	1000	2×294
2000吨级	79.0	14.1	4.0	2000	2×441
3000吨级	84.0	15.7	4.2	3000	2×570
5000吨级	100.0	18.0	5.2	5000	2×750
7000吨级	105.6	18.6	5.46	7000	2×993
10000吨级	114.0	20.0	6.0	10000	2×1072
12000吨级	128.0	22.6	6.3	12000	2×1324
19000吨级	149.8	24.2	8.0	19000	2×2206
23000吨级	149.8	24.4	9.8	23000	2×2800

对以重庆地区为代表的上游航线，由于受航道水深限制，再加上内河航段距离相对较长，尽管有航运企业探讨开发直达重庆的江海直达船型，但一直未能实施。随着航道等级提升，船舶大型化发展空间越来越大，可以预计直达重庆的江海直达船型必将有发展空间。

2016 年 CCS 通过研究颁布了《特定航线江海通航船舶建造规范》，同时国家海事局也颁布了《特定航线江海通航船舶法定检验暂行规定》；2018 年 CCS 颁布了《特定航线江海通航船舶建造规范》(2018) 修订版，国家海事局正式颁布《特定航线江海直达船舶法定检验技术规则 (2018)》，该法规于 2019 年 1 月正式实施，该规则对航行于长江至东海特定海域船长 20 米至 150 米的散货船、集装箱船和商品汽车滚装船进行了特殊规定。

2017 年交通运输部以交水发 [2017]53 号文发布"交通运输部关于推进特定航线江海直达运输发展的意见"，意见中明确提出了到 2020 年建立健全长江经济带江海直达运输法规规范和管理制度，基本形成长江和长三角地区至宁波—舟山港和上海港洋山港区江海直达运输系统，水路集疏运比重进一步提升，江海直达运输经济社会效益得到显现；到 2030 年，建成安全、高效、绿色江海直达运输体系，江海直达运输的经济社会效益显著提升，为长江经济带发展提供有力支撑。

为适应市场发展需求，重庆市于 2017 年 7 月初启动重庆港至沿海港口特定航线江海直达运输船舶开发与研究项目，该项目由重庆市交通委员会立项，拟定目标船型为重庆港至沿海港口特定航线的 700TEU 集装箱船。

三、江海直达船与内河船船型特点分析

江海直达船由于其航行于江海两种区域的特殊性，普遍方形系数较大、回转操纵性要求高。

总布置。一般江海直达货船的总布置结构形式为钢质、单层或双层甲板、双机、双桨、双舵、尾机型、浅吃水，有的首部带球鼻首，尾部型线有巡洋舰尾或（不对称）双尾双尾鳍等。机舱通常位于尾部，货舱置于机舱前面，一般设一个或两个货舱并设有双层底，首部有首楼，尾部设尾楼及甲板室。

船长船宽。江海直达船跨江海航道航行，而船长对船舶的内河航道的回转性和海段的航向稳定性的好坏起着决定性的作用，而这两种要求是相互矛盾的。因此在选择船长时必须协调好这两者的矛盾。同时，船长还受到内河航道最小回转半径、港口和码头泊位尺度的限制。相对于海船，江海船选取主尺度时一般采用缩短船长、大船宽的方法以满足排水量的要求，同时亦有利于减轻船体钢料、降低造价。

吃水。江海直达船由于受到江段航道的限制，其吃水比同样吨级的海船要小，而船长、船宽均大于海船，即平面尺度大。

主尺度比。适宜的主尺度比是改善船舶性能的基础，大多数江海直达船仍具有内河船的宽扁特点，如图10-1为部分典型船舶主尺度比值统计。

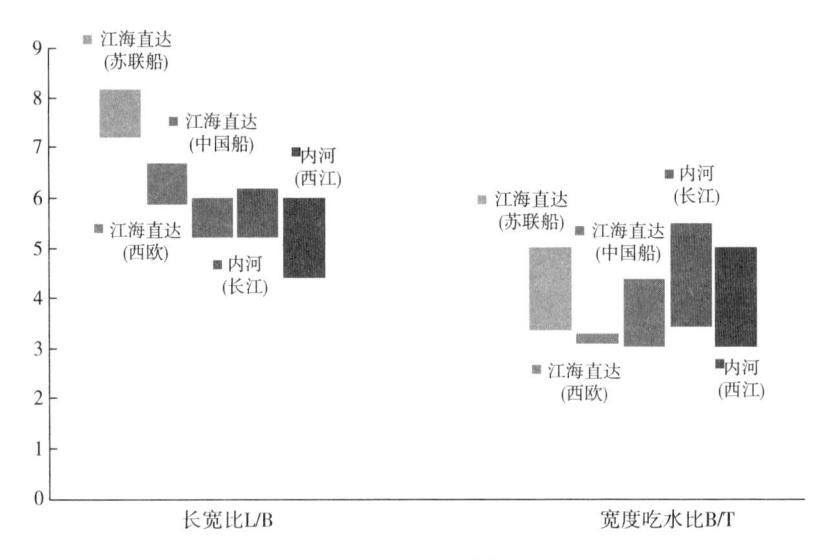

图 10-1 船型对比图

由图 10-1 可知，就江海直达船而言，苏联船相对瘦长，中国船则偏肥大，其长宽比与内河船型基本一致。宽度吃水比方面，苏联船与中国船属于宽浅船型，与内河船型基本一致。

四、中国内河船型标准化发展

1973 年，由原六机部、交通部、农业部等在北京召开了全国船舶标准化工作会议，并成立了全国船舶标准化委员会，开启了全国内河船型标准化的篇章。早期船型标准化的工作重点主要是简型和选型。为促进内河运输船舶技术进步，交通部先后组织进行了三次内河船舶简统选优工作，从 2000 多种内河运输船舶中，通过技术经济分析和专家审定，选定了 200 多艘不同地区的优良代表船型，作为简统选优船型，向全国及各不同地区进行推荐。船型简统选优对推进全国内河船舶技术进步和标准化进程起到了积极的促进作用，推动了船型标准化工作向规范化方向发展。

2000 年，交通部组织了《内河运输船舶船型主尺度系列》标准研究，按七种航道等级要求研究制定不同船型主尺度系列标准。"内河通航标准"也进行相应研究并已修订。上述研究覆盖面广，对于内河运输船舶标准化工作的进一步开展、充分发挥航道通过能力、优化运力结构、提高我国内河运输现代化水平具有重要意义，为进一步开展内河船型标准化研究和标准船型开发工作奠定了基础。

2001 年，交通部印发了公路水路交通发展三阶段目标，要求在长江、珠江三角洲及其干流全面推进船型标准化、系列化。2003 年，交通部在京杭运河实施船型标准化示范工程，组织开发了京杭运河 13 个系列 25 种标准船型，颁布了《关于公布京杭运河标准船型的公告》及《京杭运河运输船舶标准船型主尺度系列》。同时，交通部积极推进川江及三峡库区内河船型标准化，以解决三峡蓄水成库以后对船舶提出的安全、环保和通航效率问题。

2003年8月，交通部发布了2003第14号公告，禁止新开工建造或者改建非标准客船、油船、化工品船、载货汽车滚装船、集装箱船、干散货船进入川江和三峡库区航运市场，逐步禁止200总吨以下运输船舶通过三峡船闸，标志着川江及三峡库区船型标准化工程正式启动。随后，交通部组织科研单位加快标准船型及相关政策的研究工作，陆续公布了川江载货汽车滚装船、集装箱船、区间客船、客渡船、油船、化学品船和干散货船等8个系列共42种标准船型的技术方案和《川江及三峡库区运输船舶标准船型主尺度系列》，并于2010年发布了《川江及三峡库区运输船舶标准船型主尺度系列》修订版。

2012年1月，交通运输部发布了《关于编制全国内河主要通航水域运输船舶标准船型主尺度系列的通知》，对全国内河骨干航线的典型船舶进行标准化的研究。主要研究成果已于2012年底颁布实施。目前对航行于长江水系（包括干线及京杭运河、岷江、嘉陵江、乌江、湘江、沅水、汉江、江汉运河、赣江、信江、合裕线、淮河、沙颍河）、珠江水系（包括西江干线、右江、北盘江—红水河、柳江—黔江）、黑龙江和松辽水系以及闽江等"两横一纵两网十八线"国家等级航道的船舶制定了相应的过坝船舶主尺度系列标准，同时也推出了内河船舶指标体系，对内河新建船舶进行了规定。2017年在长江航务管理局组织下，对长江干线及京杭运河水系标准船型主尺度系列进行了修订；2020年《内河过闸运输船舶标准船型主尺度系列》（GB38030）强制性标准颁布实施，必然对未来船型发展带来巨大影响。

五、新通道代表船型发展

新通道代表船型发展离不开国家发展战略的调整以及区域经济发展的需求。从前面分析可以得到如下一些基本结论。

第一，从国内外内河运输发展现状看，无论是航道建设、货运量规模还是船舶吨位，长江干线航运规模已是世界第一。新通道船型研究国外可借鉴经验有限。

第二，目前长江干线机动货船占到了运输船舶的主要部分。分节驳船队大规模使用短期看可能性不大。考虑到万吨级分节驳船队可通过三峡现有船闸，新通道设计代表船型不考虑分节驳船队运输。

第三，随着航道等级提升，船舶大型化发展空间越来越大，可以预计，直达重庆的江海直达船型必将有发展空间。

第四，新通道代表船型主力将是干散货船、集装箱船、液化品船、商品车滚装船。代表船型标准化是必然趋势。

第二节　三峡枢纽通航船舶大型化制约因素分析

（1）航道

根据航道现状及相关规定，重庆以下航道船长不宜超过 150 m。若以 150 m 船长为约束，则对双线航道宽度为 100 m 时，其对应的船舶宽度可达到 22.1m；当船长为 135m 时，其对应的船舶宽度可达到 22.9 m。若在控制河段单线运行，则在可预期吨位范围内船宽不构成约束条件。

根据航道现状及"645"航道整治计划，未来长江中上游全年通行船舶吃水不宜超过 4.0 m。但综合考虑长江航道存在季节性水位差异较大，中洪水在一年中占大部分时间；同时基于现有船舶营运经验，未来船闸船舶过闸吃水建议满足 5.5 m 的要求。

（2）桥梁

根据根据航道现状及相关规定，船舶水线以上最高固定点距水线的高度应考虑最小 18m 净空高度的要求。

（3）港口与码头

港区泊位长度、前沿水深、港区作业水域以及装卸设备等对船舶大型化都有直接制约因素。武汉以下各港区都具备万吨级船舶停泊条件，而武汉以上长江中上游沿岸港区基本上是与 3000 吨级航道标准相配套，因此目前大型船舶的装卸都有一定的困难和风险。根据调查，考虑港口码头限制的直达重庆的货运船舶船长不宜超过 130m，船宽不宜超过 22m。

（4）船闸

新通道的建设计划是在现有枢纽基础上新建设航运通道，因此一般意义上现有船闸设施不构成为船舶大型化的制约因素。但考虑到将来一旦新通道建设完成，必然涉及到联合调度问题，因此新通道代表船型最理想的尺度因能和现有船舶及船闸相协调。大型化船舶的尺度应能尽量兼顾现有通航设施。

根据实船试验资料，现有三峡永久船闸浮式系缆桩全部改造完成后，大型船舶通过减载使船舶排水量控制在 9000 吨左右时可安全通过船闸，对应载货量在 6000 吨左右。若以 4.3m 作为三峡五级船闸吃水控制标准，则改造后的浮式系缆桩可满足 10000 吨级左右的货船减载通过三峡船闸。

不同尺度船舶在现有船闸的通过能力估算结果表明，当船舶平面尺度为 130m×22m，通过现有船闸的过闸效率与现有的主导船型基本相当；当船宽达到 25m 时，其过闸效率要好于现有主导船型（理想状态）。

根据相关资料介绍，未来船闸宽度以不超过 40m 为宜。以此为约束，可将 22m 作为新通道代表船型的控制宽度（船宽 22m 船舶可与 16.3m 船宽的三峡船型组合通过 40m 宽船闸）。

（5）船舶操纵性能

目前对内河航行船舶操纵性能限制适用的标准为《长江运输船舶操纵性衡准》(JB/T258-2004)。长江中上游航道跨越 A、B 级航区 J2 级航段。评估结果表明航向改变性指数有部分不满足超过 0.83 的要求。建议大型化的船舶采用首侧推、襟翼舵或全回转等高效操纵装置的方式以改善船舶操纵性能。目前三峡船型要求安装首侧推就是例证。

（6）船舶经济性能

船舶大型化离不开船舶经济性。一般意义上，在货源及船型不受限制的前提下，吨位越大，则单位运输成本越低。但对内河船型而言，其最大特点就是受航道、船闸等客观条件的限制，船舶大型化必然有一限度。本书后续章节中可以得出在不同航道建设标准下游船舶大型化与船舶经济性的关联关系，从而可大致分析未来新通道代表船型大型化发展的趋势。总体看，在不考虑船闸约束时，未来船舶大型化尺度较合理的范围为船长 120～135m，船宽 22～25m。

第三节　三峡枢纽运力供求关系对船舶规模影响

一、长江流域航运经济现状与发展

目前长江干线四大主要货品运输如图 10-2 所示。

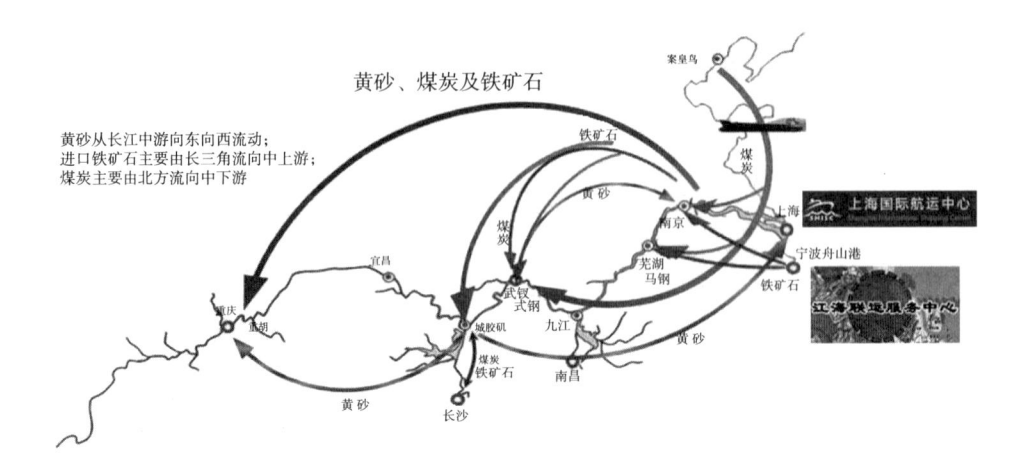

图 10-2　长江干散货运输航线

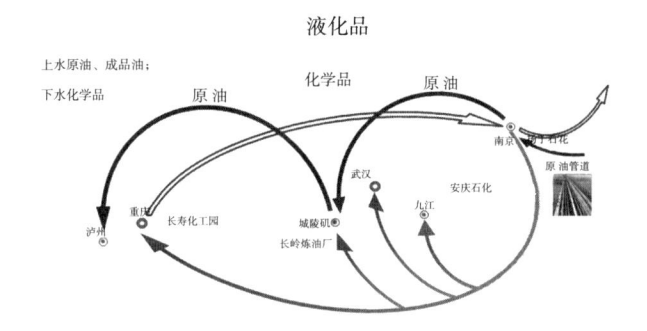

图 10-3　长江液化品运输航线

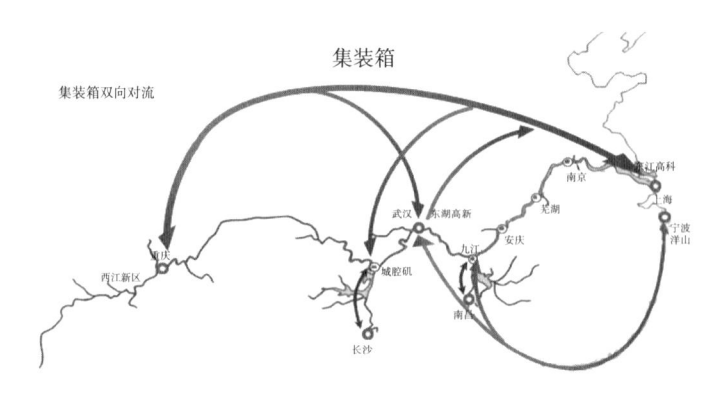

图 10-4　长江集装箱运输航线

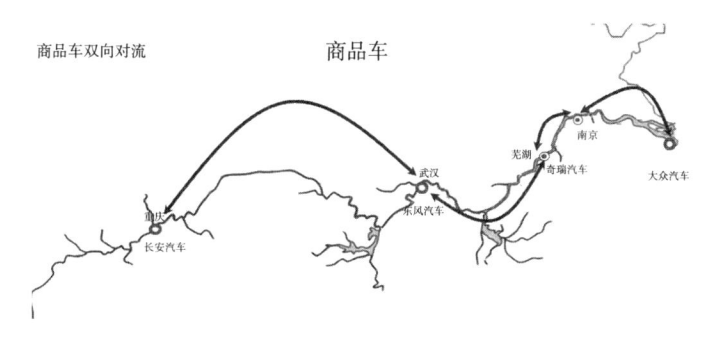

图 10-5　长江商品车运输航线

目前长江干线主力船型为散货船、液货船、集装箱船、商品车船。随着经济结构的转型，可预期集装箱船将会有较大发展。为了降低物流供应链成本、适应市场竞争、寻求生存空间，长江船舶大型化是未来船型发展的必然趋势。从目前市场需求来看，船舶大型化主要集中在集装箱船、商品车船及散货船型上。

随着航道等级提升以及新通道建设，未来重庆地区江海直达船型具备了一定的发展空间。其中重庆至洋山港的集装箱运输、重庆至北仑的铁矿石运输将最有可能发展江海直达运输。

二、三峡断面运输需求预测

长江三峡断面运输需求与长江上游地区的经济发展水平、产业结构、资源开发和综合交通发展等密不可分。特别是川渝地区的产业布局、产业规模直接决定了长江三峡过坝运输需求的水平。根据其他专题研究成果，本次船型预测的前提，预测 2030 年、2050 年三峡枢纽过坝运输需求分别为 2.98 亿吨、3.25 亿吨。这里与上文中的预测结果有所不同。

综合分析各机构的预测结果，可以看出未来三峡过闸运量增速虽有下降，但增长仍然可期。现有通航条件已经无法满足长江上游区域对外交流货运的需求。

根据前述分析，未来长江中上游地区江海直达货运需求主要集中在散货、集装箱及商品车运输。综合其他专题研究成果，按此三类货物分类预测的货运量需求如表 10-9 所示。

表10-9　　　　分货类三峡枢纽过坝江海直达货运量预测

年份	2030 年	2050 年
散货（金属矿石与煤炭）	2300	2300
集装箱（万 TEU）	270	400

三、三峡枢纽过闸船舶构成分析及趋势分析

1. 船舶种类

根据三峡通航管理部门提供的截至 2016 年过三峡船闸所有船舶基础资料，对过坝船舶进行分类统计，从统计资料可以看出在三峡过闸船舶中，多用途船与干散货船数量基本上占总过闸船舶类型的 80% 以上，在数量上具有绝对主导地位。

图 10-6（已将多用途船归类于干散货船内）为 2012—2016 年三峡过闸船舶艘次数据统计图。从图中可见：各年各类船舶艘次数占各年总艘次比例基本持平，所有运输船舶上行与下行艘次基本持平，特殊任务船上行艘次高于下行艘次。

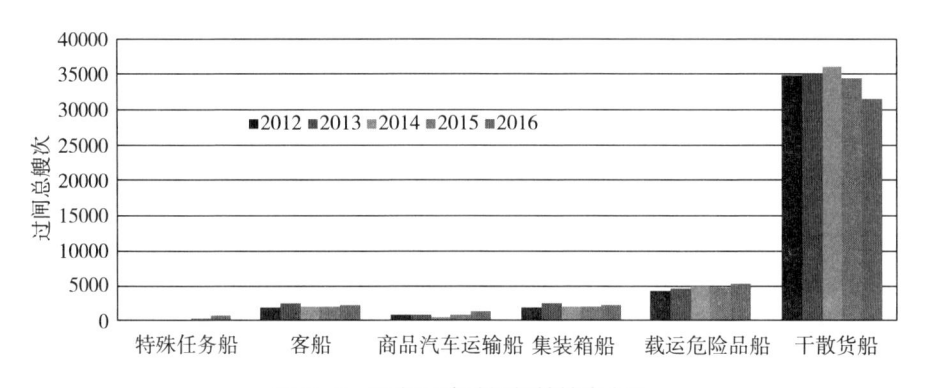

图 10-6　现有三峡过闸船舶艘次占比

普通干散货船（包含多用途船）艘次占比约70%。其次是载运危险品船，约占10%左右。集装箱船、客船过闸艘次大致相同；特殊任务船过闸艘次极少。

但随着客户对货品运输质量要求越来越高，以及散货运输集装箱化，可以预计集装箱运输的比例会越来越高。

2. 船舶载货吨位

过闸船舶吨位分布。

如图10-7所示为依据2004—2016年三峡过闸船舶各载货吨级占比绘制出的每年各吨级船舶概率分布。

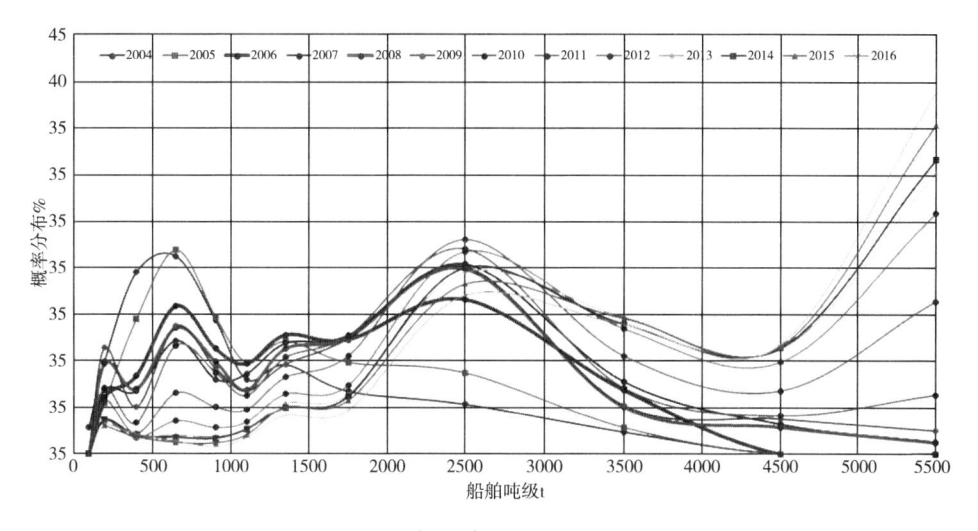

图10-7　2004—2016年三峡过闸各年各吨级船舶概率分布

分析图10-7各吨位级船舶分布的特点，可以发现，船舶载货吨级分布呈明显的三个波峰和三个波谷形态。三个波峰分别是500～800吨、2000～3000吨及5000吨以上，三个波谷分别是100吨以下、1000～1500吨和4000～4500吨。造成过闸船舶吨位不均匀分布的原因为市场影响，即由于货运批次、运输组织等方面的影响造成船东新建船舶时更多选择500～800吨、2000～3000吨及5000吨以上的船型。

波峰波谷处对应船型吨位分布概率变化趋势如图10-8所示。分析图10-7可见，随时间推移，以2000～3000吨级船舶为界，小吨位船舶数量明显减少，大吨位船舶明显增加，而 2000～3000 吨级船舶数量保持稳定。

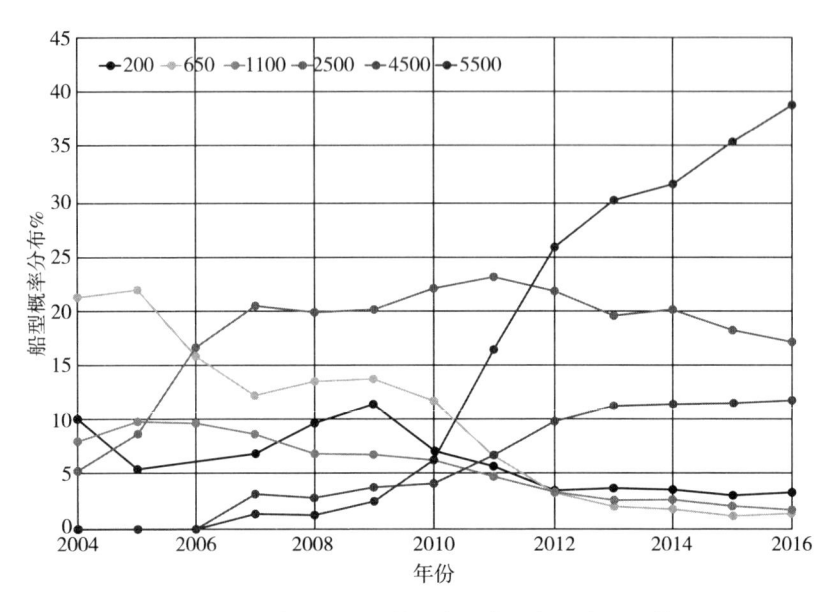

图 10-8　典型吨位船舶分布概率随年份变化趋势

过闸船舶实载吨分布。图 10-9、图 10-10 为依据 2012—2016 年三峡过闸船舶实际载货量分布占比概率分布图。

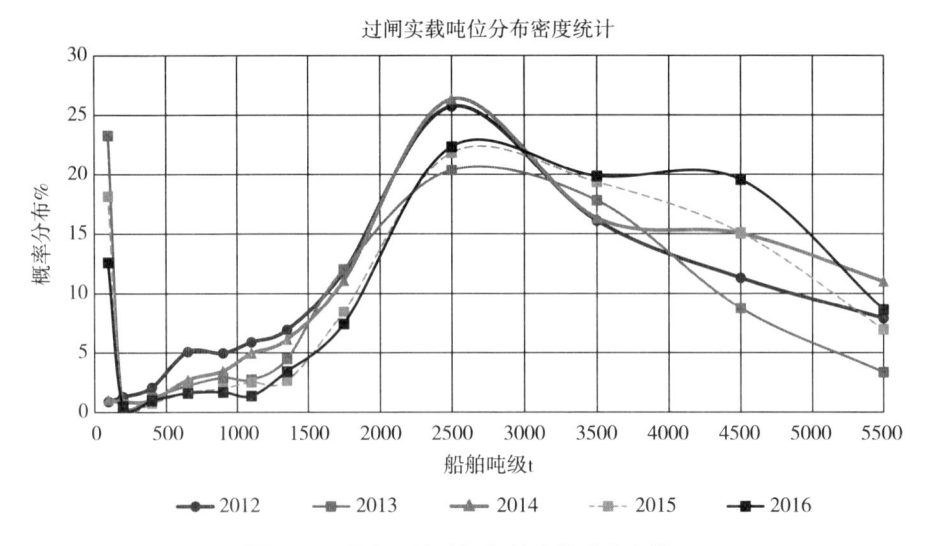

图 10-9　现有三峡过闸船舶实载吨分布情况

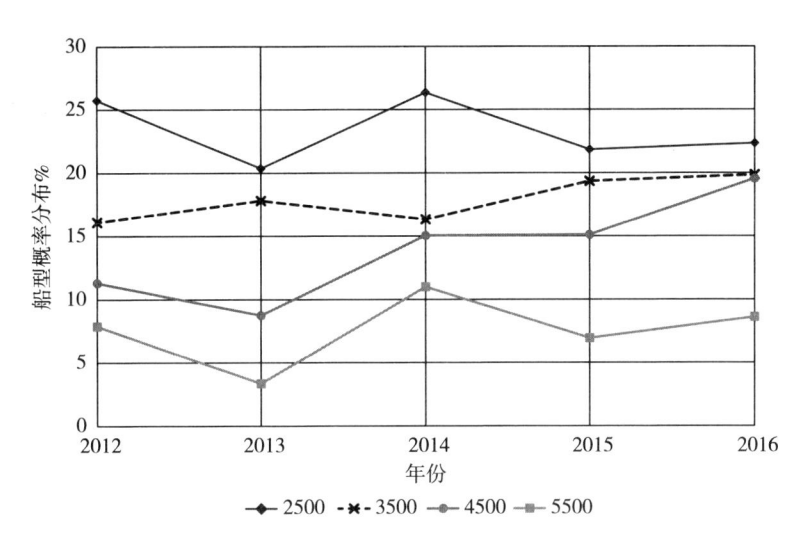

图 10-10　典型实载吨分布概率随年份变化趋势

由图中可明显看出,过闸船舶实载吨级分布以 2500 吨为明显分界。2500t 级占比相对稳定,这可能与大型船舶过闸时减载运行,需要大量过驳船舶配套过闸有关。

过闸船舶平均载货吨变化。随着三峡库区航运业的快速发展,货运量持续增长,三峡过闸船型也逐渐向大型化、标准化方向发展。继交通运输部 2004 版"川江及三峡库区运输船舶标准船型主尺度系列"和 2012 版"川江及三峡库区运输船舶标准船型主尺度系列"颁布及实施之后,三峡过闸船舶载重吨呈大幅增长趋势。2004—2016 年三峡过闸船舶平均载重吨如表 10-10 所示。

表10-10　　2004—2016年三峡过闸货船平均载货吨变化情况

年份	2004	2005	2006	2007	2008	2009	2010	2011	2012	2013	2014	2015	2016
平均载货吨/t	1049	1319	1510	1642	1661	1780	2091	2844	3467	3763	3846	4036	4236

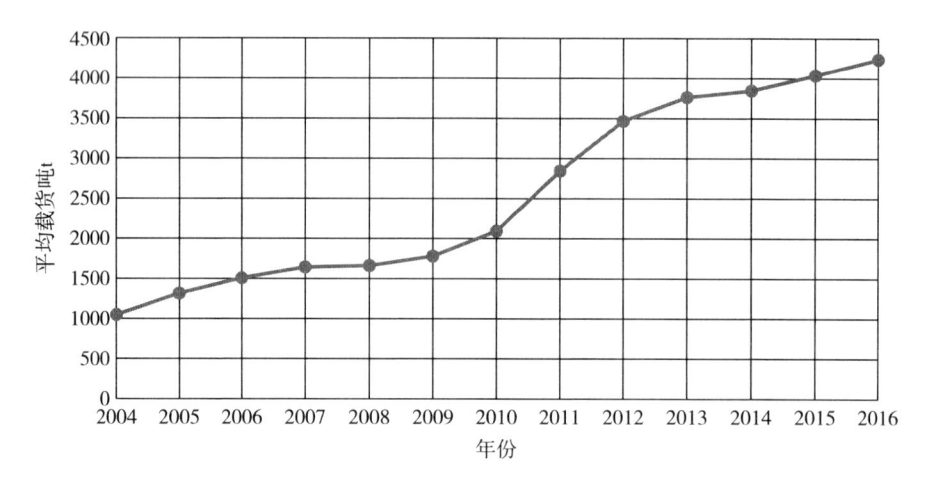

图 10-11 2004—2014 年三峡过闸货船平均载重吨变化情况

由表 10-10 及图 10-11 可知，三峡过闸货船平均载重吨由运行初期的 1049 吨增长到 2016 年的 4236 吨，年均增长率达 12.78%。从图中也可看出，2009—2012 年间增长速度较快，2013—2014 年间增长速度趋缓；2015—2016 年间增长速度又有所增加。

未来过闸船舶吨位分布预测。根据上节预测的未来三峡过闸运量，计算相比基准年 2016 年的运输增量，根据现有船舶船龄数据，分析未来现有船舶淘汰规律，计算由于该类船舶减少造成的必须由新建船舶承担的运输增量，最终得到船舶增量，该船舶增量中各吨位级船舶的占比符合图 10-6 中的概率分布及图 10-7 的分布趋势，具体预测结果如表 10-11 至表 10-13 所示。

表10-11 2020-2050年新建船舶吨位级概率分布预测

年份	各年各吨位级船舶占比					
	501～1000 吨	1001～2000 吨	2001～3000 吨	3001～4000 吨	4001～5000 吨	5000 吨以上
2020	0.10%	0.32%	2.94%	10.10%	23.63%	62.91%
2030	0.00%	0.02%	0.39%	12.50%	31.86%	55.23%
2050	0.00%	0.00%	0.16%	11.00%	37.59%	51.25%

表10-12　　　　　　　　2020—2050年各吨位级船舶占比

年份	各年各吨位级船舶占比					
	501~1000吨	1001~2000吨	2001~3000吨	3001~4000吨	4001~5000吨	5000吨以上
2020	2.83%	3.35%	11.13%	15.43%	15.44%	51.82%
2030	0.48%	0.52%	2.07%	9.39%	11.48%	76.06%
2050	0.00%	0.20%	1.62%	3.95%	5.84%	88.39%

3. 过闸船舶尺度特征

由于航行环境的不同，航行于各航区和水域的船舶都有其自身的特点。如图 10-12 ~ 图 10-14 所示为历年来长江三峡过坝船型的统计资料。图中矩形代表了 2012 年颁布的《长江水系过闸运输船舶标准船型主尺度系列》中对应船型尺度。从图中可以开出，目前过坝干散货船长宽比（考虑到尺度系列都是以总长总宽给定，本处长宽比为总长与总宽之比，与一般讨论船舶性能时所用长宽比略有不同）一般位于 4.40 ~ 8.60 之间，平均值在 5.86 左右；宽度吃水比比较分散，大致位于 3.0 ~ 5.5 之间，平均值约 3.85。集装箱船长宽比则在 4.88 ~ 8.0 之间，平均约 6.07。从平均值看集装箱船长宽比要略高于普通干散货船，这与集装箱船航速一般要高于普通干散货船有关。

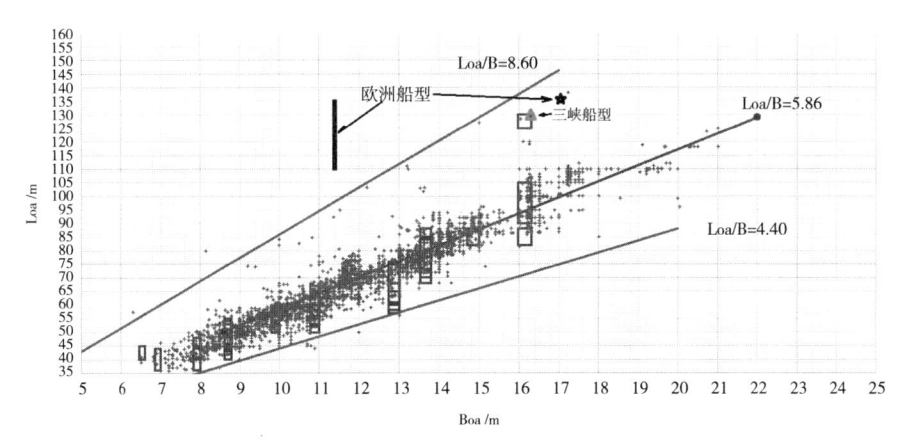

图 10-12　过坝散货船总长 Loa ~ 船宽 B 分布图

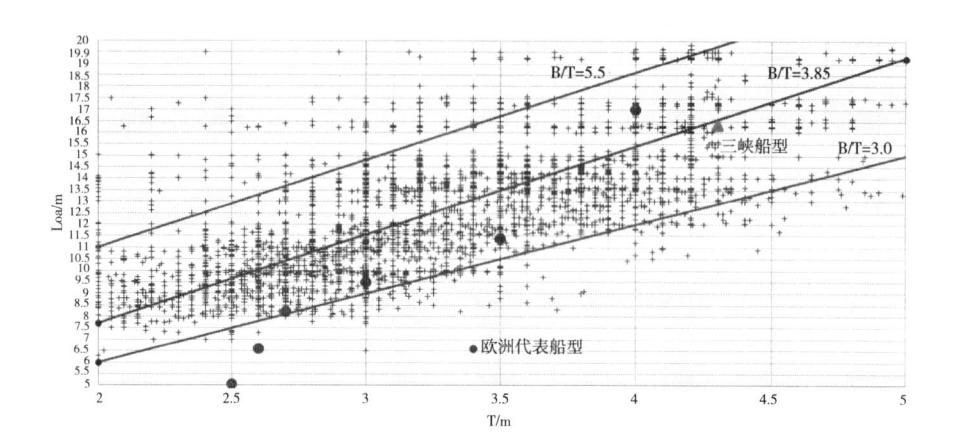

图 10-13　过坝散货船船宽～吃水分布图

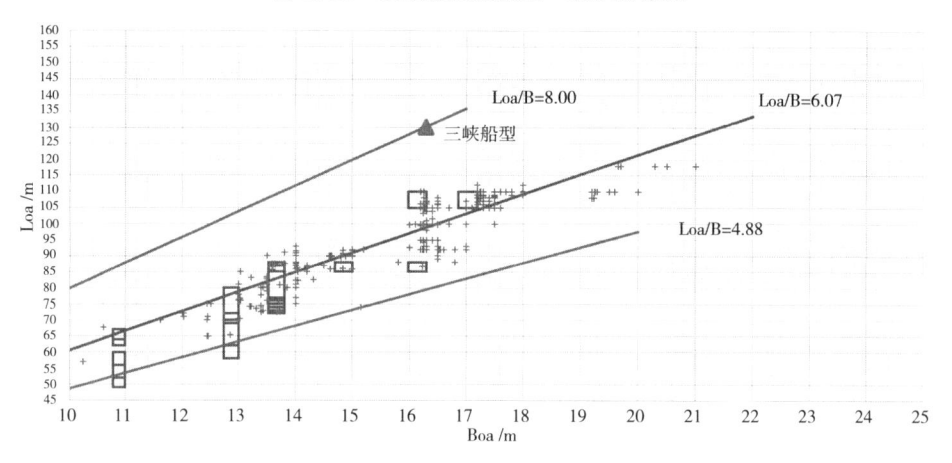

图 10-14　过坝集装箱船总长 Loa～船宽 B 分布图

图中标示出了三峡船型（130×16.3）所处的位置，从图中可以看出其长宽比处于较高的水平，宽度吃水比处于中位水平。另外，图中还给出了部分欧洲船型的分布，从图中可以看出，相对于长江三峡过坝船型，欧洲船型具有更大的长宽比，有些甚至于超过了 10，达到 11.8 左右，而宽度吃水比则处于较小值。这说明内河船型特征与所航行区域具有很大关系。

第四节 小结

从目前市场需求来看，船舶大型化主要集中在集装箱船、商品车船及散货船型上。随着经济结构的转型，可预期集装箱船将会有较大发展。考虑到运输主导市场以及现有基础及配套设施等诸多因素，新通道设计典型代表船型建议以散货船和集装箱船为主，兼顾商品车以及客船。

随着航道等级提升以及新通道建设，未来重庆地区特定航线江海直达船型具备了一定的发展空间。其中重庆至洋山港的集装箱运输、重庆至北仑的铁矿石运输将最有可能发展江海直达运输。

综合考虑航道现状及规划，未来船舶总长不宜超过150m，三峡水运新通道船舶吃水应考虑适应6m航道水深的要求，为将来其他条件改善后船舶发展预留空间。船舶水线以上高度应考虑净空高度不超过18m的限制。

新通道设计代表船型总长宜控制在130m以内，考虑到与现有船闸的匹配性，典型设计代表船型总长宜控制在130m；从船舶技术经济性看，船宽在22m～25m较为合适，但考虑到中上游码头现有装卸设备对船宽22m的限制，以及船闸宽度若以不超过40m为限，可将22m作为新通道代表船型的控制宽度。

建议大型化的船舶采用首侧推、襟翼舵或全回转等高效操纵装置的方式以改善船舶操纵性能。

由于货运批次、运输组织等方面的影响，各吨位船舶都有一定的发展空间。船舶载货吨位分布呈现较典型的波峰波谷分布状态，三个波谷分别是100吨以下、1000～1500吨和4000～4500吨，波峰位于500～800吨、

2000~3000吨及5000吨以上的船型。三峡枢纽航运船型载货吨级未来发展趋势预测如下。

表10-13　　　　　　　2020-2050年各吨位级船舶占比

年份	各年年各吨位级船舶占比					
	501~1000吨	1001~2000吨	2001~3000吨	3001~4000吨	4001~5000吨	5000吨以上
2020	2.83%	3.35%	11.13%	15.43%	15.44%	51.82%
2030	0.48%	0.52%	2.07%	9.39%	11.48%	76.06%
2050	0.00%	0.20%	1.62%	3.95%	5.84%	88.39%

第 11 章 三峡枢纽水运新通道建设必要性初探

三峡枢纽船闸是长江航运的关键节点，是长江经济带高质量发展的重要支撑，自2003年运行以来，过闸货运量增长迅速，2011年首次突破1亿吨，提前19年达到船闸设计通过能力，通过能力不足的矛盾日益凸显。2013年国家发展改革委启动三峡枢纽水运新通道工程前期研究以来，相关部委和研究单位开展了多轮次的研究论证工作，成果普遍认为随着长江经济带发展战略的深入推进实施，今后一段时期三峡枢纽过闸货运需求将持续增长，需建设新的水运通道彻底解决通航瓶颈问题。

但三峡枢纽水运新通道建设规模较大，除工程技术问题外，水资源综合利用、生态环境问题等也较为复杂，且难以在短时间内形成能力，能否寻找替代方案解决目前过闸能力严重不足、船舶积压严重、社会影响敏感等问题，能否通过综合运输解决三峡船闸"肠梗阻"问题，都是社会各界关注的焦点。本章在梳理长江上游综合运输格局和过闸各货类运输需求、流量流向基础上，聚焦通过综合运输通道解决三峡船闸运输需求的可行性，进一步论证三峡枢纽水运新通道建设的必要性。

第一节　长江上游综合交通运输通道格局

近年来，川渝两地的经济快速发展带来了旺盛的运输需求，腹地内以重庆、成都等综合运输枢纽为核心节点，依托铁路、高速公路、长江等交通主骨架，初步形成了东、南、北向为主，西向为辅的对外货物综合运输通道。

东通道：主要由长江黄金水道，沪汉蓉、襄渝铁路，沪蓉（G42）、沪渝（G50）、渝湘（G65）等沿江高速公路以及318、319等国道线共同组成。该通道主要承担川渝地区和华中、华东地区之间的物资交流以及外贸物资运输任务。

南通道：主要由渝黔、渝怀、成昆、内昆等铁路，重庆—贵阳—海口（G75）、渝昆（G85）、成都—昆明（G5）等高速公路及108、210、213、321等国道共同组成。该通道主要承担川渝地区和云南、贵州等省市间的物资交流任务，并且可进一步延伸至珠三角、北部湾地区，形成西南出海大通道。

北通道：主要由宝成、兰渝铁路，成绵广（G5）、西安至重庆（G65）等高速公路以及108、210、212、213等国道共同组成。该通道主要是承担川渝地区和陕西、甘肃等省市间的物资交流任务，连接环渤海地区和欧亚大陆桥，加强与西北、华北、东北等地区的联系。

西通道：主要由317、318国道和成渝环线高速公路（G93）以及规划的川藏、川青铁路和公路共同组成。该通道主要承担成渝经济区与阿坝、甘孜等少数民族地区的交通联系。

从货运方式来看，腹地对外物资交流主要由铁路、公路和水路完成，其中铁路货运量占比超过40%，水运货运量比重近20%。从辐射范围看，公路重在邻近省、区、市运输，铁路重在省际运输，水运主要承担外贸运输及与长江中下游地区的货物交流。

从货运方向上来看，东通道在腹地对外运输交流中占主导地位，承运比重接近 50%，2017 年完成约 2.15 亿吨，其中水路运输（不含翻坝）完成 1.3 亿吨，主要调运货种为煤炭、矿石、矿建材料和件杂货。南通道主要为金属矿石、钢铁有色等冶金原材料的调运。北通道主要调运的货种为粮食、钢铁等。

第二节　三峡枢纽过闸运输现状和趋势

2017 年，三峡船闸完成货运量 1.3 亿吨，升船机完成 55 万吨，滚装翻坝完成 675 万吨。其中 2004—2011 年、2011—2017 年年均增速分别为 16.6% 和 %。近年来，随着中上游地区城镇化快速发展，沿江地区产业特别是资源结构调整，三峡船闸上下行货物结构呈现明显变化。一是上下行货量趋于平衡，2017 年上行和下行货物运输比为 1.3∶1。二是煤炭运输量明显下降。2017 年煤炭过闸运输量 893 万吨，较高峰的 2900 万吨大幅下降，主要为上行的海进江煤炭。三是金属矿石和危化品运量平稳增长。2017 年金属矿石、石油制品和化工品分别完成 1300 万吨和 920 万吨，主要是服务腹地钢铁企业和石化企业，其中金属矿石主要为上行的进口铁矿石，危化品主要为下行的产成品。四是矿建材料增长明显。受上游地区城镇化快速发展基建项目建设加快带动，2017 年矿建材料完成 3417 万吨，2011 以来年均增长 97%，主要为洞庭湖和湖北枝江地区上行的砂石料，以及上游大量外运的石材。五是集装箱运输快速增长。2017 年完成 1400 万吨（90 万 TEU），大部分为通过上海港中转的外贸物资。

借鉴美国密西西比河、欧洲莱茵河等国际内河航运发展经验，在工业化和城镇化快速发展阶段内河货运量持续增长，发展后期保持相对稳定。长江上游地区正处于工业化和城镇化发展的中后期阶段，三峡过闸货运量将在未来呈现增速放缓态势，并在2030年以后的某个时点达到相对峰值。结合腹地经济产业发展趋势判断，预计2030年、2050年三峡船闸运输需求将分别达到2.5亿吨和3.0亿吨。从运输结构看，近中期矿建材料、煤炭、矿石仍将有所增长，远期逐步下降；集装箱及以工业产成品为主的其他货类需求将持续增长，三峡过闸货类将发生结构性变化。

第三节　通过综合交通运输体系解决三峡过闸需求的可行性分析

在不考虑建设三峡枢纽水运新通道的情况下，2050年三峡船闸还将有1.6亿吨左右的需求缺口，通过进一步挖潜现有船闸能力、现有其他运输方式分流、翻坝分流以及新建铁路通道等方式可满足部分运输需求缺口，但仍不能彻底解决运输瓶颈问题。

一、现有船闸能力已难以进一步挖潜

长江水运由于运量大、成本低等特点，是上游地区东向对外物资交流的最主要运输方式，在三峡枢纽过闸长距离的大宗散货、件杂货以及其他内贸物资运输中具有很强的吸引力。过闸量从 2004 年的 3430 万吨提高到 2018 年的 1.5 亿吨。近年来三峡船闸待闸时间明显延长，且趋于常态化，待闸时间超过 100 小时。2017 年 12 月待闸时间甚至高达 170 小时。近年来，通过完善配套设施、优化通航管理、推进船型标准化等措施，三峡船闸能力不断被挖潜。经有关部门测算三峡船闸（含升船机）极限通过能力约 1.6 亿吨，目前已接近临界点，增长空间有限，同时长期的超负荷运转会带来很多安全风险，不是长期的有效办法。

二、现有其他交通方式难以大规模分流

铁路运输是外贸物资进出口、大宗散货运输的重要补充，除矿建材料等附加值较低、时间敏感性低的货种，铁路适宜运输几乎所有目前通过三峡船闸的货种。既有铁路中，东向过坝的铁路通道主要包括襄渝铁路和宜万铁路。襄渝铁路为襄樊到四川重庆的客货双线铁路，在客货混跑情况下能力为 5000 万吨，目前完成货运量 4750 万吨，能力基本饱和；宜万铁路为沪汉蓉沿江客运通道的一部分，在原设计中有货运功能由于客运需求量大等原因目前仅完成极少量货运。考虑今后上游地区产业和能源结构调整，襄渝铁路将释放约 1000 万吨能力，可分流大部分煤炭和少量件杂货。南向的铁路通道包括渝黔、渝怀、成昆等多条线路，渝怀铁路正在扩建（规划货运能力 5000 万吨/年）。目前，由于南向运输需求不大，该通道能力利用率不高。仅从供给能力和过坝货物流向特性分析，未来南向铁路通道可承担近一半的外贸进口铁矿石需求（1000 万吨）和约 2000 万吨的外贸集装箱运输，但相比运输需求缺口占比较小，难以大规模分流。

目前，三峡枢纽货物翻坝主要为水运—公路—水运方式，水运—铁路—水运翻坝运输尚处于研究阶段。公路翻坝由于中转环节多、费用高，主要是缓解船闸通航压力的补充手段。以重庆至长三角港口的集装箱运输为例，全

程水运价格为 1100 元/标箱左右，而公路集装箱翻坝费用为 1500 元/标箱左右，一次将使全程运输费用增加一倍以上，近年来翻坝公路作为"中间产品"的优势也正在逐渐减弱，滚装车翻坝量呈现明显下降趋势，由 2008 年的 1370 万高点降至 2017 年的 675 万吨。今后通过降低收费等政策，翻坝可以吸引重载滚装运输（日用品和鲜活物资），同时可作为特殊情况下满足过闸运输需求的应急措施，但不是经济合理的常态运输方式。

三、新建重载铁路技术分流效果有限

重载铁路主要技术特征有大轴重、长编组、货运量大、货类单点对点运输的特点，最大坡度差一般不得大于 8‰，困难条件下不得大于 10‰。铁路方面有关专家提出，重庆至武汉重载铁路建设可能存在几大问题：一是既有铁路线坡度重庆市域基本大于 9‰，宜万线、渝利线坡度达到了 8‰ 以上，且桥梁占比高，按重载铁路技术标准进行建设难度较大。二是未来三峡过坝运输需求有大部分为川渝和长江下游、沿海地区的货物交流，东部地区的铁路网需进行相应的匹配。三是三峡过闸运输货类繁杂、目的地众多，适合重载铁路的长距离、点对点大批量货运量约为 3000 万至 4000 万吨，分流效果有限。

四、新建沿江高铁分流运输经济可行性较差

根据国家有关部门沿江高铁的建设实施方案，沿江高铁将分三阶段建设，其中 2025 年前建成成达万高铁、渝万高铁、宜昌至郑万高铁联络线、汉宜高铁、合武高铁、合宁高铁等，成都、重庆至上海的旅行时间分别由现在的 12.2、10.7 小时缩小到 6.8、5.8 小时。届时，可完全释放既有襄渝、宜万、达

成、达万、汉宜、合武、合宁等客货混跑铁路能力，东向铁路通道断面货运能力可大幅增加，但总的社会运输成本也会随之提升。目前铁路运输主要存在运价较高、各路局间运力调配不畅等问题，对既有水运货物的市场吸引力较低，据调查，从重庆至上海的集装箱水运与铁路的运价比为1:4.3，大宗散货为1:6.2，危化品为1:1.3。2011年三峡船闸提前达到设计能力以后，绝大部分货物并没有选择通过铁路分流，大量船舶宁可待闸100多小时也要走水路，就充分反映了这个问题。

第四节　小结

综上，通过既有的综合运输方式可适当分流部分过闸运输需求，但分流效果有限；通过新建铁路通道可大幅增加货运能力，但总的社会运输成本也会大幅提升。水运是相对绿色的运输方式，具有"占地少、能耗小、污染轻、运能大"等方面的优势，新建三峡枢纽水运新通道彻底解决长江上游运输需求问题的根本方式，是贯彻落实习近平总书记"共抓大保护、不搞大开发"要求和"生态优先，绿色发展"理念的具体举措，有利于充分发挥长江黄金水道的作用。

根据已开展的相关分析，该工程的地质、移民安置、鱼道建设等技术问题均可行；工程静态投资约500亿元，工程经济指标均大于国家规定的基准值，在经济上也是合理；根据环境影响分析，尚不存在颠覆性的环保问题，因此，国家应尽快决策开工建设三峡枢纽水运新通道，推动长江经济带高质量发展。

此外，由于该工程建设期近9年，三峡船闸船舶拥堵问题将在较长时期内存在，有关部门应在过渡期做好三峡枢纽运输制约疏解工作，切实保障工程建设期三峡通航平稳有序。

理论探索篇

第 12 章 典型国家和省市水运需求与经济关系分析

　　水运需求是总货运需求的重要组成部分,即社会生产活动过程中对水路运输"量"和"质"的要求。反映航运需求的主要量化指标是水运量和水运周转量,本章使用水运量作为航运需求的量化指标。航运需求作为货运需求的重要组成部分,同样具有派生性、规律性等主要特征,但由于国家之间、地区之间地理条件、资源分布等的差异性,也导致了不同国家、不同地区之间航运需求的不平衡性。在明确了产业结构能有效解释货运需求的变化以后,按照货运需求与经济发展关系的分析思路,展开航运需求与经济发展演变规律的研究。本章在货运需求与经济发展的互动关系基础上,依旧从国家尺度和中国省市尺度两个层面对水运量与国内生产总值的关联进行研究;并通过定量分析方法确定航运需求与经济发展的互动关系。本章中研究的水运量包括内河和远洋水运量。

第一节　水运量与国内生产总值的关联分析

GDP 是衡量国民经济最重要的综合性指标之一，也是国民经济核算中的核心指标。因此，同分析货运需求一样，本节采用 GDP 作为分析水运需求的经济指标。

一、国家尺度

水路运输因其在大宗货物、长距离运输中的竞争优势，已成为世界货物贸易发展无可替代的主要途径之一。所以，首先从国家层面探究各国水运需求与经济发展之间是否存在相同的规律。

（1）水运量数据的选择

水运量是指在一定时期内，不同种类水路运输工具所运送的货物重量（货物按实际重量计算，不论运距长短和货种类别），本章所使用的水运量数据均为年水运量，对 42 个国家水运量与 GDP 进行分析。

（2）各国水运量时间序列变化

利用所搜集得到的 42 个国家水运量时间序列数据，对每个国家的水运量变化进行纵向分析比较，如图 12-1 所示。

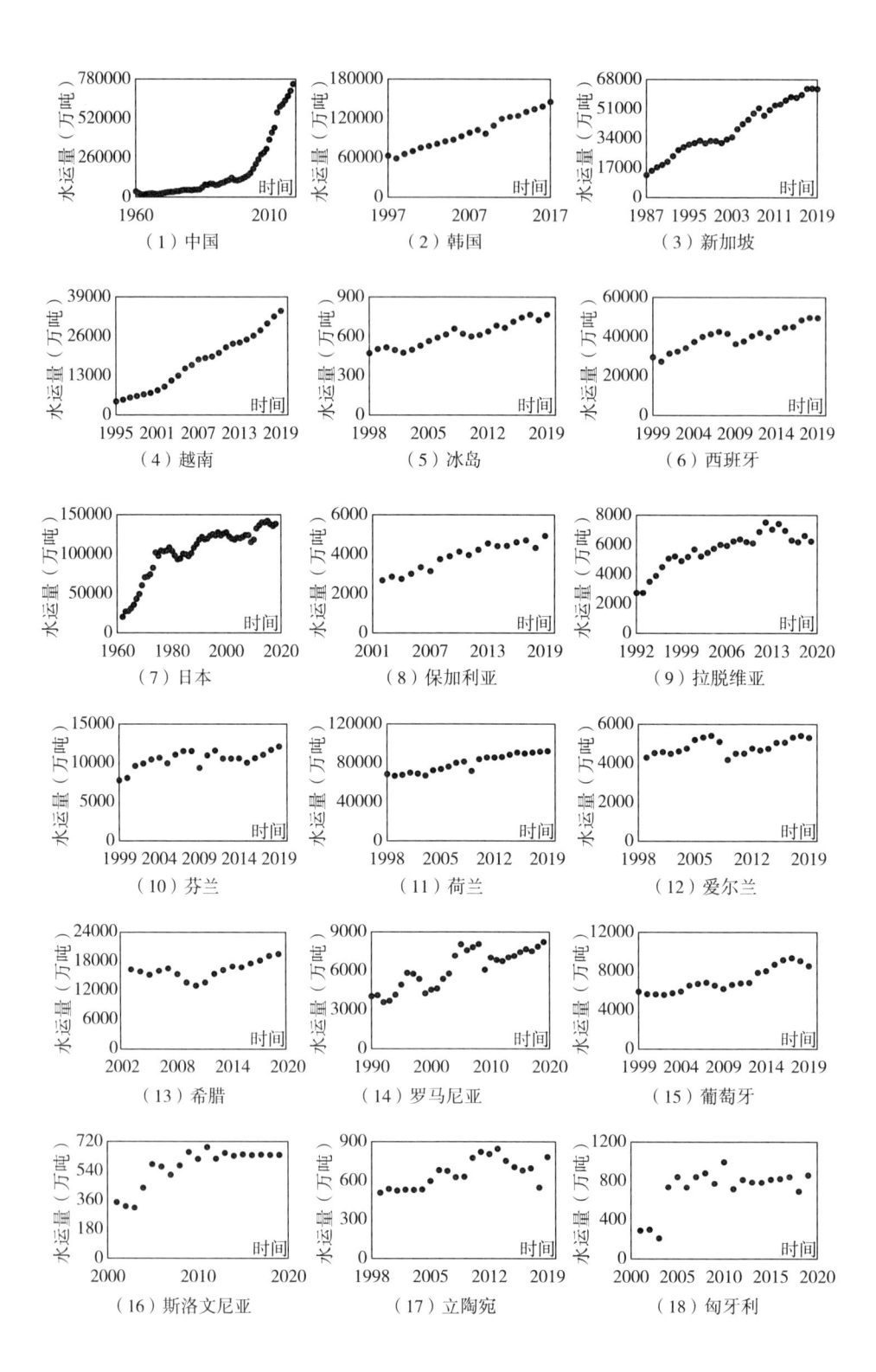

(1) 中国　(2) 韩国　(3) 新加坡
(4) 越南　(5) 冰岛　(6) 西班牙
(7) 日本　(8) 保加利亚　(9) 拉脱维亚
(10) 芬兰　(11) 荷兰　(12) 爱尔兰
(13) 希腊　(14) 罗马尼亚　(15) 葡萄牙
(16) 斯洛文尼亚　(17) 立陶宛　(18) 匈牙利

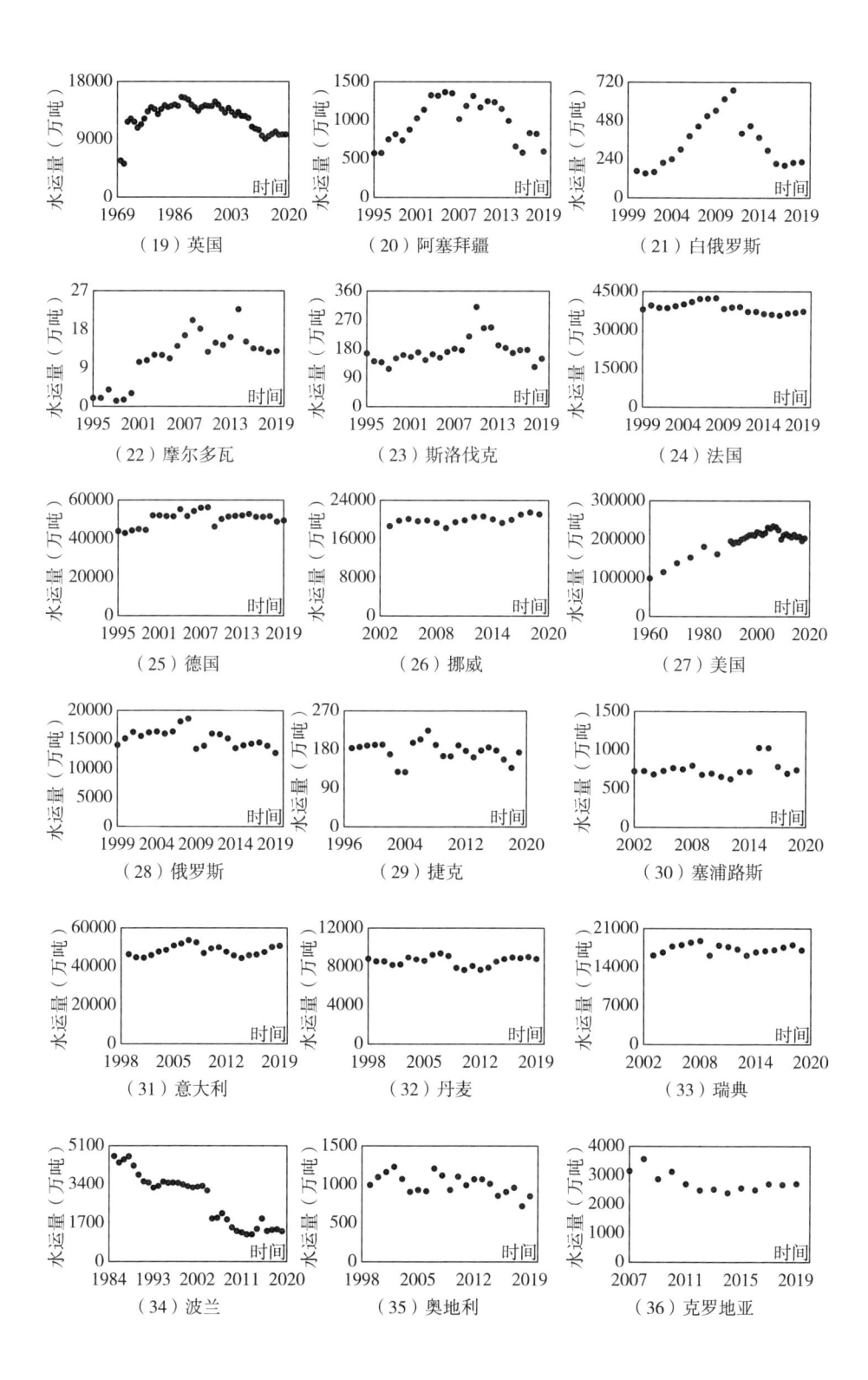

第 12 章 典型国家和省市水运需求与经济关系分析

（19）英国
（20）阿塞拜疆
（21）白俄罗斯
（22）摩尔多瓦
（23）斯洛伐克
（24）法国
（25）德国
（26）挪威
（27）美国
（28）俄罗斯
（29）捷克
（30）塞浦路斯
（31）意大利
（32）丹麦
（33）瑞典
（34）波兰
（35）奥地利
（36）克罗地亚

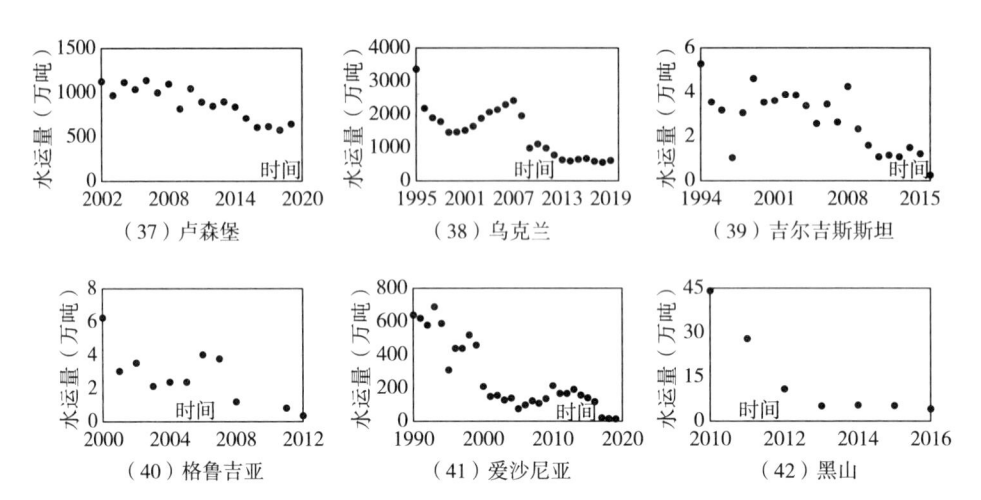

(37) 卢森堡　　(38) 乌克兰　　(39) 吉尔吉斯斯坦

(40) 格鲁吉亚　　(41) 爱沙尼亚　　(42) 黑山

图 12-1　各国水运量时间序列

按照水运量发展趋势，各国货运量变化情况可以分为 5 种情况，见表 12-1。

表12-1　　各国水运量变化趋势

国家	变化趋势	国家	变化趋势	国家	变化趋势	国家	变化趋势
中国	较快增加	荷兰	较慢增加	白俄罗斯	先增后减	瑞典	基本稳定
越南	较快增加	芬兰	较慢增加	阿塞拜疆	先增后减	丹麦	基本稳定
韩国	较快增加	冰岛	较慢增加	摩尔多瓦	先增后减	奥地利	基本稳定
新加坡	较快增加	保加利亚	较慢增加	美国	先增后减	波兰	下降
日本	较快增加	匈牙利	增后趋向稳定	塞浦路斯	基本稳定	乌克兰	下降
罗马尼亚	较快增加	斯洛文尼亚	增后趋向稳定	克罗地亚	基本稳定	格鲁吉亚	下降
希腊	较慢增加	立陶宛	增后趋向稳定	俄罗斯	基本稳定	吉尔吉斯斯坦	下降
西班牙	较慢增加	英国	先增后减	意大利	基本稳定	爱沙尼亚	下降
葡萄牙	较慢增加	斯洛伐克	先增后减	挪威	基本稳定	黑山	下降
拉脱维亚	较慢增加	法国	先增后减	捷克	基本稳定	卢森堡	下降
爱尔兰	较慢增加	德国	先增后减				

由上可见，发达国家中，10 个国家的水运量保持增加；7 个国家水运量

基本稳定；5个国家的水运量呈现先增后减；2个国家呈下降趋势；斯洛文尼亚水运量先增加而后逐渐趋于平稳。发展中国家中，5个国家的水运量呈上升趋势；5个国家呈下降趋势；3个国家呈先增后减变化；2个国家水运量基本保持稳定，2个国家先增加而后趋向平稳。

2000年水运量最多的国家为美国、中国和日本，欧洲国家中荷兰、法国和德国的货运量明显高于周边欧洲国家。2010年，中国的水运量超过美国，欧洲国家水运量分布变化不大，法国、荷兰、德国和西班牙的水运量高于其他欧洲国家；2015年最多的国家仍为中国，法国的水运增速明显降低，荷兰、德国和西班牙成为水运量最多的欧洲国家；到2019年中国的水运量远高于其他国家。而内陆国家，例如捷克、白俄罗斯、吉尔吉斯斯坦、摩尔多瓦等国家的水运量一直较低，且变化不大。

（3）水运量与GDP的关联分析

在了解每个国家的水运量发展现状后，进行水运量与国内生产总值的演变规律分析。将水运量作为纵坐标，GDP作为横坐标，分析各国水运量随GDP的变化趋势，如图12-2所示。摩尔多瓦、黑山、吉尔吉斯斯坦和格鲁吉亚的水运量远小于其他国家且变化不大，因而这四个国家曲线明显位于其他国家曲线下方。

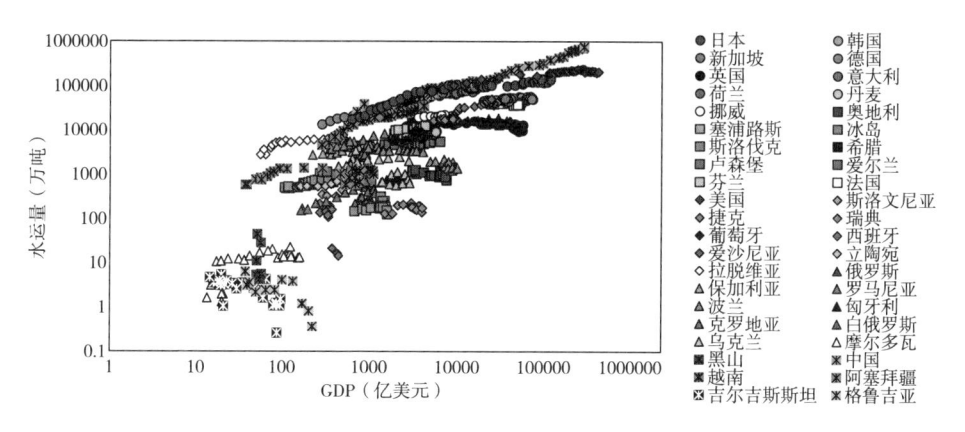

（1）42个国家水运量–GDP变化

(2) 水运量与 GDP 正相关

(3) 水运量与 GDP 呈负相关

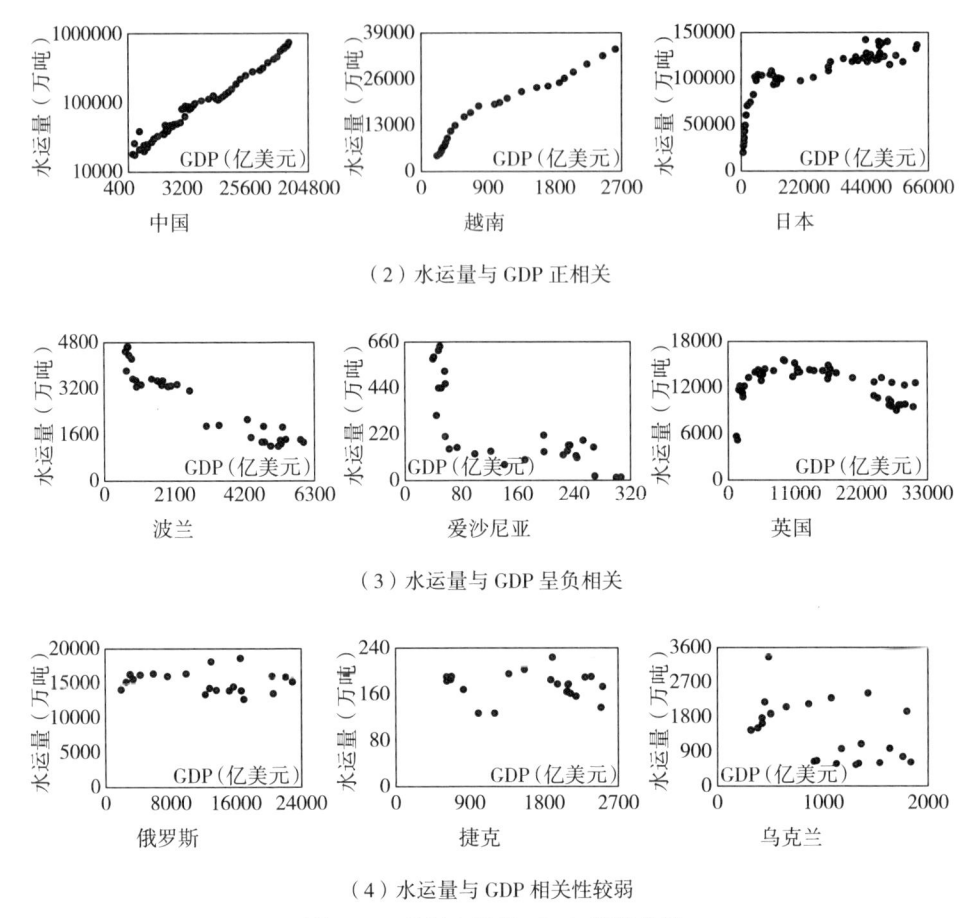

(4) 水运量与 GDP 相关性较弱

图 12-2　各国水运量 -GDP 变化曲线

42 个国家水运量随 GDP 的变化趋势可分为增加、减小、基本稳定或上下浮动，即与 GDP 的关系呈正相关、负相关和关联性较差，见表 12-2。

表12-2　　　　　　　　　　各国货运量与GDP的关联

国家	与GDP关联	R^2	国家	与GDP关联	R^2	国家	与GDP关联	R^2	国家	与GDP关联	R^2
中国	正相关	0.98	拉脱维亚	正相关	0.69	格鲁吉亚	负相关	0.48	乌克兰	负相关	0.22
越南	正相关	0.94	克罗地亚	正相关	0.52	卢森堡	负相关	0.62	葡萄牙	正相关	0.28
荷兰	正相关	0.66	立陶宛	正相关	0.52	奥地利	负相关	0.18	俄罗斯	负相关	0.03
韩国	正相关	0.96	保加利亚	正相关	0.83	波兰	负相关	0.91	丹麦	正相关	0.01
匈牙利	正相关	0.64	白俄罗斯	正相关	0.31	希腊	负相关	0.45	挪威	正相关	0.14

续表

国家	与GDP关联	R²	国家	与GDP关联	R²	国家	与GDP关联	R²	国家	与GDP关联	R²
新加坡	正相关	0.93	爱尔兰	正相关	0.52	斯洛伐克	正相关	0.22	德国	正相关	0.13
西班牙	正相关	0.57	意大利	正相关	0.31	塞浦路斯	负相关	0.03	美国	正相关	0.49
芬兰	正相关	0.58	罗马尼亚	正相关	0.72	摩尔多瓦	正相关	0.42	捷克	负相关	0.01
冰岛	正相关	0.79	爱沙尼亚	负相关	0.58	阿塞拜疆	正相关	0.03	黑山	负相关	0.02
日本	正相关	0.69	吉尔吉斯斯坦	负相关	0.56	瑞典	正相关	0.03	法国	负相关	0.02
英国	负相关	0.06	斯洛文尼亚	正相关	0.75						

由上可知，水运量与GDP呈正相关的国家中，11个为发展中国家，16个为发达国家；呈负相关的国家中，有8个发达国家，7个发展中国家。此外，不难发现西班牙、芬兰、保加利亚、爱尔兰等国家的货运量与GDP的关联性较差，但其水运量与GDP却呈正相关，而这些国家的水运条件都相对较好，因此，相对于货运量，水运量随GDP的演变更受地理条件的影响。

取2000年、2010年、2015年和2019年各国水运量-GDP的横截面数据，画出水运量-GDP散点图，进行国家间的横向比较，如图12-3所示。

（1）2000年各国水运量-GDP变化情况　$y=2.20x+9876$，$R^2=0.79$

（2）2010年各国水运量-GDP变化情况　$y=2.21x+8987$，$R^2=0.54$

（3）2015年各国水运量-GDP变化情况　$y=2.24x+9460$，$R^2=0.53$

（4）2019年各国水运量-GDP变化情况　$y=2.29x+5801$，$R^2=0.54$

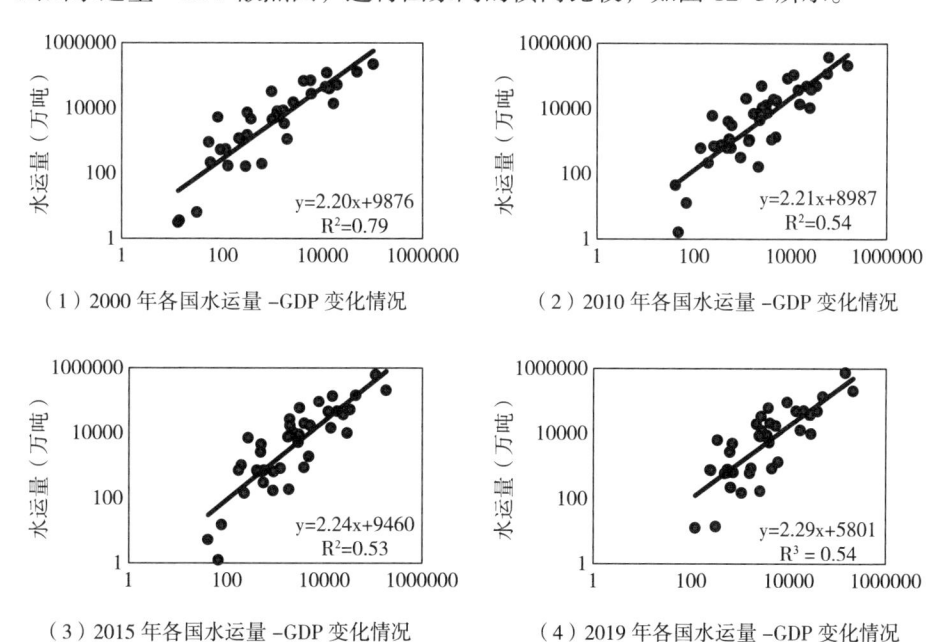

图12-3　不同年份水运量-GDP的横截面数据

同一年份，总体上与GDP呈正相关，即GDP越高的国家，水运量相对也较高。图中 y 是水运量，x 是GDP，曲线的斜率是小幅度增加的，横截面数据表明水运量增速略高于GDP增速。

二、省市尺度

近年来，中国的水运货运量一直位于世界第一，且保持增长趋势。水运已经成为国家战略基础性产业，在保持国民经济稳定和可持续发展中起到重要作用。因此，以中国为例，从省市尺度，探寻航运需求与GDP的关联。

（1）水运量数据的选择

31省市中，内蒙古、西藏、青海、宁夏和新疆等6个省市水运条件相对受限，水运运输并不是其最主要运输方式，无法获取其水运量数据。因此，在本节研究其他25个省市的水运量。

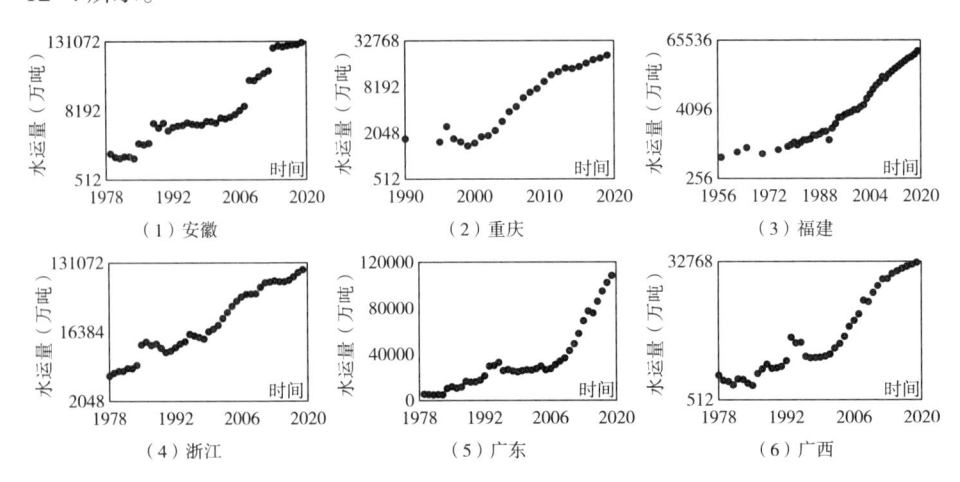

（2）各省市水运量时间序列变化

由25个省市水运量时间序列分布画出各省市水运量变化曲线，如图12-4所示。

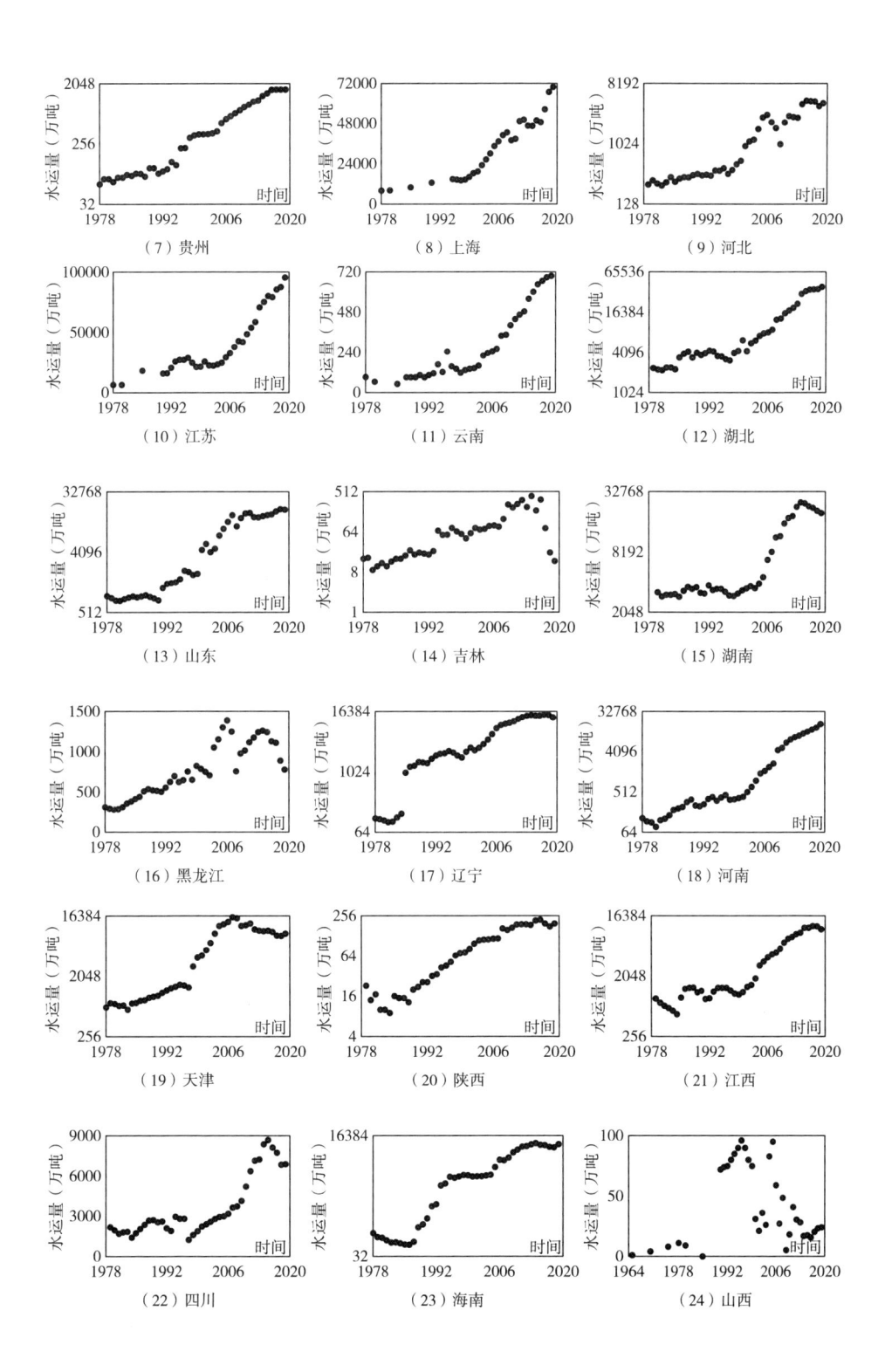

◀ 第 12 章　典型国家和省市水运需求与经济关系分析

（7）贵州　　（8）上海　　（9）河北
（10）江苏　　（11）云南　　（12）湖北
（13）山东　　（14）吉林　　（15）湖南
（16）黑龙江　　（17）辽宁　　（18）河南
（19）天津　　（20）陕西　　（21）江西
（22）四川　　（23）海南　　（24）山西

(25) 甘肃

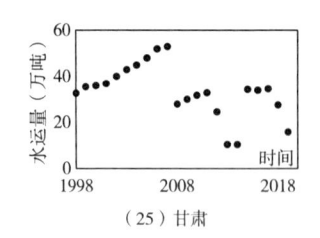

图 12-4　各省市水运量时间序列变化

①水运量总体呈增长趋势：安徽、重庆、福建、浙江等 17 个省市水运量总体呈上升趋势，近年来安徽、广西、贵州、河北、湖北、山东、辽宁江西和海南的增速明显放缓。

②水运量先增长然后有所下降：1978—2012 年吉林的水运量保持上升，2013 年开始经过两次大幅度的升降后，2016 年起开始持续下降；湖南的水运量在 2014 年达到 25687 万吨后开始持续下降；黑龙江的水运量在 2007—2008 经历了一次大幅度下降，并从 2015 年开始持续下降；天津水运量在 2007 年达到 15671 万吨后开始持续下降，到 2019 年为 8955 万吨；四川和陕西的水运量在 2016 年之后开始下降；山西和甘肃的水运量较小，且水运量波动比较明显。

从不同年份的横截面数据中均可发现，水运量分布集中在沿海和沿江省市，上海、江苏、广东和浙江一直是水运量较多的省市。1985 年水运量较多的省市是江苏、广东、浙江、上海、湖南和湖北，到 2019 年水运量较多的省市是安徽、广东、浙江、江苏和上海，长江中游的湖北和湖南的增速明显有所落后。相比之下，长江上游的省市中，重庆的水运量明显有所增加。总的来说，中国水运量的分布从华东、华南，到华中、西南，再到西北地区，呈现逐渐减少趋势。

（3）水运量与 GDP 的关联分析

在分析了各省市的水运量现状后，以水运量作为纵轴，GDP 作为横轴，分析各省市水运量随 GDP 的变化情况。如图 12-5 所示，绝大部分省市的水运量随 GDP 的增加而增加，即呈正相关；山西和甘肃两个省的水运量均较小，数据上下浮动。

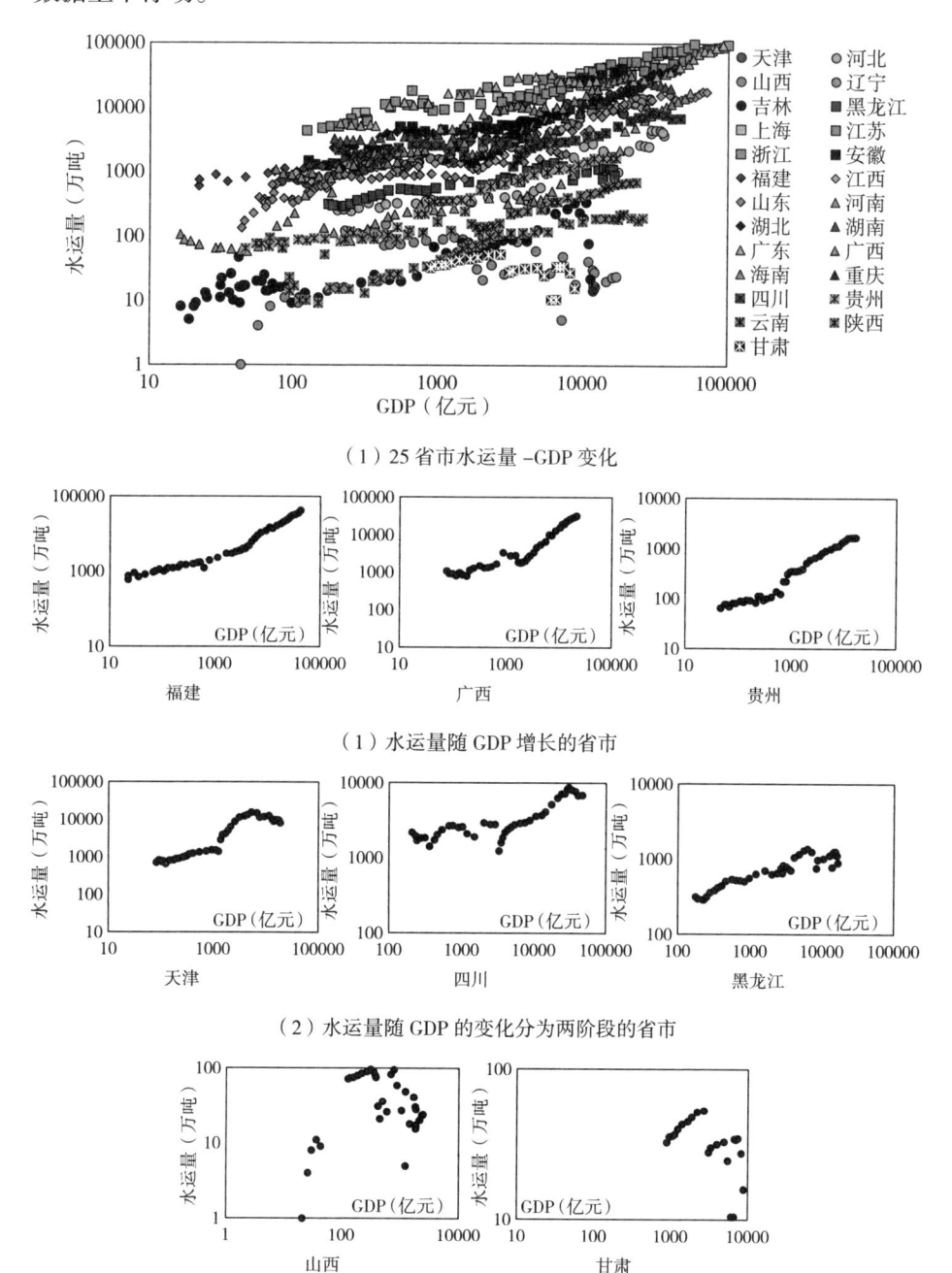

(1) 25 省市水运量 -GDP 变化

(1) 水运量随 GDP 增长的省市

(2) 水运量随 GDP 的变化分为两阶段的省市

(3) 水运量与 GDP 关联较差的省市

图 12-5　各省市水运量 -GDP 变化情况

①福建、广西、贵州、安徽、云南、广东、河南、湖北、江苏、江西、辽宁、山东、陕西、上海、浙江和重庆的水运量随GDP持续增加。

②天津、四川、黑龙江、海南、河北、湖南和吉林的水运量先随GDP的增加而增加，当GDP达到一定值后，开始随GDP的增长逐渐下降。

③山西和甘肃的水运量随GDP的增加分布较散乱。相较于其他省市，由于地理条件等的限制，两省的水运量均不大，水运并不是其最主要的运输方式，公路和铁路运输更为发达。因此，与货运量–GDP相比，各省市水运量–GDP更受地理条件的影响。

除山西和甘肃外，其他省市水运量均与GDP呈正相关，各省市曲线斜率及相关性系数见表12-3。

表12-3 各省市水运量与GDP的关联

省市	斜率 k	R^2	省市	斜率 k	R^2	省市	斜率 k	R^2
甘肃	−0.003	0.38	山东	0.28	0.9	湖北	0.88	0.98
山西	−0.002	0.11	河南	0.29	0.97	重庆	0.93	0.98
陕西	0.01	0.8	江西	0.5	0.96	福建	0.98	0.99
吉林	0.02	0.54	辽宁	0.5	0.97	广西	1.56	0.99
云南	0.03	0.96	天津	0.53	0.44	上海	1.58	0.94
黑龙江	0.046	0.6	湖南	0.64	0.9	浙江	1.64	0.96
贵州	0.11	0.93	江苏	0.82	0.97	海南	2.38	0.88
河北	0.11	0.89	广东	0.85	0.94	安徽	3.75	0.93
四川	0.16	0.86						

取1985年、2000年、2010年和2019年各省市的水运量与GDP横截面数据，画出货运量–GDP的散点图，进行横向比较，如图12-6所示。

由各年的横截面数据可以发现，各省市水运量随GDP的分布大致趋势随GDP的增加而增加，但相较于各省市货运量–GDP的横截面数据，水运量与GDP的关联相对较弱。不同年份的斜率是逐渐降低的，表明横向上看各省市水运量增速慢于GDP增速。

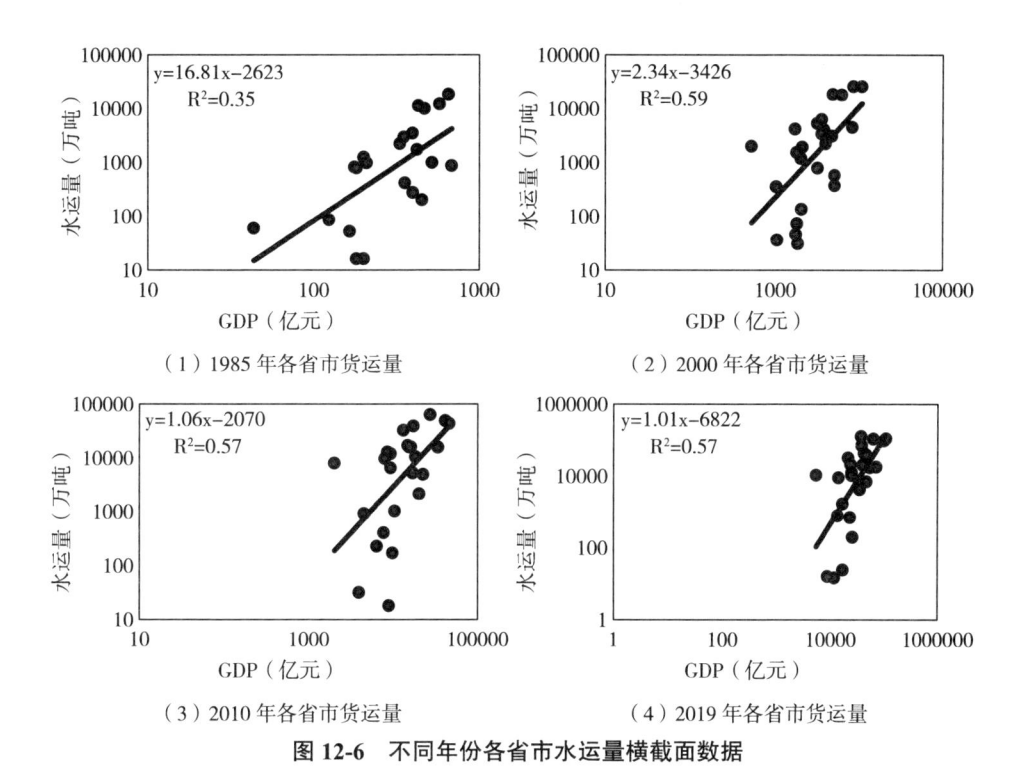

图 12-6　不同年份各省市水运量横截面数据

（1）1985 年各省市货运量　　（2）2000 年各省市货运量
（3）2010 年各省市货运量　　（4）2019 年各省市货运量

综上，国家尺度和省市尺度的水运量–GDP 横截面数据呈正相关。并且无论在国家尺度还是省市尺度中，水运条件受限的国家或地区的铁路和公路运输更为发达，这些国家或地区的水运量值较小，与 GDP 的关联较弱；而水运条件发达的国家，其水运量与 GDP 之间关联紧密。

第二节　水运强度与产业结构的关联分析

由以上论述可知，大多数国家和省市的水运量与 GDP 呈正相关。少部分国家或省市的水运量与 GDP 呈负相关或相关性较差。因此，还需要进一步探明航运需求与经济发展之间究竟是怎样的互动关系。因此在本节中，依旧从国家和省市两种尺度出发，将水运量和 GDP 进行更为细致的划分，即研究水运强度与产业结构之间的关系。

一、水运强度的定义

由货运强度的定义，将每单位 GDP 产生的水运量定义为水运强度，公式为：

$$水运强度 = \frac{水运量(万t)}{GDP(亿美元)} \qquad (12\text{-}1)$$

水运强度表示每贡献一单位的 GDP，所需要产生的水运量，即水运需求对 GDP 贡献程度的强弱。水运强度的值越大，表示每贡献一单位 GDP 所需要的水运量越大，社会对水运运输的"量"的要求较高；而水运强度越小，表示每贡献一单位 GDP 所需要的水运量越少，货物的价值相对更高，社会对运输的"质"的要求越高。

二、国家尺度

（1）水运强度时间序列变化

根据公式（12-1），利用 45 个国家的水运量数据，得出各国的水运强度时间序列，如图 12-7 所示。各国的水运强度时间序列有小范围的上下波动，但总体上都呈减小趋势，而在后期，各国的水运强度曲线明显变得平缓，即下降速度明显减缓。

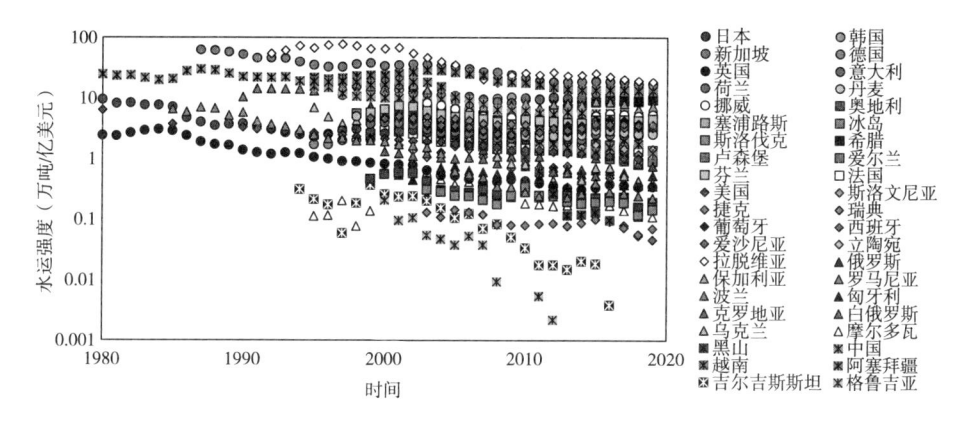

图 12-7 各国水运强度时间序列变化情况

水运强度的变化与货运强度变化类似：在社会发展的进程中，水运量会出现大于 GDP 增速的阶段，此时水运强度较大；然后 GDP 增速加快，GDP 增速超过水运量，水运强度减小，最后水运量与 GDP 增速放缓，水运强度的值也趋于稳定。

各国的水运强度分布变化不大，临海国、海岛国的水运强度大于内陆国家，并且中国、日本、荷兰、西班牙等国的水运强度一直相对较高。

（2）水运强度与产业结构的关联分析

将水运强度作为因变量，三次产业占比分别作为自变量，如图 12-8 所示。

由图 12-8 可知，总体上水运强度与第一二产业正相关；与第三产业负相关。同样以水运强度作为因变量，产业结构系数作为自变量，得到各国水运强度 - 产业结构系数曲线，如图 12-9 所示。

(1) 水运强度 – 第一产业占比

(2) 水运强度 – 第二产业占比

(3) 水运强度 – 第三产业占比

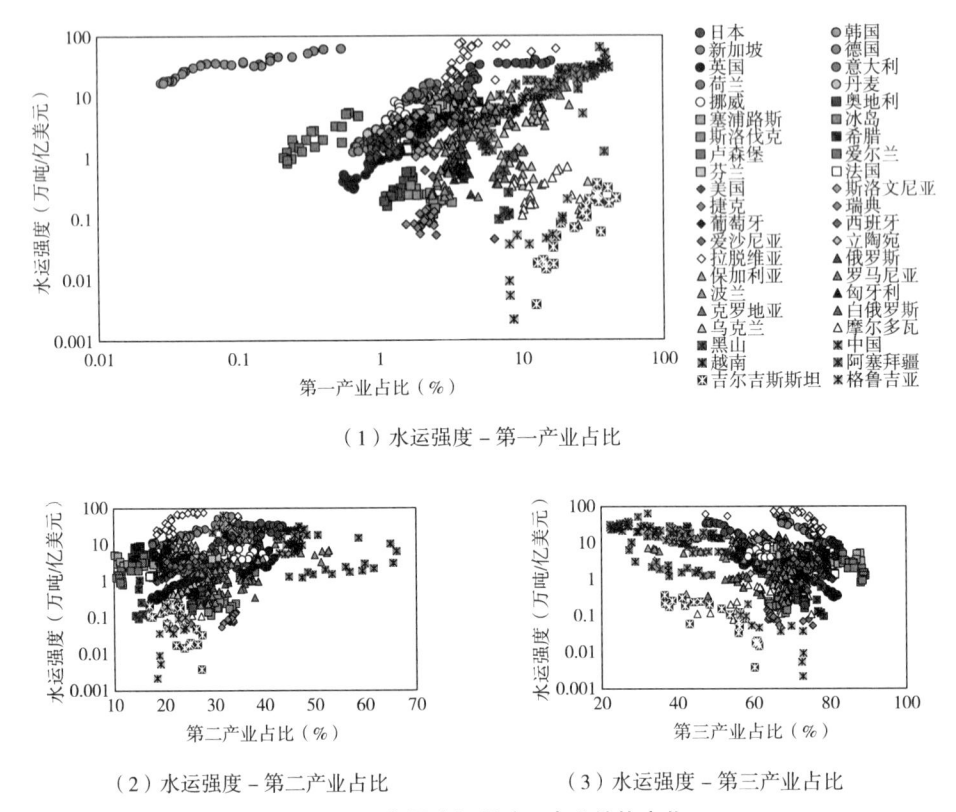

图 12-8　各国水运强度 - 产业结构变化

各国的水运强度—产业结构系数曲线之间变化曲线大致相同，但规律不如货运强度明显：整体上呈下降趋势。根据变化速度可分为两个阶段，第一阶段的水运强度急剧下降；第二阶段水运强度随产业结构系数的增加缓慢降低，甚至保持稳定。所有国家中，拉脱维亚在产业结构系数为 2.37 时，水运强度最高为 78 万吨/亿美元。卢森堡的产业结构系数比其他国家更高，其产业结构系数达到 7.5 时，水运强度在 1 万吨/亿美元上下浮动。相较于货运强度，发达国家水运强度明显分为两类，新加坡、荷兰、希腊、卢森堡和塞浦路斯的临界区间为 [3, 4.5]，其他发达国家为 [1.5, 3]；发展中国家的则更为分散。因此，相较于货运强度来说，各国水运强度—产业结构曲线还受其他因素影响，即相较于货运需求与经济发展之间的演变来讲，航运需求与经济发展之间的演变还受到更多因素的影响。

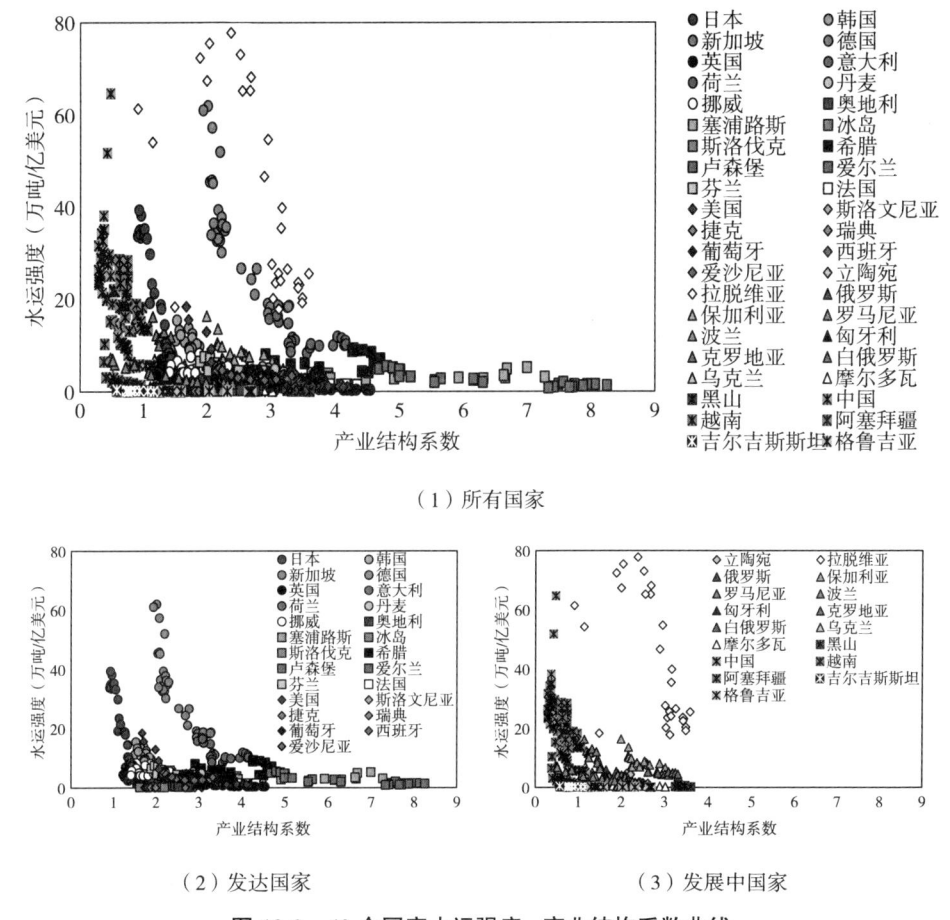

图 12-9　42 个国家水运强度 - 产业结构系数曲线

（3）水运强度与产业结构系数的相关关系检验

在分析各国水运强度－产业结构系数曲线后，用量化方法，对两者之间是否存在相关关系进行检验。使用不同国家的水运强度与产业结构系数时间序列构造两者的面板数据，进而从协整关系和 Granger 因果关系两方面进行检验。因为不同国家的时间序列数据长度不一致，同样使用非平衡面板数据。

①平稳性检验：首先对水运强度和产业结构系数的面板数据的平稳性进行单位根检验，检验结果见表12-4。

表12-4　　　　　　各国水运面板数据序列的平稳性检验

数据名称	检验方法	F 检验值	P 概率值	检验结论
水运强度	LLC	−3.19468	0.0001	平稳
	ADF−Fisher	90.1311	0.3039	不平稳
	PP−Fisher	97.8082	0.1439	不平稳
水运强度的一阶差分	LLC	−18.9495	0.0000	平稳
	ADF−Fisher	448.990	0.0000	平稳
	PP−Fisher	489.082	0.0000	平稳
产业结构系数	LLC	−5.63774	0.0000	平稳
	ADF−Fisher	128.616	0.0013	平稳
	PP−Fisher	122.664	0.0038	平稳

由表 12-4 可知，三种检验方法中，水运强度自然对数序列的 LLC 单位根检验概率为 0.0001 < 0.05，而 ADF-Fisher 和 PP-Fisher 检验概率值均大于 0.05。所以进行水运强度一阶差分的单位根检验，可得一阶差分在三种检验下的概率均小于 0.05，所以水运强度序列在一阶差分下具有平稳性。产业结构自然对数序列的三种检验概率值均小于 0.05，因此具有原阶平稳性，因此可进行 Granger 因果关系检验。但水运强度为一阶单整，产业结构系数原阶单整，不满足协整检验的前提。

② Granger 因果关系检验：在确定各国水运强度和产业结构系数具有平稳性之后，通过 Granger 因果关系检验进一步验证产业结构系数与水运强度之间的影响方向。根据 AIC 和 SC 取值最小原则，确定各国水运强度与产业结构系数的最佳滞后阶数为 2 阶。本次检验的原假设为水运强度不是产业结构系数的 Granger 原因，产业结构系数不是货运强度的 Granger 原因，检验结果见表 12-5。

第 12 章 典型国家和省市水运需求与经济关系分析

表12-5　　　　　各国水运Granger因果关系检验

原假设	F 检验值	P 概率值	检验结论
水运强度不是产业结构系数的 Granger 原因	1.75829	0.1729	接受原假设
产业结构系数不是货运强度的 Granger 原因	3.61268	0.0274	拒绝原假设

由表 12-5 可得，各国水运强度不是产业结构系数的 Granger 原因概率为 0.1729 > 0.05，产业结构系数不是水运强度的 Granger 原因概率为 0.0274 < 0.05。因此，各国的产业结构系数是水运强度的 Granger 原因，即各国产业结构系数能有效解释水运强度的变化。

三、省市尺度

（1）水运强度时间序列变化

根据公式（12-1），利用 25 个省市的水运量数据，得出各省市的水运强度时间序列，如图 12-10 所示。因省市尺度中计算的范围是国内各省市，所以省市尺度中水运强度的单位为万吨/亿元。各省市的水运强度时间序列总体上都呈减小趋势，在后期，各省市的水运强度曲线明显变得平缓。

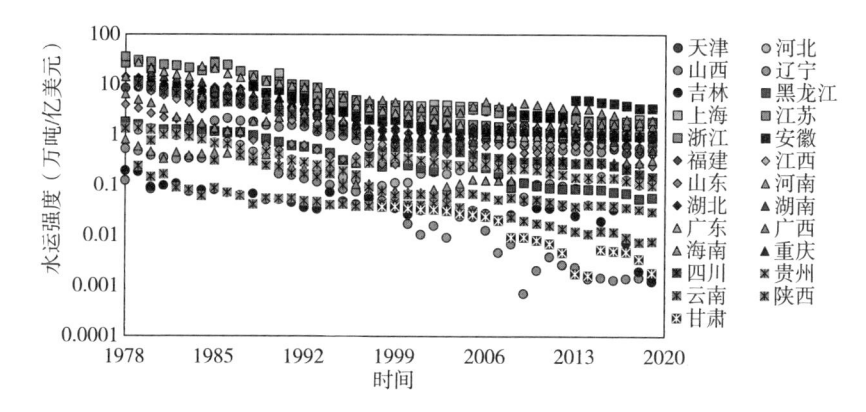

图 12-10　各省水运强度时间序列

各省市的水运量与GDP之间的变化为：水运量增速会出现大于GDP增速的阶段，此时水运强度较大；然后GDP增速加快，从而超过水运量增速，水运强度减小，最后水运量与GDP增速逐渐放缓，水运强度的值也趋向稳定。因此，各省市水运强度的变化趋势同货运强度的变化大致相同。

中国省市的水运强度分布变化并不大，沿海和沿江地区水运强度明显高于其他地区，且水运强度由华南到西南、华东，再到华中，地区呈逐渐减小变化。

（2）水运强度与产业结构的关联分析

将水运强度作为因变量，三次产业占比分别作为自变量，如图12-11所示。各省市的曲线较为分散，但总体上货运强度与第一产业正相关，与第二产业之间的规律并不明显，与第三产业负相关。

（1）水运强度 - 第一产业占比

（2）水运强度 - 第二产业占比

（3）水运强度 - 第三产业占比

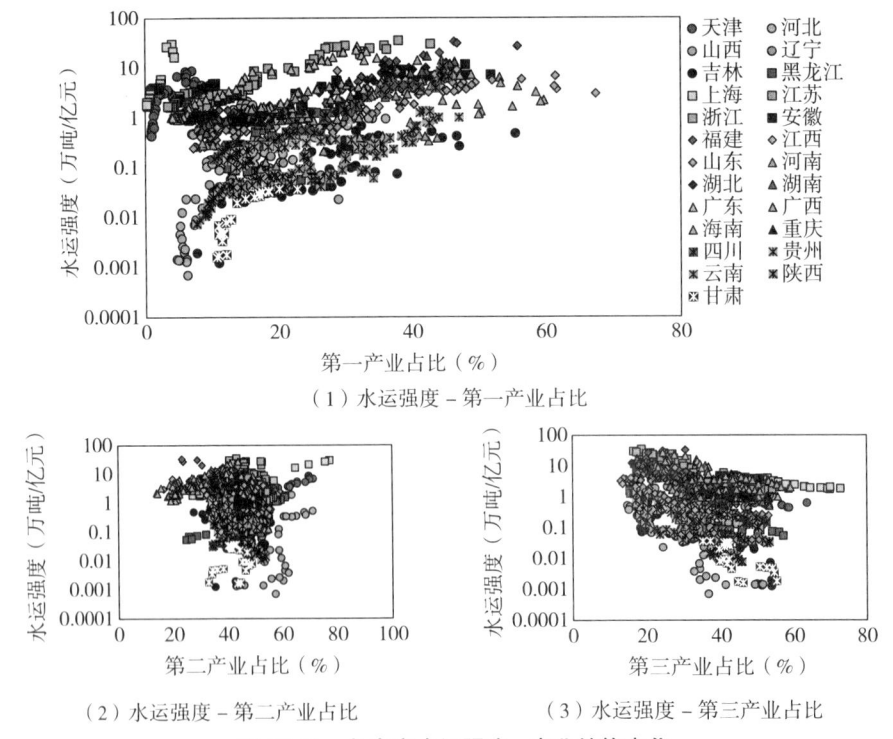

图12-11 各省市水运强度 - 产业结构变化

同国家尺度一样，将各省市的水运强度作为因变量，产业结构系数作为自变量，画出水运强度—产业结构系数曲线，如图 12-12 所示。各省市的水运强度与产业结构系数之间变化趋势大体一致，根据变化速度可分为两个阶段，第一阶段，水运强度随着产业结构系数的增加急剧下降；第二阶段，货运强度开始缓慢降低，甚至保持稳定。所有省市中，浙江的产业结构系数在 0.23 时，水运强度最高为 35。所有省市在产业结构系数为 0 ~ 1 时进入第二阶段。上海的产业结构系数比其他省市更高，明显看出其产业结构达到 1.5 以后，水运强度保持在 2 万吨 / 亿元左右。

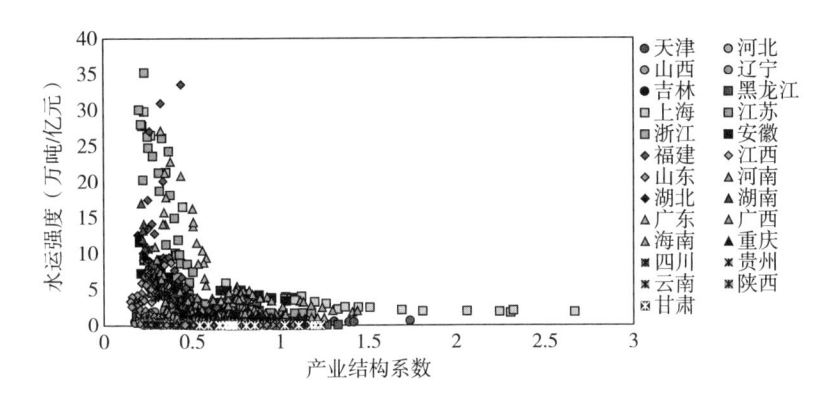

图 12-12　各省市水运强度 - 产业结构系数

与货运强度相比，不同省市水运强度—产业结构系数曲线的斜率相差较大，例如上海、浙江曲线的斜率较小，位于其他省市曲线的上方，而陕西、云南等省的斜率较大，曲线更陡。因此，相比较于货运强度，各省的水运强度与产业结构还受更多因素的影响。

（3）水运强度与产业结构系数的相关关系检验

在分析各省市水运强度—产业结构系数曲线后，用量化方法，对两者之间是否存在相关关系进行检验。将不同省市水运强度与产业结构系数的时间序列放在一起，形成面板数据，检验水运强度与产业结构系数之间的协整关系和 Granger 因果关系。检验过程中使用的仍为非平衡面板数据。

①平稳性检验：首先对水运强度和产业结构系数的面板数据平稳性进行单位根检验，若不存在单位根，则数据具有平稳性，检验结果见表12-6。

表12-6　　　　　各省市水运面板数据的平稳性检验

数据名称	检验方法	F 检验值	P 概率值	检验结论
水运强度	LLC	−5.75694	0.0000	平稳
	ADF-Fisher	91.0331	0.0003	平稳
	PP-Fisher	124.932	0.0000	平稳
产业结构系数	LLC	−2.73121	0.0032	平稳
	ADF-Fisher	46.6771	0.6075	不平稳
	PP-Fisher	34.3814	0.9549	不平稳
产业结构系数的一阶差分	LLC	−21.0973	0.0000	平稳
	ADF-Fisher	464.151	0.0000	平稳
	PP-Fisher	474.759	0.0000	平稳

由表12-6可知，三种检验方法中，水运强度自然对数序列数据具有单位根的概率均小于0.05，水运强度序列具有原阶平稳性；产业结构系数自然对数序列LLC检验结论不具有单位根，但在ADF-Fisher和PP-Fisher检验下具有单位根。因此进行产业结构系数的一阶差分单位根检验，三种检验方法具有单位根的概率值均小于0.05，产业结构系数原阶不平稳，一阶差分下平稳。可进行Granger因果关系检验，但水运强度原阶单整，产业结构系数一阶单整，所以不满足协整关系检验的前提。

②Granger因果关系检验：在确定各省市水运强度和产业结构系数具有平稳性之后，通过Granger因果关系检验进一步验证产业结构系数与水运强度之间的影响方向。通过建立两个变量的VAR模型，对比不同滞后阶数下模型的AIC和SC，根据AIC和SC取最小值原则，确定各省市水运强度与产业结构系数的最佳滞后阶数为二阶。本次检验的原假设为水运强度不是产业结构系数的Granger原因，产业结构系数不是货运强度的Granger原因，检验结果见表12-7。

表12-7　　　　　　各省市水运Granger因果关系检验

原假设	F 检验值	P 概率值	检验结论
水运强度不是产业结构系数的 Granger 原因	1.02344	0.3814	接受原假设
产业结构系数不是货运强度的 Granger 原因	2.95641	0.0316	拒绝原假设

由表 12-7 可得，各省市水运强度不是产业结构系数的 Granger 原因概率为 0.3814 > 0.05，产业结构系数不是货运强度的 Granger 原因概率为 0.0316 < 0.05。因此，各省市的产业结构系数是水运强度的 Granger 原因，即各省市的产业结构系数能有效解释水运强度的变化；各省市的水运强度不是产业结构的 Granger 原因，各省市的水运强度还无法有效的解释产业结构的变化。

第三节　典型国家水运需求与经济发展的对比

一个国家处在不同发展阶段，其水运需求也会随之变化。研究发达国家的水运需求与经济发展的演变规律，对发展中国家的水运发展有一定的参考意义。而发展中国家之间有许多相似特征，一些发展中国家的水运发展同样具有参考价值。以下对比中国、俄罗斯、美国、日本、英国、德国和法国这 7 个主要国家的水运需求与经济的演变趋势，以求探明不同发展阶段水运需求的变化规律。7 个国家的水运条件均不受地理因素限制（其中日本和英国为海岛国，其余 5 个均为临海国）。

一、水运量随 GDP 变化的对比

由表 12-1 可知，中国、日本水运量持续增加；德国、英国和法国先增加继而减小；美国基本保持稳定。7 个国家的水运量 –GDP 变化如图 12-13 所示。

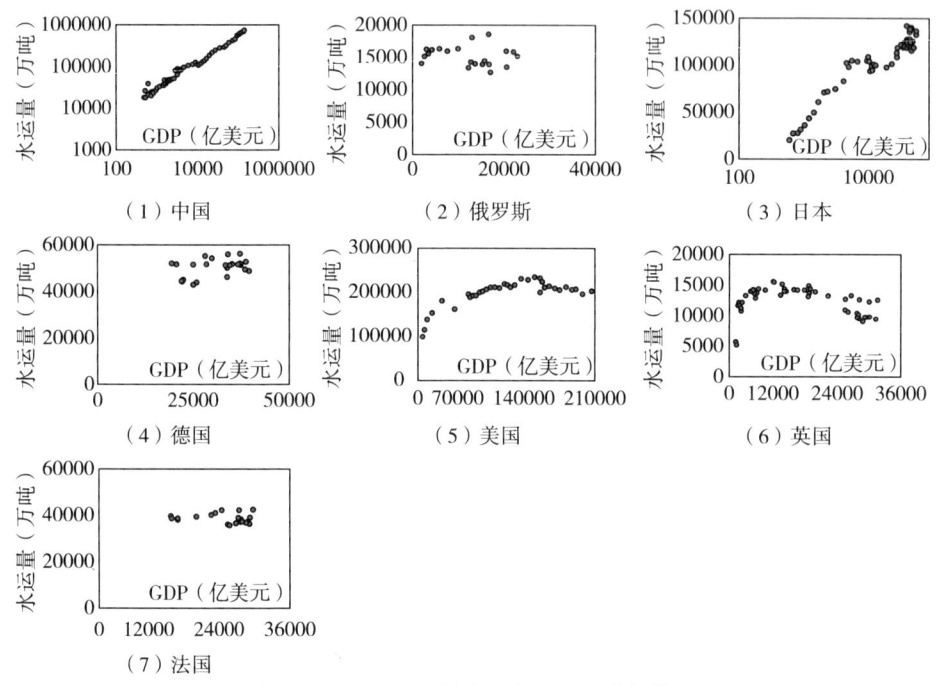

图 12-13 主要国家水运量 -GDP 变化情况

中国、日本的水运量与 GDP 呈正相关，而美国和英国的水运量先与 GDP 呈正相关，然后随 GDP 的增加开始下降。俄罗斯的水运量先与 GDP 保持正相关继而关联减弱。德国和法国的水运量较为稳定。比较货运量与经济的"耦合"与"解耦"现象，中国和日本的水运量与国民经济处于长期耦合状态，美国、英国和俄罗斯处于逐渐解耦的过程，而德国和法国已经完成了解耦。因此，在经济发展的过程中，水运量与 GDP 之间的关联也会呈现出从耦合到解耦的过程。

二、水运强度随产业结构系数变化的对比

7 个国家的水运强度—产业结构系数变化如图 12-14 所示。

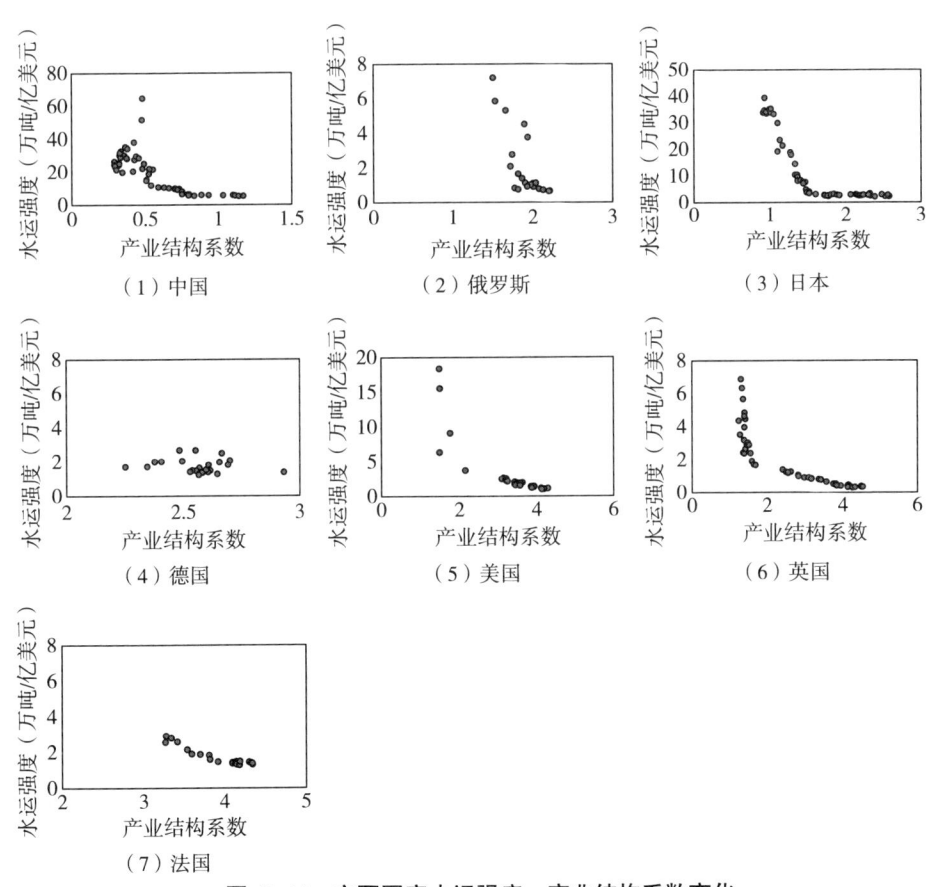

（1）中国
（2）俄罗斯
（3）日本
（4）德国
（5）美国
（6）英国
（7）法国

图 12-14 主要国家水运强度—产业结构系数变化

可以发现，各国水运强度随产业结构系数的变化与货运强度的变化相似，分为急剧降低和缓慢降低两个阶段，中国和俄罗斯的货运强度刚进入缓慢降

低阶段，而其余 5 个发达国家目前货运强度值已较小，逐渐趋于平稳。因此，在产业结构调整的过程中（第一、二产业值降低，第三产业值增加），水运强度同样会出现急剧下降。完成工业化后，水运强度减速逐渐变得平缓。即每贡献一单位 GDP 所需的水运量减小，即社会经济对水运需求的要求从"量"变为"质"。

第四节　小结

本章针对水运需求与经济发展的互动关系展开研究，在具体研究中，从较大的国家尺度和较小的国家内部各区域（省市）尺度进行分析。首先基于各国和我国各省市的水运量发展与国内生产总值发展现状，从数据的时间序列（纵向）、横截面数据（横向）研究水运量与 GDP 之间的关系；然后通过面板数据检验各国水运强度与产业结构系数之间的关系、我国 31 省市水运强度与产业结构的关系，最后主要结论如下。

第一，水运需求与经济发展之间的关系受地理条件影响，即水运条件受限制的国家或地区，水运量小，且水运量与 GDP 之间的关联较差；而水运条件发达的国家或地区，水运量与 GDP 之间的关联更紧密。因此，直接用 GDP 对水运量进行预测还不够准确合理；国家尺度和中国省市尺度的横截面数据显示，水运量与 GDP 具有一定的正相关关系。

第二，国家尺度和省市尺度中，产业结构均是水运强度的 Granger 原因，产业结构是水运需求变化的重要影响因素，有助于水运需求的预测。但影响水运强度的因素较多，仅用产业结构还不能完全解释水运需求的变化趋势。由此建立水运需求预测的两种思路。

一是间接预测，利用货运强度与产业结构之间的回归方程，先预测货运需求，再由公铁水比例估算水运需求。

二是直接预测，将其他影响航运需求的因素与产业结构组合起来，建立水运需求预测模型直接对水运需求进行预测。

三是与其他主要国家相比，中国的水运量与 GDP 同样正处于长期耦合阶段；中国的水运强度变化进入相对平缓阶段。

第13章 典型河流水运需求与腹地GDP、产业结构的关系

无论是国家尺度还是中国省市尺度，水运需求与经济发展之间关联密切，产业结构能有效解释水运需求的变化。但相比总货运需求，影响水运需求与经济之间关联的因素更多。因此，本章从更具体的尺度，分析国内外4条河流水运量与经济发展之间的关联，4条河流的水运量均为内河水运量，不包含出海的水运量。4条河流分别是中国的长江、西江，欧洲的莱茵河和美国的密西西比河。莱茵河和密西西比河航运开发较早，目前整体航运系统比较完善，处于发展完成阶段；而中国的长江航运系统仍在规划、建设中，处于整体快速发展阶段；西江干线中，南宁至广州段发展较快，南宁以上航道开发较少，西江航运系统处于局部发展阶段。因此，将处在不同发展阶段河流的水运需求与经济的演变做出对比，对长江、西江的水运发展具有重大意义。

首先简要分析4条河流的航运发展现状，然后通过河流干线的水运量、GDP与产业结构的时间序列数据，横截面数据分析水运量与经济发展之间的演变趋势，再使用面板数据量化分析方法，验证干线水运强度与产业结构之间的关联。

第一节 典型河流水运发展现状

（1）长江

长江是中国最长的河流，也是世界上最繁忙的河流。作为连接中国东部、中部和西部的唯一河流，长江在中国的物流业、临港产业和社会经济发展中发挥着越来越重要的作用。长江干线航道西起云南的水富，东至上海长江入海口，全长2838公里。

1949年之前，长江水上交通发展停滞，航道处于自然原始状态。新中国成立后，长江上游开始设置航标灯和清礁，中下游开始疏浚与整治，长江干线局部通航条件有所改善，但尚未形成完整的长江干线航运体系。直到1984年，长江干线航运开发工程提出后，长江干线航道开始系统建设，进入快速发展阶段，工程主要包括重庆-宜宾段航道整治、下游江海航道治理等。20世纪90年代，长江干线航道在实现航道标准化后，航道等级继续提高，干线全线达到三级以上航道标准，通航条件全面改善。我国政府对土地开发和经济布局采用T型结构，即以沿海开放地区为横轴，长江流域为纵轴，同时，实施长江经济带等国家战略，以求扩大长江干线区域的内需，促进出口导向和经济增长，并加快工业发展。本章便以长江经济带作为长江干线的经济腹地。目前，长江干线腹地依靠中国40%以上的人口和国内生产总值，发展为中国最发达的区域之一。在此背景下，长江干线水运货运量增长迅速，从1955年的900万吨到2019年的293000万吨，增加了325倍；2019年，长江干线水运量占全国内河水运量的44%。

然而，长江干线水运需求因经济急剧发展带来的增长，与航道建设现状之间的不平衡日益严重。尽管多年来长江航务管理局和地区部门在沿江建设了许多枢纽港和一般港口设施，开辟了许多新航线并进行了航道等级提升，但是目前，长江干线航道依然呈现"两头深，中间浅"的问题。长江干线航道提升工程，仍是政府当前航道整治的重点。

（2）西江

西江航运干线是珠江水系的主要通道，也是西南水运出海通道的重要组成部分，其水运量位居全国河流第二，仅次于长江。西江发源于云南，流经贵州和广西，到达广东，全长2216公里，由南盘河、红水河、黔江、浔江和西江五个河段组成。西江航运干线西起广西南宁，东至广州，全长851公里，上接云贵，下达珠江三角洲，与东江、北江交汇出海，是连接西南地区和东部地区、港澳地区的主要通道。因此，本章将云南、贵州、广西和广东四省作为西江的经济腹地。

1949年以前，西江干线航道滩多、湾窄，处于自然原始状态；新中国成立后开始维护整治，但由于航道建设规模较小，通航条件改善程度不高。20世纪90年代，西江航运建设工程组织实施，西江通航条件逐步改善，但未形成完整的西江航运体系。2008年，政府提出打造西江"亿吨黄金水道"，大力提升西江干线航运条件；并且，随着西部大开发等国家战略的持续发展，近年来西江干线水运量高速增长，原来的2000吨级航道已不能满足日益增长的水运需求，对西江干线航道的运载能力要求也越来越高。目前，西江干线贵港至梧州段3000吨级航道提升工程正在全面加速实施。西江航运干线整体规划将采用渠化与整治相结合的治理措施，自下而上建成3000吨级江海轮和内河3～5级航道，干支流航道总里程预计将达3622公里。

（3）莱茵河

作为国际性河流的莱茵河，是欧洲通航里程最长的河流，其流域如图13-1所示。莱茵河发源于瑞士，干流流经瑞士、列支敦士登、奥地利、法国、德国和荷兰共 6 个国家，最后在荷兰的鹿特丹注入北海，因此，本章将莱茵河干流经过的这 6 个国家作为莱茵河的经济腹地。莱茵河干流全长 1320 公里，通航里程达 900 公里，其中约 80% 的航道可以供万吨级海轮通行。

图 13-1　莱茵河流域

莱茵河干线航道系统整治工程始于 19 世纪。1817～1874 年期间，在宾根炸礁通航，并对上游进行了运河化，拉直了河道，消除了干线航运的主要障碍；1885 年初通荷兰湾，距鹿特丹 33 公里；1950 年封堵支流马斯河；1970 年起，修建水闸，扩建欧罗普特港。莱茵河干线航道经过全线渠化，航运体系已较为完善，其最大特点是航道的国际化和船型的标准化。目前，莱茵河流域在荷兰、比利时、德国和法国境内的航道中，1000 吨级以上航道比重达 42%，400 吨级以上航道比重达 58%。近年来，由于船舶总装载能力有所上升，莱茵河船舶通行量呈减少趋势。

（4）密西西比河

密西西比河位于美国经济较为发达的东部地区，是世界第四大河流，其流域流经美国 31 个州，面积占美国国土面积的 40% 以上。密西西比河干流流经美国 11 个州，北起明尼苏达州，南达路易斯安那州，如图 13-2 所示。密西西比河作为美国水运量最高的河流，承担了全美内河运输水运量的 80% 左右，如图 13-3 所示。因此，本章将全美作为密西西比河的经济腹地。密西西比河流域集中了美国绝大多数的冶金、化工、煤炭和石油加工工业及外运量很大的农业区，其下游被称为美国的"工业走廊"；其流域还包含了沿海所需的大量工业原料和商品生产地，特别是大宗货物，有 90% 以上通过干流及主要支流航道运输至沿海地区。此外，密西西比河干流两岸也是许多军工工业、科研中心的所在地，对美国的社会经济发挥着极大的促进作用。

图 13-2 密西西比河流域

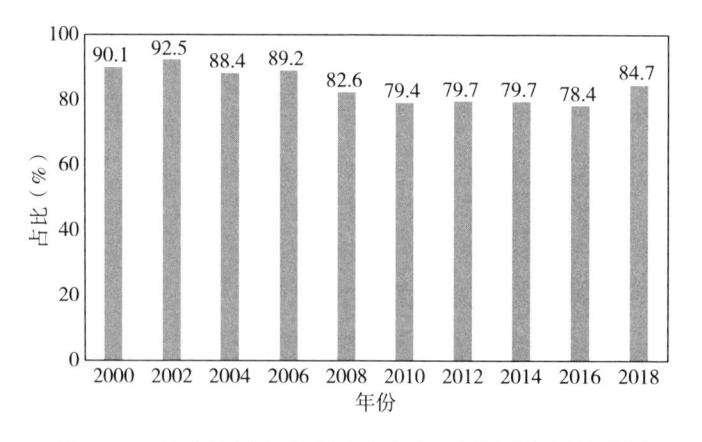

图 13-3 密西西比河水运量占全美内河运输水运量的比例

密西西比河干流航道系统整治始于19世纪，先整治南水道，后整治西南水道，并采取"整治为主，整治与疏浚相结合"的治理原则。1878年开始建设4.5英尺航道，1907年修建6英尺航道；在1917年完成了双子城1号船闸和大坝；1930年完成明尼苏达州哈斯迪格斯2号船闸和大坝。经过航道整治后，1940—1980年期间，密西西比河干线的水运量平均每10年翻一番，甚至超过了该时期美国经济的增速。目前，密西西比河航运系统已较为完善，水运量稳定。

第二节　典型河流水运量与国内生产总值的关系

一、水运量时间序列变化

收集整理四条河流干线的水运量数据，其中密西西比河水运量时间跨度为1948—2019年，莱茵河为1953—2019年，长江为1955—2019年，西江为1981—2019年。时间序列变化如图13-4所示。

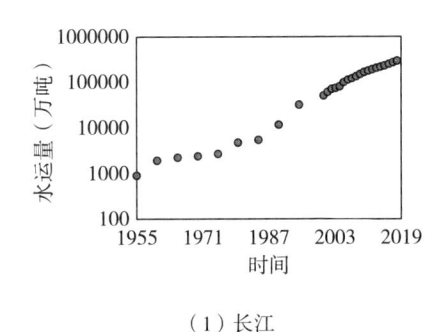

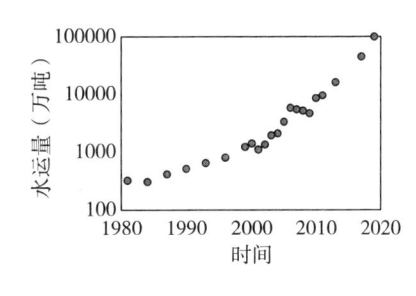

（1）长江　　　　　　　　　　（2）西江

（3）莱茵河　　　　　　　　　　　（4）密西西比河

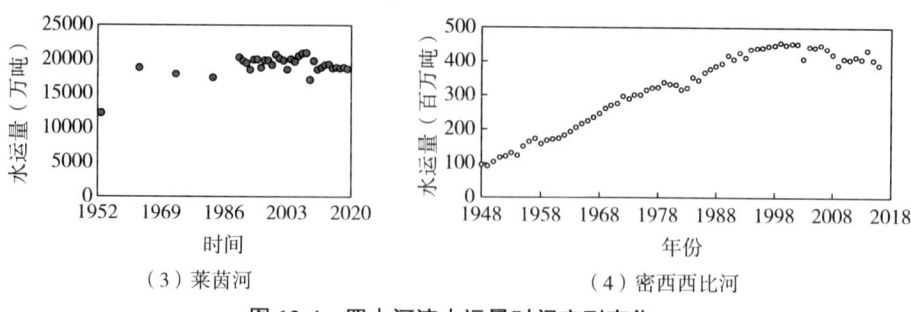

图 13-4　四大河流水运量时间序列变化

1955—2019 年期间，长江干线的水运量快速发展，一直保持增长趋势，从 1955 年的 900 万吨增至 2019 年的 293000 万吨，成为全球水运量最大的河流。西江干线的水运量也一直保持增加，从 1981 年的 320 万吨增加到 2019 年的 99000 万吨，是中国水运量第二的河流。莱茵河干线的传统水运量在 1952—1963 年期间保持增加，到 1990 年水运量达到 20000 万吨左右，此后水运量一直在 20000 吨上下浮动，总体保持稳定；密西西比河干线水运量在 1948—2000 年期间持续增长，2000—2009 年有小幅度下降，此后的水运量较为稳定。

取 1990—2019 年期间 5 个不同年份的横截面数据，如图 13-5 所示。

（1）1990 年水运量　　　　　　　　（2）2001 年水运量

（3）2010 年水运量　　　　　　　　（4）2019 年水运量

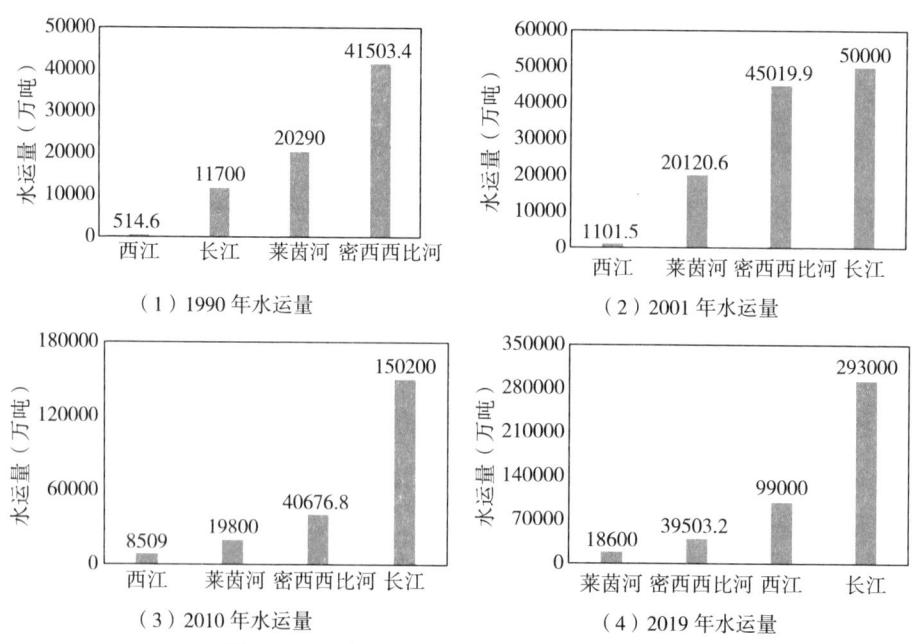

图 13-5　四大河流水运量不同年份横截面数据

1990年，密西西比河的水运量最高，是莱茵河水运量的2倍，长江的3.5倍，西江的80倍。2001年，莱茵河与密西西比河的水运量变化不大，长江的水运量超过莱茵河和密西西比河；西江水运量增加了1倍，但仍远小于其他3条河流。2010年长江干线水运量迅速增加，远高于其他三条河流水运量，且莱茵河和密西西比的水运量均有所下降，西江水运量增加了7倍。2019年，长江水运量是密西西比河水运量的6倍，是莱茵河的16倍，西江的水运量持续增加，并超过了莱茵河和密西西比河的水运量。

二、水运量与 GDP 的关联分析

在分析了4条河流水运量发展后，进行水运量与GDP的关联分析。4条河流腹地GDP变化如图13-6所示。1952—2019年期间，4条河流腹地GDP均保持增加，但长江和西江的GDP增速大于莱茵河和密西西比河的GDP增速。

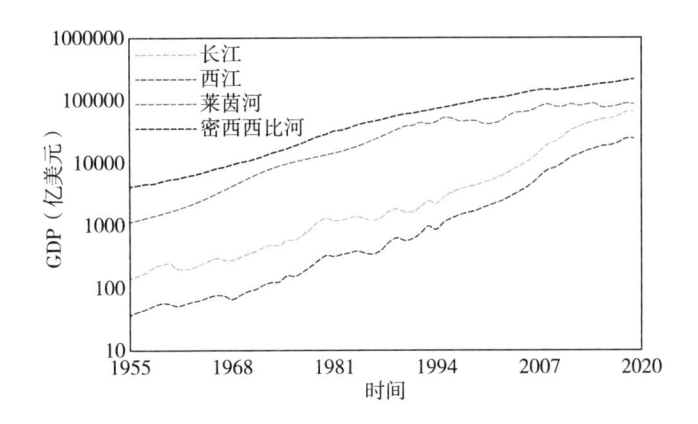

图13-6 腹地GDP变化情况

将4条河流的水运量作为纵轴，GDP作为横轴，分析两者之间的相关性，如图13-7所示。

(1) 长江　　　　　　　　　　　　　　(2) 西江

(3) 莱茵河　　　　　　　　　　　　　(4) 密西西比河

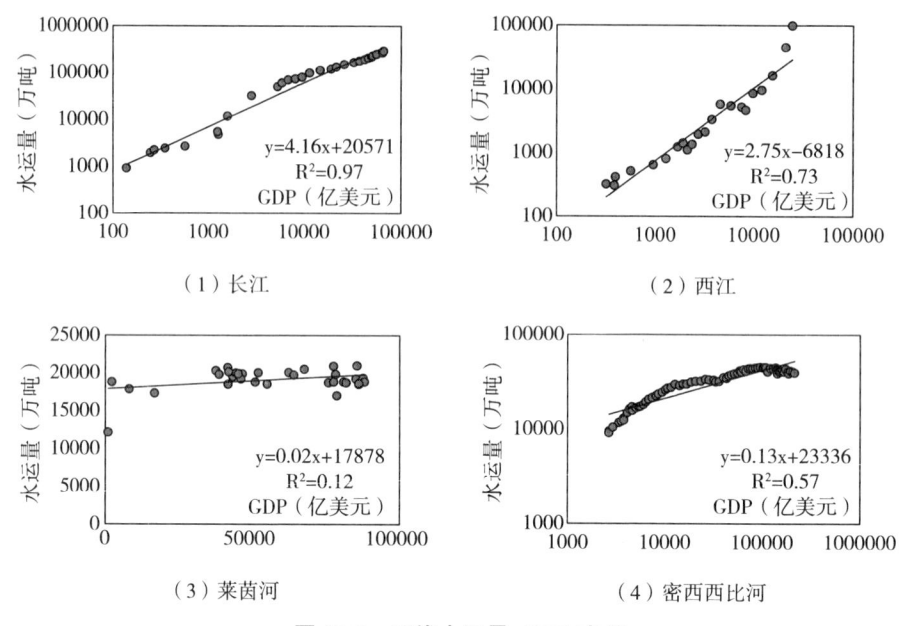

图 13-7　干线水运量 -GDP 变化

四条干线的水运量与 GDP 均呈正相关；但莱茵河水运量随 GDP 的变化不大保持小范围的波动，关联性较弱。因此，河流水运量与经济发展的演变趋势开始时会随 GDP 的增加而增加，当经济发展到一定阶段，水运量增速减缓，随 GDP 的增长保持平稳甚至有所下降，关联性减弱，即"解耦"现象。

第三节　典型河流水运强度与产业结构的关系

由河流水运量随 GDP 的变化可知，不同河流因其腹地处于不同的发展阶段，水运需求不尽相同；同一河流的水运需求，也会因其腹地经济的变化而发生改变。因此，本节依旧将 GDP 进行三次产业的划分，探明河流水运需求

▲ 第 13 章 典型河流水运需求与腹地 GDP、产业结构的关系 **175**

与产业结构之间的关联。

一、水运强度时间序列变化

根据公式 12-1，得到 4 条河流的水运强度时间序列数据，其变化如图 13-8 所示。

1955～1995 年期间，长江水运强度出现两次明显的上升，在 1999 年达到最高值 11 后快速下降；西江的水运强度值前期一直较小，且变化不大，时间序列在 [0, 2] 范围内波动，但在 2009 年后水运强度开始快速增加。莱茵河和密西西比河的水运强度变化趋势相同，呈下降趋势，目前两者水运强度的值均在 0.2 左右。

（1）长江

（2）西江

（3）莱茵河

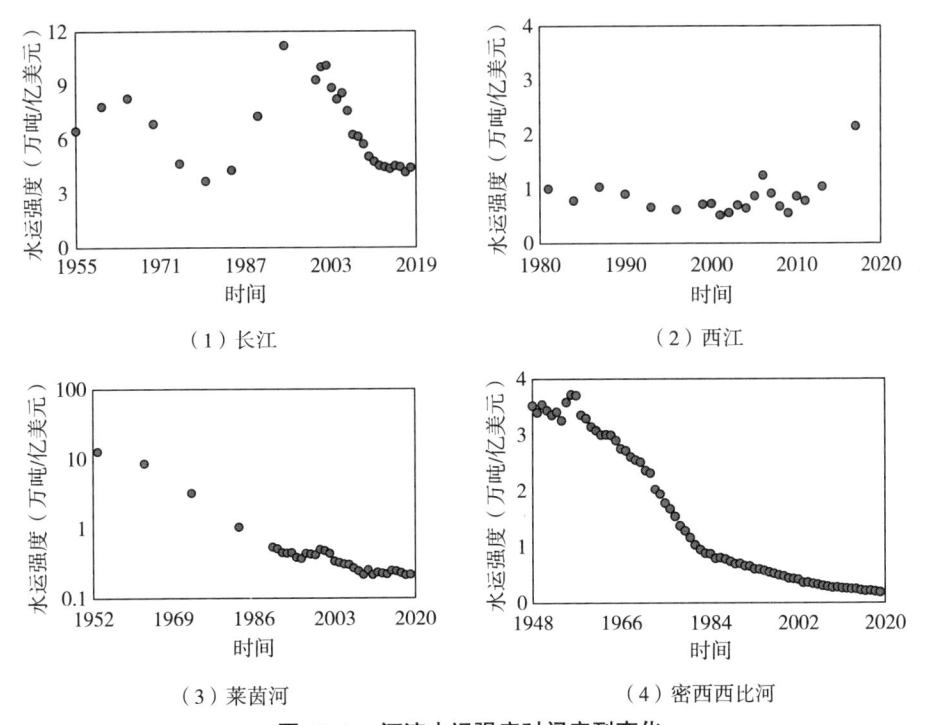

（4）密西西比河

图 13-8 河流水运强度时间序列变化

二、水运强度与产业结构的关联分析

（1）不同河流的产业结构变化

如图 13-9 所示，4 条河流的第一产业增加值占比持续减小，长江与西江的第一产业占比高于莱茵河与密西西比河。长江和西江的第二产业增加值占比变化更为相似，出现几次明显的升降后，自 2010 年起，开始持续下降；莱茵河和密西西比河的第二产业占比一直呈下降趋势。2019 年，莱茵河和密西西比河的第二产业占比在 19% 左右，长江和西江在 39% 左右。4 条河流的第三产业占比均呈上升趋势，但莱茵河与密西西比河的第三产业占比更高。

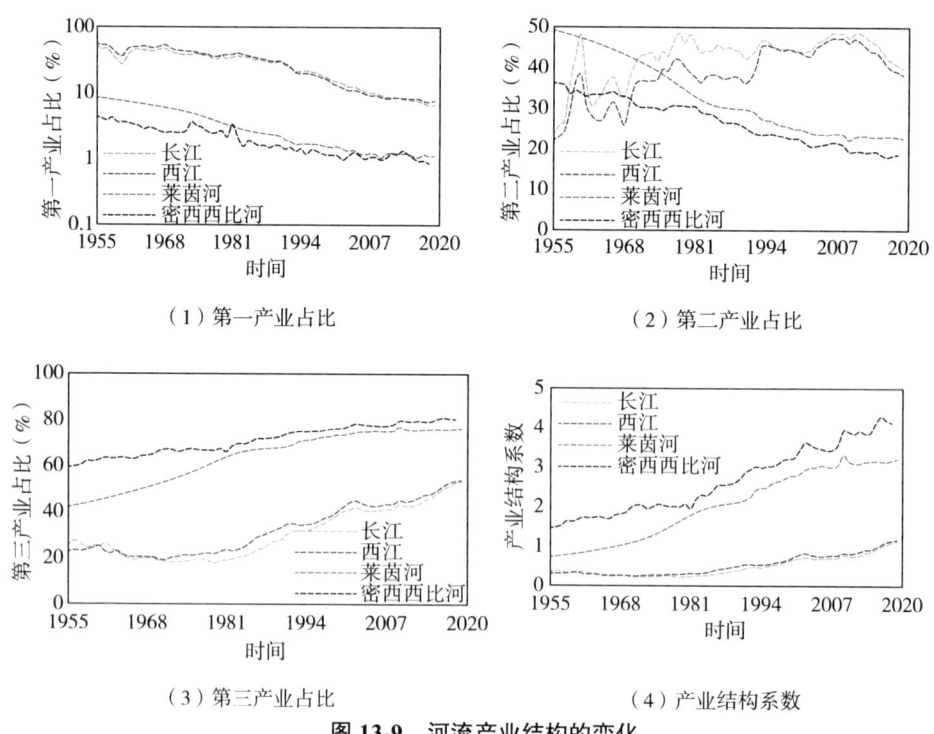

（1）第一产业占比

（2）第二产业占比

（3）第三产业占比

（4）产业结构系数

图 13-9　河流产业结构的变化

三条河流的产业结构系数均呈上升趋势，且莱茵河和密西西比河的产业结构系数增速更快。长江和西江的产业结构系数数值相近，且变化趋势较为一致。

将不同河流的水运强度作为因变量，三次产业占比作为自变量，分析两者之间的关联，如图13-10的（1）~（3）所示。除西江外，其余3条河流的水运强度与第一产业占比呈正相关，与第二产业占比呈正相关，与第三产业占比呈负相关。

（1）水运强度-第一产业占比

（2）水运强度-第二产业占比

（3）水运强度-第三产业占比

（4）水运强度-产业结构系数

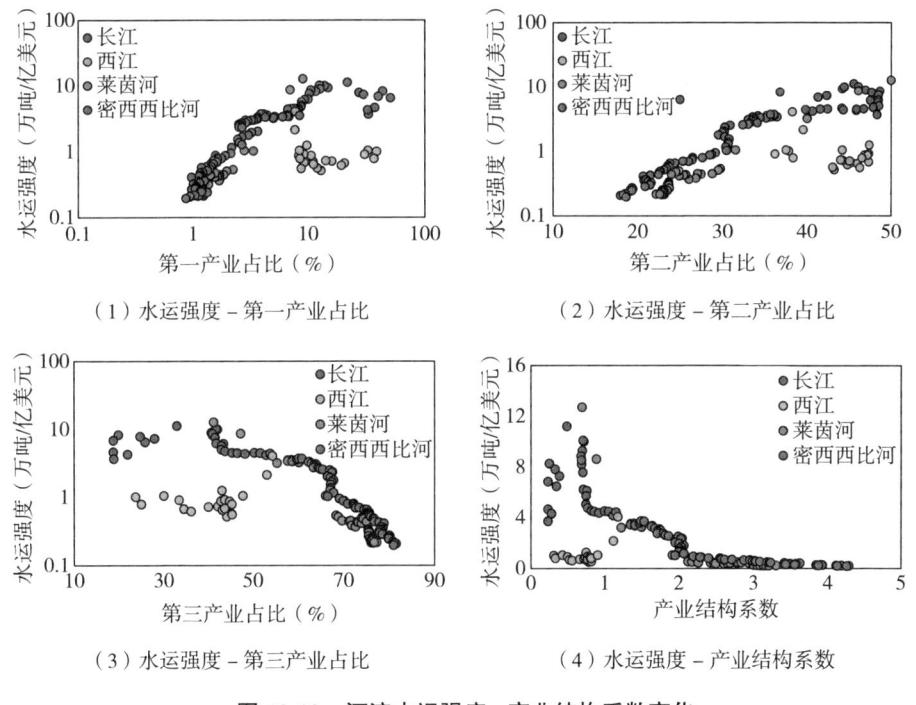

图13-10　河流水运强度-产业结构系数变化

由图13-10的（4）可知，长江的产业结构系数在达到0.7以前时，水运强度随产业结构的增加而增加，随后水运强度随产业结构系数的增加而减少。随着产业结构的增长，莱茵河与密西西比河的水运强度持续下降。呈明显的负相关。西江前期水运强度随产业结构系数的变化不大，表明此阶段西江产业结构升级的过程中，其水运量与GDP之间增速变化保持相同，当产业结构系数达到 0.8 以后，水运强度开始呈上升趋势，此时西江水运量增速大于其 GDP 增速。由 4 条河的航运发展可知，20 世纪时，莱茵河和密西西比河早已开始航道建设和整治，受人为因素影响，干流航道不再是自然状态。长江的航道整治在 90 年代以前工程规划较小，且只是局部的，没有形成干线的系统整治，部分航段没有人为因素影响，依旧呈自然状态。西江干线航道现处于规划发展阶段，特别是南宁以上航段。目前航道开发建设也只针对于某些河段，因此干线整体受人为因素影响相对较小。筛除西江干线，以及长江干线航道自然状态时期的水运强度，对水运强度 – 产业结构系数曲线进行修正，如图 13-11 所示。

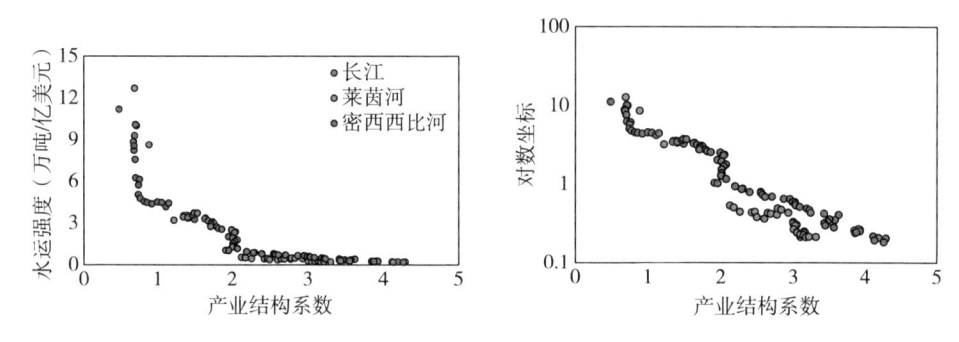

图 13-11　修正后的水运强度 - 产业结构

经过航道整治后的河流水运强度，随产业结构系数的演变规律一致：第一阶段水运强度急速下降；第二阶段水运强度逐渐趋于平稳。且当产业结构系数调整到 4 左右（第三产业占比达到 80%），水运强度保持在 0.2 左右。

三、水运强度与产业结构系数的相关关系检验

在分析几大河流的水运强度 – 产业结构系数曲线后，用量化方法对两者

之间是否存在相关关系进行检验。将长江、莱茵河和密西西比河开发建设后的水运强度与产业结构系数的时间序列形成面板数据，进而检验两者的协整关系和 Granger 因果关系。不同河流的时间序列数据长度不一致，故使用非平衡面板数据。

①平稳性检验：首先对水运强度和产业结构系数的面板数据平稳性进行单位根检验，检验结果见表 13-1。

表13-1　　　　　河流水运面板数据序列的平稳性检验

数据名称	检验方法	F 检验值	P 概率值	检验结论
水运强度	LLC	−38.2688	0.0000	平稳
	ADF-Fisher	49.6603	0.0000	平稳
	PP-Fisher	56.7421	0.0000	平稳
产业结构系数	LLC	−4.60786	0.0000	平稳
	ADF-Fisher	32.5183	0.0001	平稳
	PP-Fisher	22.9094	0.0035	平稳

由表 13-1 可知，三种检验方法中，水运强度序列和产业结构系数序列在三种检验下的概率均小于 0.05，所以水运强度序列和产业结构系数具有原阶平稳性，因此可进行 Granger 因果关系检验。

②协整关系检验：由上可知水运强度与产业结构系数均为原阶单整，通过 KAO 协整关系检验法验证两者之间的协整关系。该方法的原假设为两者之间不存在协整关系，检验结果见表 13-2。

表13-2　　　　　面板数据序列长期均衡关系检验

变量	检验方法	F 检验值	P 概率值	检验结论
货运强度与产业结构系数	KAO	−3.216863	0.0006	拒绝原假设

通过 KAO 检验结果可知，两者之间不存在协整关系的概率值为 0.0006 <

0.05，原假设不成立，即水运强度与产业结构存在协整关系。

③Granger因果关系检验：在确定河流水运强度和产业结构系数具有平稳性之后，通过Granger因果关系检验进一步验证产业结构系数与水运强度之间的影响方向。通过建立两个变量的VAR模型，根据AIC和SC最小值准则，确定最佳滞后阶数为1阶。本次检验的原假设为水运强度不是产业结构系数的Granger原因，产业结构系数不是货运强度的Granger原因，检验结果见表13-3。

表13-3　　　　　　　　各国水运Granger因果关系检验

原假设	F检验值	P概率值	检验结论
水运强度不是产业结构系数的Granger原因	0.08466	0.7716	接受原假设
产业结构系数不是货运强度的Granger原因	8.54863	0.0042	拒绝原假设

由表13-3可得，几大河流水运强度不是产业结构系数的Granger原因概率为0.7716 > 0.05，产业结构系数不是水运强度的Granger原因概率为0.0042 < 0.05。因此，四大河流的产业结构系数是水运强度的Granger原因，即产业结构系数能有效解释水运强度的变化，理论上产业结构能有效运用于水运需求的预测；水运强度不是产业结构的Granger原因，即水运强度还无法有效地解释产业结构的变化。

四、水运强度与产业结构系数的量化形式

由相关关系检验可知，长江、莱茵河和密西西比河的水运强度与产业结构之间存在协整关系，因此对两者进行拟合是合理的，拟合结果如图13-12所示。

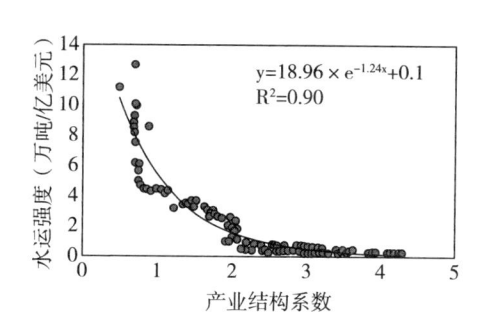

(1) 河流水运强度 – 产业结构系数表达形式

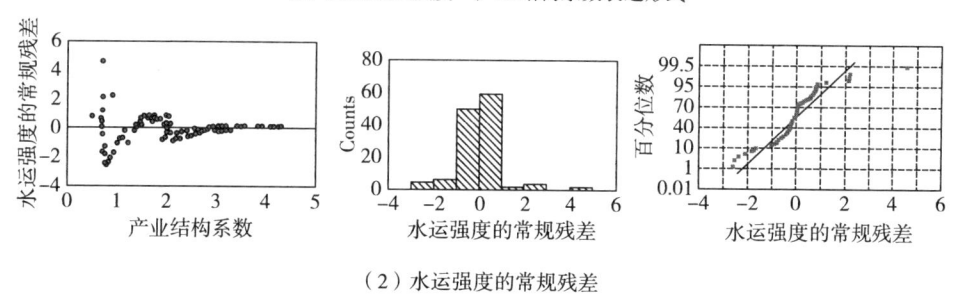

(2) 水运强度的常规残差

图 13-12　河流水运强度 - 产业结构系数关系

图 13-12 中，y 表示水运强度，x 表示产业结构系数，两者之间的演变规律接近于以自然对数为底数的指数函数的变化趋势。水运强度与产业结构系数的决定系数达到 0.9，表示拟合结果是相对可靠的。

第四节　小结

本章从具体 4 条河流水运量的层面，分析河流水运需求与经济发展之间的联系，主要结论如下。

第一，长江、西江的水运量与 GDP 呈正相关，莱茵河与 GDP 关联较弱，密西西比河的水运量先与 GDP 呈正相关继而关联减弱。不同河流腹地经济发展阶段不同，其水运量与 GDP 的关系不同；同一河流水运量因其腹地的发展也会发生变化，故只用 GDP 预测水运量是不合理的。

第二，经过航道开发建设的河流水运强度与产业结构之间的关联更为密切。长江、莱茵河和密西西比河的水运强度与产业结构具有协整关系，且产业结构是水运强度的 Granger 原因，理论上产业结构能解释水运强度的变化。由此得出两者的量化表现形式为 $y=18.96\times e^{-1.24x}+0.1$，其中 y 为货运强度，x 为产业结构系数。

第14章 典型河流水运需求与腹地城镇化、工业化关系

第一节 内河运量与城镇化、工业化历史数据

（1）密西西比河运量与腹地经济社会发展变化特点

1950～2016年美国密西西比河运量与腹地经济社会发展变化过程，如图14-1所示。

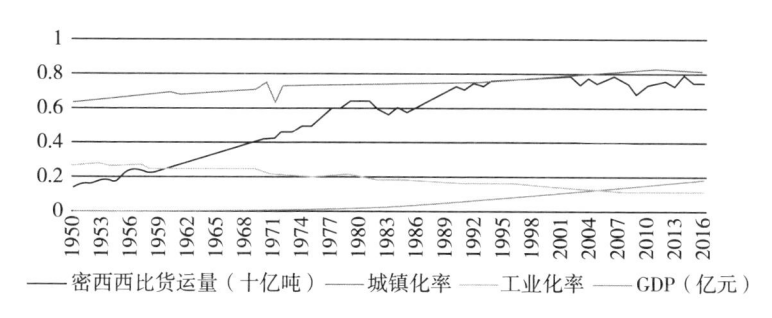

图 14-1 密西西比河运量与美国GDP、城镇化率和工业化率变化图

由图14-1可见，1995年美国密西西比河运量达到相对峰值，相应地在该时点，美国人均GDP为2.88万美元，人均密西西比内河运量2.9吨，工业

化率 0.164，城镇化率 76.8%。

由图 14-1 还可见，在 1995 年之前（即在人均 GDP2.88 万美元、人均内河运量 2.9 吨、城镇化率 76.8% 和工业化率 16.4% 之前），随着美国人均 GDP、城镇化率的增长和工业化率的下降，密西西比河货运总量持续增长；但 1995 年之后，尽管人均 GDP、城镇化率仍保持增长，工业化率仍保持下降，但密西西比河货运总量不再增长也不下降，而保持在高位运行。

总之，在 1995 年之前，美国密西西比河运量保持持续增长；在美国城市化率超过 75% 和工业化率下降到 0.164 后，密西西比河运量不再增长，也没有出现下降趋势，基本在高位保持平稳波动。

（2）莱茵河运量与腹地经济社会发展变化特点

1950—2016 年莱茵河运量增长变化过程，如图 14-2 所示。

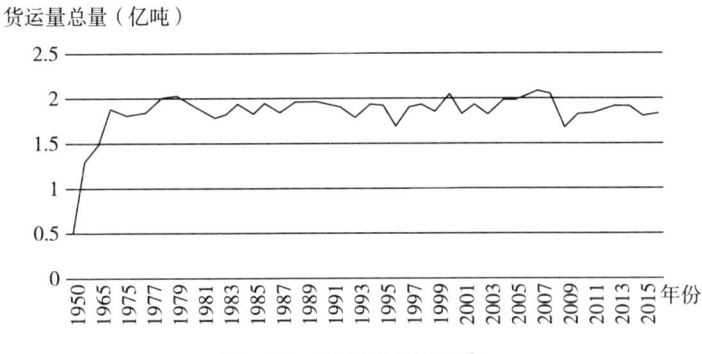

图 14-2 莱茵河总运量表

由图 14-2 可见，莱茵河货运总量在 1950—1978 年间持续快速增长，年均递增率为 4.45%。在 1978 年莱茵河货运总量达到相对高位之后，其货运总量不再增长，仍保持高位平稳波动状态，如运量在 2 亿吨附近波动。

1991—2016 年莱茵河运量结构变化情况，如图 14-3 所示。

第 14 章 典型河流水运需求与腹地城镇化、工业化关系

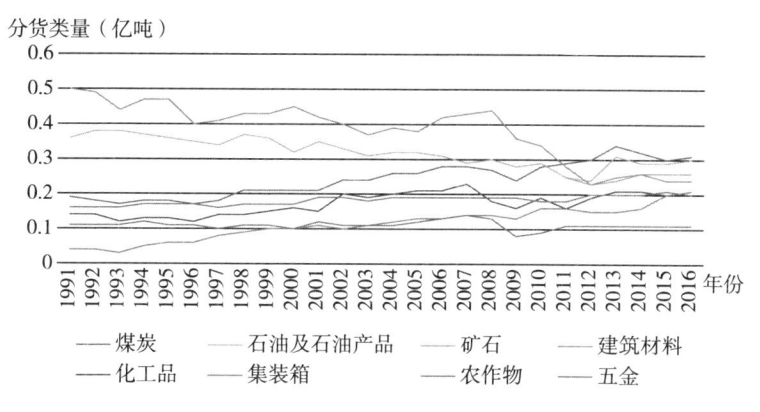

分货类量（亿吨）

图 14-3 莱茵河运量构成表

由图 14-3 可见，莱茵河主要运输货种为煤炭、石油与化工、矿石、建筑材料、集装箱与农产品、五金等，2016 年几大类货种的运量分别占货运总量的 27%、16%、14%、13%、22% 和 6%，合计比重达到 98%。在货运结构中，矿建材料、石油及产品所占比重处于下降的态势，五金、化工所占比重基本平稳，煤炭、农产品、集装箱所占比重持续上升。尤其是集装箱运输在莱茵河得到了快速发展，部分传统货物不断转化为集装箱来运输，集装箱运量年均增长超过 8%。2016 年，莱茵河干线集装箱运量约为 210 万 TEU。

德国人口城镇化率变化，如图 14-4 所示。

德国城镇化于 1871 年以基本完成。1978 年德国城镇化率达到 73%，此后基本位于 73% 上下波动。但到 2010 年，城镇化率快速上升到 75%。

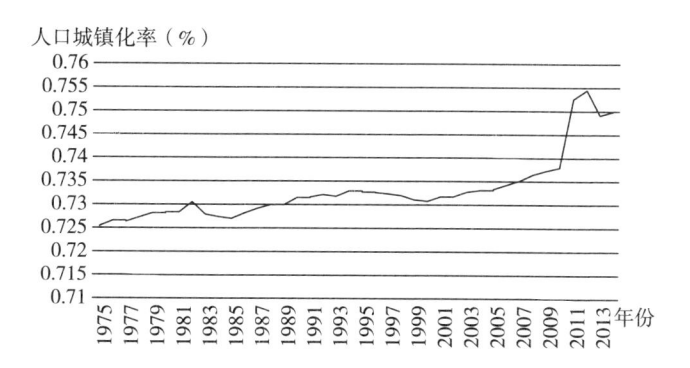

图 14-4 德国人口城镇化率变化图

1991—2017 年德国工业化率发展变化，如图 14-5 所示。

由图 14-5 可见，到 1993 年为止，德国工业化率持续下降，达到 23.6%。之后，工业化率不再下降，基本保持平稳波动。

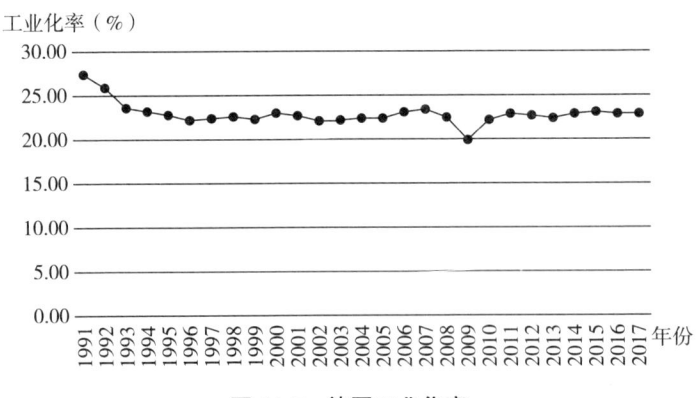

图 14-5　德国工业化率

第二节　模型设定

对变量之间的相互影响进行检验，通常利用计量经济学中的回归分析法。但是，回归分析要求变量是稳定变量。如果经过单位根检验表明变量是平稳变量，只要变量是同阶单整变量就可以考虑采用协整分析的方法。如果存在协整方程，则可以说明变量间存在长期均衡关系，变量之间存在长期相互影响。为进一步探讨变量之间的相互作用关系，将对关系模型进行 Granger 检验。本研究分析内河运量与城镇化、工业化之间的关系，采用单位根检验、协整检验和 Granger 检验等模型进行。

第三节　密西西比河运量与城镇化和工业化之间关系分析

一、单位根检验

根据密西西比河运量与美国经济指标的历史数据，分别就运量与经济指标的变化关系进行单位根检验，检验结果如表14-1所示。

表14-1　密西西比河运量与美国经济指标关系单位根检验结果表

变量	检验类型（C, T, K）	ADF 检验值	5% 显著下的临界值	检验结论
V（运量）	（C, T, 0）	−0.541334	−3.479367	非平稳
D（V）	（C, T, 0）	−9.267435	−3.513075	平稳
I（工业化）	（C, T, 0）	−0.99764	−2.926622	非平稳
D（I）	（C, T, 0）	−5.896403	−3.513075	平稳
U（城镇化）	（C, 0, 0）	−1.789986	−2.926622	非平稳
D（U）	（C, T, 0）	−5.019796	−3.523623	平稳
MGPC（人均GDP）	（C, T, 0）	−2.634532	−3.513075	非平稳
D（MGPC）	（C, 0, 0）	−4.290069	−2.928142	平稳

C 和 T 表示带有常数项和趋势项，K 表示所采用的滞后阶数，当 ADF 值大于临界值时，说明序列不平稳，D 表示一阶差分。

二、协整检验

对变量进行协整检验，既可利用 E – G 两步法，也可采取 Johansen 协整检验法。相对来说，Johansen 协整检验法比较方便直接，因此先采用 Johansen 协整检验法，检验 V（密西西比河运量）与 U（城镇化水平）、I（工业化水平）这三者之间的协整关系。为此需要对变量建立无约束 VAR 模型，确定最优滞后期。对无约束 VAR 模型实施协整约束后得到有约束 VAR 模型，该模型就是协整检验模型。根据协整的定义，协整检验模型的最优滞后期等于无约束 VAR 模型最优滞后期减去 1。利用 Eviews 中的 lag length criteria 确定无约束 VAR 模型的滞后期，VAR 模型滞后期确定见表 14-2。

表14-2　　　　　　　　VAR模型滞后期确定表

Lag	LogL	LR	FPE	AIC	SC	HQ
1	386.2245	NA	5.61e–10	–12.78727	–12.47036*	–12.66356
2	403.7730	31.52773*	4.21e–10*	–13.07705*	–12.44322	–12.82963*
3	411.4979	13.09310	4.42e–10	–13.03383	–12.08309	–12.66270
4	414.0086	4.000157	5.56e–10	–12.81385	–11.54620	–12.31901
5	423.1270	13.60036	5.63e–10	–12.81787	–11.23330	–12.19932
6	431.0240	10.97539	600e–10	–12.78047	–10.87900	–12.03821
7	433.1452	2.603677	7.89e–10	–12.53391	–10.32552	–11.57794

由表 14-2 可见，无约束 VAR 模型滞后期确定为滞后 2 期，因此协整检验滞后期确定为滞后 1 期。Trace Stati 化检验和 Max-Eign Statis 化检验显示的 Johansen 协整检验结果，如表 14-3 所示。

表14-3　　　　　　　　　　Johansen协整检验表

Hypothesized No. of CE（s）	Trace Statistic	Prob.**	Max-Eigen Statistic	Prob.**
None *	54.01765	0.0000	29.46578	0.0027
At most 1 *	24.55187	0.0017	22.98123	0.0017
At most 2	1.570638	0.2101	1.570638	0.2101

注：*、**、***分别表示在10％、5％、1％的显著性水平上拒绝原假设。

表14-3显示，在5％的显著性水平下，变量间最少存在2个协整方程。可确定变量V（密西西比河运量）、U（城镇化水平）和I（工业化水平）存在协整关系，其协整方程式如下：

$\Delta V = -203.1236 \Delta I + 2.32334 U - 2.316831$
　　　　（32.8775）　（2.33891）

上述协整方程式表明，V（密西西比河运量）、U（城镇化水平）和I（工业化水平）存在着长期均衡关系，其中，I（工业化水平）具有较为显著的负向作用，U（城镇化水平）的正向作用与预期一致。

三、E-G两步法协整检验

如前所述，对变量进行协整检验可采用E-G两步法和Johansen协整检验法之一。为相互验证，此处再采用E-G两步法进行协整检验，检验V（密西西比河运量）与U（城镇化水平）、I（工业化水平）三者之间的协整关系。与Johansen协整检验不同，E-G两步法主要描述变量间两两之间的协整关系，此处分别对"VU"与"VI"进行协整检验。

采用Granger两步检验法对变量进行协整检验。

第一步，对需要检验的自变量和因变量进行回归，然后得出残差。

通过对自变量U和I同因变量V进行回归分析，可得：

V（密西西比河运量）同U（美国城镇化水平）的协整方程：

V=−4.732+11.47U+ε

t=(−4.878)(9.117)

p=(0.000)(0.000)

R^2=0.65 R^2（Adjusted）=0.641 F=83.127

V（密西西比河运量）同I（美国工业化水平）的协整方程：

V=6.279−12.98I+ε

t=(34.245)(−12.145)

p=(0.000)(0.000)

R^2=0.766 R^2（Adjusted）=0.761 F=147.5

第二步，对上一步得到的残差进行单位根检验，如果残差不存在单位根，则表明变量之间存在协整关系。否则，两个变量之间不存在协整关系。单位根检验结果，见表14-4和表14-5。

表14-4　　　　　　　自变量U同因变量V的单位根检验表

Augmented Dickey-fuller test statisitic		t-Statistic	Prob*
tset statistic		−3.9089	0.0002
Test critical values:	1% level	−2.616	
	5% level	−1.948	
	10% level	−1.6123	

表14-5　　　　　　　自变量I同因变量V的单位根检验表

Augmented Dickey-fuller test statisitic		t-Statistic	Prob*
tset statistic		−2.6544	0.009
Test critical values:	1% level	−2.616	
	5% level	−1.948	
	10% level	−1.6123	

由表14-4和表14-5可知，回归残差序列ε不存在单位根，说明回归方程残差项是稳定的。据此可以判断U、I与V为（1，1，1）阶协整，即U、I与V之间存在长期稳定的均衡关系，可继续进行Granger因果检验。

四、Granger 因果分析

Granger 因果检验结果，如表 14-6 所示。

表14-6　　　　　　　　　Granger因果检验表

Null Hypothesis	Obs	F-Statistic	Prob.
美国工业化不是密西西比河运量的 Granger 原因	41	1.4388	0.2353
密西西比河运量不是美国工业化的 Granger 原因	41	2.60228	0.0393
美国城镇化不是密西西比河运量的 Granger 原因	41	0.38749	0.8807
密西西比河运量不是美国城镇化的 Granger 原因	41	3.531	0.0100
美国城镇化不是美国工业化的 Granger 原因	41	2.1655	0.0769
美国工业化不是美国城镇化的 Granger 原因	41	0.98834	0.4520

表 14-6 结果显示："I（工业化水平）不是 V（密西西比河运量）的 Granger 原因"的 P 值（0.2353）显著大于 5%，表明变量 I（工业化水平）不是变量 V（密西西比河运量）的 Granger 原因；但是，"V（密西西比河运量）不是 I（工业化水平）的 Granger 原因"的 P 值（0.0393）小于 5%，表明 V（密西西比河运量）是 I（工业化水平）的 Granger 原因；由于 U（城镇化水平）的的 P 值（0.8807）显著大于 5%，所以变量 U（城镇化水平）不是变量 V（密西西比河运量）的 Granger 原因，而 V（密西西比河运量）则推翻原假设，是 U（城镇化水平）的 Granger 原因；U（城镇化水平）不是 I（工业化水平）的概率为 0.076 大于 0.05 但小于 10%，表示其置信度在 90%，因此，U（城镇化水平）是 I（工业化水平）的 Granger 原因。

五、结果分析

实证数据检验结果显示：V（密西西比河运量）和 I（工业化水平）、U（城镇化水平）存在着长期均衡关系。根据公式中变量的系数符号，变量 I（工业化水平）与 V（密西西比河运量）之间具有负向作用；Granger 因果分析表明，在 95% 的置信区间内，V（密西西比河运量）是变量 I（工业化水平）的 Granger 原因；在 90% 的置信区间内，V（密西西比河运量）是变量 I（工业化水平）的 Granger 原因。理论分析表明 V（密西西比河运量）和 I（工业化水平）、U（城镇化水平）之间存在着相互影响。实证结果也证实了这种关系。从发展历史来看，航运促进了城市依水而建和工业沿河布厂，城市和工厂也需要大量廉价的水运，实证结果也证实了这一点。

通过检验，具体存在以下关系。

（1）密西西比河运量与美国 GDP 之间的变化关系，如图 14-6，其相关关系表达式为：

$$y = 0.1569 \ln(x_1) + 1.109$$

其中，y 为密西西比河运量（十亿吨），x_1 为 GDP（百万亿）。

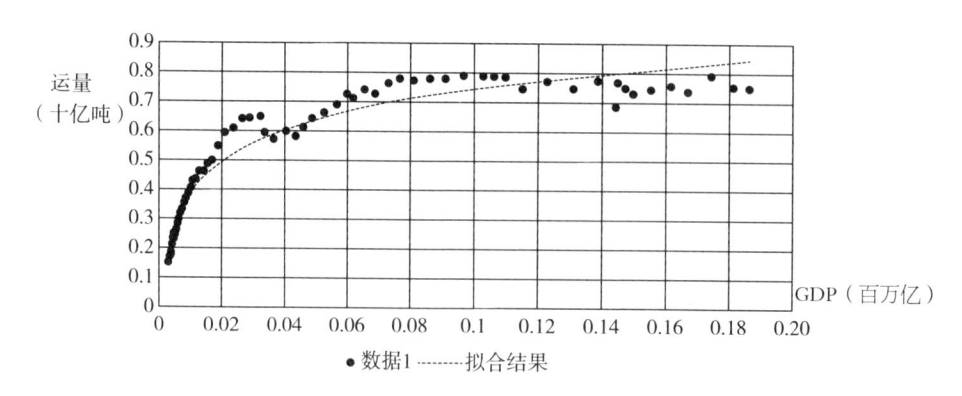

图 14-6　密西西比河运量与美国 GDP 回归分析图

由图 14-6 可见，美国 GDP 接近 8 万亿美元或人均 GDP 达到 2.8 万美元之前（对应 1995 年前），密西西比河运量随着美国 GDP 增长而较快增长；之后（1995 年后），密西西比河运量不再随美国 GDP 增长而增长，而在高位平稳波动。

（2）密西西比河运量与美国城镇化率之间的变化关系，如图 14-6，其相关关系表达式为：

$$y = 4.8498 x_2 - 3.0141$$

其中，x_2 为美国城镇化率。

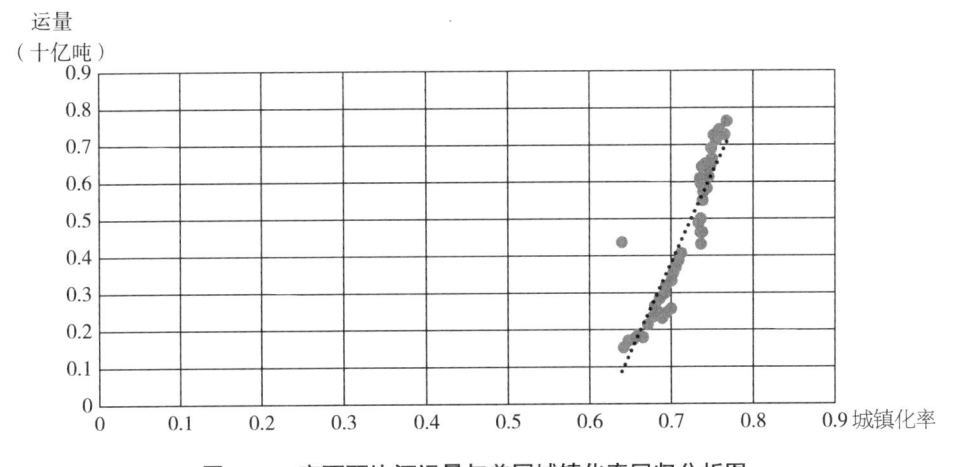

图 14-7　密西西比河运量与美国城镇化率回归分析图

由图 14-7 可见，美国城镇化率从 64% 增加到 77%（对应为 1950—1995 年期间；缺乏 1950 年之前城镇化率统计数据），密西西比河运量随着美国城镇化率增长而较快增长，即在 1950—1995 年间美国城镇化率每增长 1%，密西西比河运量增长 0.4850 亿吨；之后，密西西比河运量不再随美国城镇化率增长而增长，但在高位平稳波动。

（3）密西西比河运量与美国工业化率之间的变化关系，如图 14-8，其相关关系表达式为：

$$y = -5.0247 x_3 + 1.5847$$

其中，x_3 为美国工业化率。

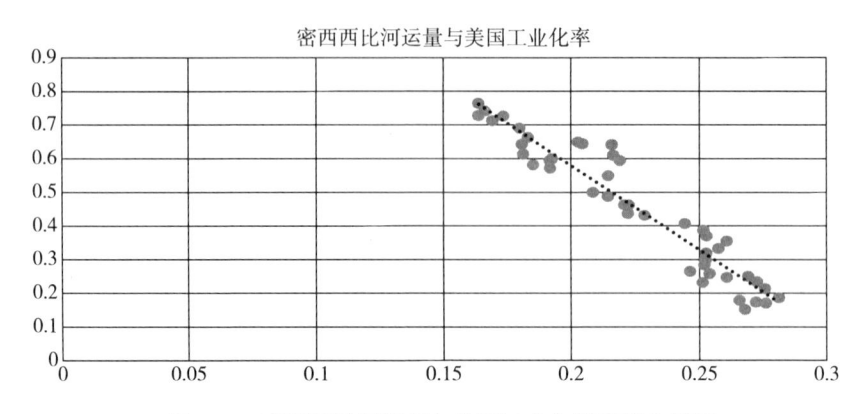

图 14-8　密西西比河运量与美国工业化率回归分析图

由图 14-8 可见，美国工业化率从 27% 下降到 16%（对应为 1950～1995 年期间；缺乏 1950 年之前城镇化率统计数据），密西西比河运量随着美国工业化率下降而较快增长，即在 1950—1995 年间美国城镇化率每下降 1%，密西西比河运量增长 0.5025 亿吨；之后，密西西比河运量不再随美国工业化率下降而增长，但在高位平稳波动。

（4）密西西比河运量与美国 GDP、城镇化率和工业化率的变化如图 14-9。根据 Granger 因果检验可知，密西西比河运量与美国城镇化率、工业化率之间存在着 Granger 因果关系。根据多元回归结果，在 1950—1995 年间在置信区间为 0.95 的情况下，其相关关系表达式为：

密西西比河运量 $=0.56\times$ GDP $+1.68\times$ 城镇化率 $-3.3\times$ 工业化率 -0.02779

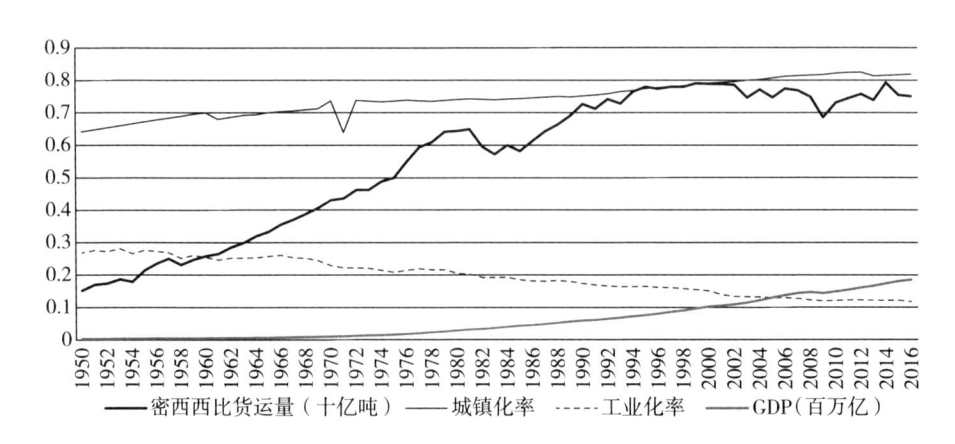

图 14-9　密西西比河运量与美国 GDP、城镇化率和工业化率变化趋势图

表14-7 密西西比河运量与美国GDP、城镇化率和工业化率回归统计表

回归统计		方差分析					
Multiple R	0.9697		df	SS	MS	F	Significance F
R Square	0.9404	回归分析	3	1.5183	0.5061	215.6238	3.95E−25
Adjusted R Square	0.9360	残差	41	0.0962	0.0023		
标准误差	0.0484	总计	44	1.6145			
观测值	45						

	Coefficients	标准误差	t Stat	P-value	下限95.0%	上限95.0%
Intercept	−0.0278	0.4314	−0.0644	0.9490	−0.8993	0.8438
x1	1.6840	0.4245	3.9667	0.0003	0.8266	2.5413
x2	−3.2667	0.7139	−4.5761	4.33E−05	−4.7087	−1.8251
x3	0.5553	0.9691	0.5730	0.5698	−1.4018	2.5125

由图14-9和表14-7可见，1950—1995年间，密西西比河运量与美国GDP、城镇化率和工业化率存在显著的相关关系，密西西比河运量随美国GDP、城镇化率的增长和工业化率的下降保持持续快速增长；但1995年后，尽管美国GDP、城镇化率的增长和工业化率的下降持续进行，但密西西比河运量没有明显相关性，保持高位平稳波动。

第四节 莱茵河运量与城镇化和工业化之间的关系分析

一、单位根检验

根据莱茵河运量与腹地经济指标的历史数据，分别就运量与经济指标的变化关系进行单位根检验，检验结果如表14-8所示。

表14-8　　　　　　莱茵河运量及经济指标单位根检验

变量	检验类型（C, T, K）	ADF 检验值	5% 显著下的临界值	检验结论
VL（莱茵河运量）	(C, T, 0)	−2.393452	−3.51074	非平稳
D（V,2）	(C, T, 0)	−6.362447	−3.526609	平稳
IN（荷兰工业化）	(C, T, 0)	−2.745361	−3.51074	非平稳
D（IN,2）	(C, T, 0)	−5.856765	−3.536601	平稳
IG（德国工业化）	(C, T, 0)	−2.826836	−3.51074	非平稳
D（IG,2）	(C, T, 0)	−6.947768	−3.520787	平稳
UN（荷兰城镇化）	(C, T, 0)	−1.409964	−3.51074	非平稳
D（UN,2）	(C, T, 0)	−6.669561	−3.523623	平稳
UG（德国城镇化）	(C, T, 0)	0.889935	−3.520787	非平稳
D（UG, 2）	(C, T, 0)	−14.17443	−3.520787	平稳

二、协整检验

依然采用 Johansen 协整检验法，检验变量之间的协整关系。先确定无约束 VAR 模型的滞后期，再按照前面的原则确定协整检验的最优滞后期。

表14-9　　　　　　　　　　VAR最佳滞后期数表

Lag	LogL	LR	FPE	AIC	SC	HQ
1	205.2757	NA	6.69e−11	−9.244905	−8.178520	−8.862295
2	249.2231	65.35769	2.67e−11	−10.21657	−8.03796	−9.451348
3	269.0088	24.35166	4.05e−11	−9.949169	−6.750012	−8.801339
4	3.5.0269	35.09453	3.20e−11	−10.51420	−6.248656	−8.983758
5	361.1283	40.27797*	1.24e−11	−12.10914	−6.777216	−10.19609
6	437.7689	35.37257	3.24e−12*	−14.75738*	−8.359065*	−12.46172*

由表 14-9 结果可知，无约束 VAR 模型滞后期确定为滞后 6 期，因此，协整检验的滞后期确定为滞后 5 期。Trace Statistic 化检验和 Max-Eigen Statistic 化检验显示的 Johansen 协整检验结果，如表 14-10。

表14-10　　　　　　　　Johansen协整检验表

Hypothesized No. of CE（s）	Trace Statistic	Prob.**	Max-Eigen Statistic	Prob.**
None *	266.149	0	108.9655	0
At most 1 *	157.1835	0	101.7142	0
At most 2 *	55.46936	0	24.0945	0.0186
At most 3 *	31.37485	0.0001	22.12773	0.0024
At most 4 *	9.247121	0.0024	9.247121	0.0024

表 14-10 显示，在显著性水平下存在 2 个协整方程，因此，可知 VL（莱茵河运量）、IN（荷兰工业化）、IG（德国工业化）、UN（荷兰城镇化）和 UG（德

国城镇化）之间存在协整关系。选取协整方程式如下：

$\Delta^2 VL = 10.87944\Delta^2 UN - 2.589647\Delta^2 GU - 1.362655\Delta^2 IN + 0.484171\Delta^2 IG + 0.037584$

（3.03086） （1.56265） （0.47065） （0.4427）

三、E-G 两步法协整检验

如前所述，为相互验证，此处采用 E-G 两步法进行协整检验。

第一步，检验 VL（莱茵河运量）同 IN（荷兰工业化）、IG（德国工业化）、UN（荷兰城镇化）与 UG（德国城镇化）之间的协整关系。与 Johansen 协整检验不同，E-G 两步法主要描述变量两两之间的协整关系，此处分别对内河运量与工业化、城镇化等各项进行协整检验，得到的协整方程分别如下。

（1）VL（莱茵河运量）同 IN（荷兰工业化）的协整方程：

$VL = 1.967 - 0.28 IN + \varepsilon$

t=（61.6）(−2.024）

p=（0.000）(0.05）

$R^2 = 0.083$ R^2（Adjusted）=0.63 F=4.09

（2）VL（莱茵河运量）同 IG（德国工业化）的协整方程：

$VL = 1.759 + 0.603 IG + \varepsilon$

t=（14.27）(1.23）

p=（0.000）(0.226）

$R^2 = 0.0323$ R^2（Adjusted）=0.0108 F=1.5

（3）VL（莱茵河运量）同 UN（荷兰城镇化）的协整方程：

$VL = 1.759 + 0.206 UN + \varepsilon$

t=（14.735）(1.27）

p=（0.000）(0.2113）

$R^2 = 0.0345$ R^2（Adjusted）=0.013 F=1.61

（4）VL（莱茵河运量）同 UG（德国城镇化）的协整方程：

VL=1.663+0.415UG+ε

t=（4.251）（0.627）

p=（0.000）（0.534）

R^2=0.0087　R^2（Adjusted）=−0.013　F=0.393

第二步，根据上一步得到的残差进行单位根检验。如果残差不存在单位根，则表明变量之间存在协整关系，否则，两个变量之间不存在协整关系。检验结果见表 14-11 至表 14-14。

表14-11　VL（莱茵河运量）同IN（荷兰工业化）单位根检验表

Augmented Dickey–fuller test statisitic		t–Statistic	Prob*
tset statistic		−5.237	0.000
Test critical values:	1% level	−2.616	
	5% level	−1.948	
	10% level	−1.6123	

表14-12　VL（莱茵河运量）同IG（德国工业化）单位根检验

Augmented Dickey–fuller test statisitic		t–Statistic	Prob*
tset statistic		−5.044	0.000
Test critical values:	1% level	−2.616	
	5% level	−1.948	
	10% level	−1.6123	

表14-13　VL（莱茵河运量）同UN（荷兰城镇化）单位根检验

Augmented Dickey–fuller test statisitic		t–Statistic	Prob*
tset statistic		−5.14	0.000
Test critical values:	1% level	−2.616	
	5% level	−1.948	
	10% level	−1.6123	

表14-14　VL（莱茵河运量）同UG（德国城镇化）单位根检验

Augmented Dickey–fuller test statisitic		t–Statistic	Prob*
tset statistic		−5.126	0.000
Test critical values:	1% level	−2.616	
	5% level	−1.948	
	10% level	−1.6123	

由表 14-11 至表 14-14 可知，回归残差序列 ε 不存在单位根，说明回归方程残差项是稳定的。可以据此判断 VL（莱茵河运量）与 IN（荷兰工业化）、UN（荷兰城镇化）、IG（德国工业化）和 UG（德国城镇化）分别为（1，1，1）阶协整，即存在长期稳定的均衡关系，并可进行 Granger 因果检验。

四、Granger 因果分析

Granger 因果检验结果，如表 14-15 所示。

表14-15　　　　　　　　Granger因果检验表

Null Hypothesis:	Obs	F-Statistic	Prob.
荷兰城镇化不是莱茵河运量的 Granger 原因	40	0.41945	0.8313
莱茵河运量不是荷兰城镇化的 Granger 原因	40	1.69398	0.1676
德国城镇化不是莱茵河运量的 Granger 原因	40	0.47171	0.7942
莱茵河运量不是德国城镇化的 Granger 原因	40	2.47057	0.0556
荷兰工业化不是莱茵河运量的 Granger 原因	40	0.18974	0.9641
莱茵河运量不是荷兰工业化的 Granger 原因	40	0.49941	0.7741
德国工业化不是莱茵河运量的 Granger 原因	40	2.23205	0.0779
莱茵河运量不是德国工业化的 Granger 原因	40	2.10151	0.0938
德国城镇化不是荷兰城镇化的 Granger 原因	40	11.3878	0.000004
荷兰城镇化不是德国城镇化的 Granger 原因	40	0.49572	0.7768
荷兰工业化不是荷兰城镇化的 Granger 原因	40	0.26793	0.9269
荷兰城镇化不是荷兰工业化的 Granger 原因	40	0.76214	0.5845
德国工业化不是荷兰城镇化的 Granger 原因	40	5.89578	0.0007
荷兰城镇化不是德国工业化的 Granger 原因	40	0.11059	0.9891
荷兰工业化不是德国城镇化的 Granger 原因	40	0.67808	0.6435
德国城镇化不是荷兰工业化的 Granger 原因	40	0.15625	0.9764
德国工业化不是德国城镇化的 Granger 原因	40	8.25609	0.00006
德国城镇化不是德国工业化的 Granger 原因	40	0.16199	0.9745
德国工业化不是荷兰工业化的 Granger 原因	40	0.1942	0.9623
荷兰工业化不是德国工业化的 Granger 原因	40	0.33713	0.8862

五、结果分析

VL（莱茵河运量）与腹地 GDP、城镇化水平和工业化水平等存在相关关系。但并不是所有变量之间都存在显著的正向作用。具体结果如下。

VL（莱茵河运量）、IN（荷兰工业化）、IG（德国工业化）、UN（荷兰城镇化）与 UG（德国城镇化）五个变量之间存在长期均衡关系。其中，IG（德国工业化）UN（荷兰城镇化）与 VL（莱茵河运量）存在正向关系；但是 IN（荷兰工业化）、UG（德国城镇化）与 VL（莱茵河运量）存在负向关系。而 Granger 检验表明 VL（莱茵河运量）与 UG（德国城镇化）互为 Granger 原因；VL（莱茵河运量）是 IG（德国工业化）的 Granger 原因。实证分析表明，IG（德国工业化）对 VL（莱茵河运量）发展水平产生了影响。显然，德国城镇化规模的扩大会增加对内河货运的需求，而工业化水平的增长也同样会提升航运需求；UN（荷兰城镇化）规模的扩大能够提高城镇化基本公共服务的提升，但是对运量水平的提升没有形成显著影响。

德国城镇化率达到 72% 之后，城镇化率的增加对莱茵河货运没有显著影响。由图 14-10 可知，在 1970 年之前德国就已基本完成城镇化，后期城镇化率呈十分缓慢增加趋势，而 1978 年后，莱茵河的运量进入高峰平台期，基本都在 2 亿吨左右波动。

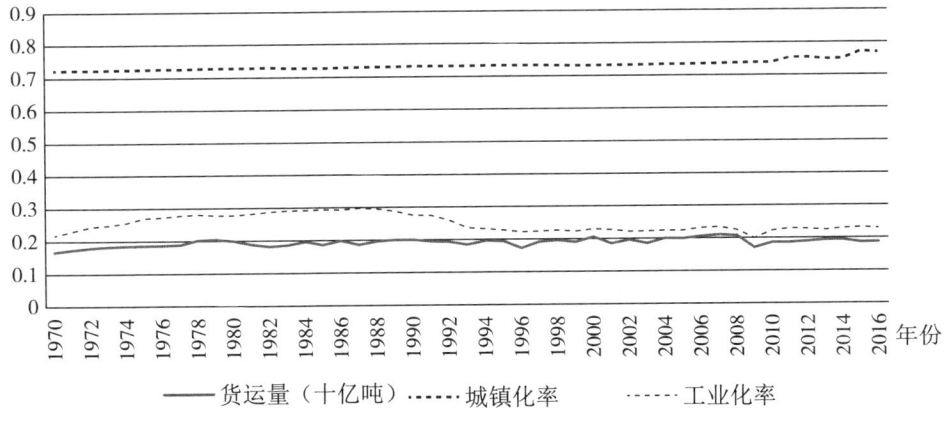

图 14-10　莱茵河运量与德国工业化率、城镇化率变化趋势图

德国工业化率达到 28% 之后，其下降不再引起莱茵河运量的显著变化。由图 14-10 可知，1978 年后，德国工业化率呈缓慢下降趋势，而运量基本稳定在 2 亿吨左右。

第五节　小结

通过本章研究，有以下结论。

（1）通过 Granger 因果检验，美国密西西比河、欧洲莱茵河的运量与经济腹地 GDP、工业化率、城镇化率等经济社会指标，在一定时期存在相关关系。

（2）1950—1995 年期间，美国密西西比河运量与经济腹地 GDP、工业化率、城镇化率等经济社会指标存在以下关系：

①密西西比河运量与美国 GDP 的关系：$y=0.1569\ln(x_1)+1.109$

其中，y 为密西西比河流域运量（十亿吨），x_1 为美国 GDP（百万亿）。

②密西西比河运量与城镇化率的关系：$y=4.8498x_2-3.0141$

其中，x_2 为美国城镇化率。在 1950—1995 年间美国城镇化率每增长 1%，密西西比河运量增长 0.4850 亿吨。

③密西西比河运量与工业化率的关系：$y=-5.0247x_3+1.5847$

其中，x_3 为美国工业化率。在 1950—1995 年间美国工业化率每增长 1%，密西西比河运量增加 0.5025 亿吨。

④密西西比河运量与美国 GDP、城镇化率和工业化率的关系：

$$y=0.56x_1+1.68x_2-3.3x_3-0.02779$$

（3）1995 年以后，即美国 GDP 总量、人均 GDP 和城镇化率分别增加到近 8 万亿美元、2.8 万美元和 77%，同时工业化率下降到 16% 之后，密西西比河运量变化则与这些因素没有明显相关性,即美国GDP总量、人均GDP和城镇化率的持续增加和工业化率的持续下降,没有明显影响密西西比河运量,密西西比河运量保持在高位平稳小幅波动。

(4)德国莱茵河运量与经济腹地GDP、工业化率、城镇化率等经济社会指标存在以下关系:1978年前,德国莱茵河运量随GDP、城镇化率增长和工业化率下降而较快增长;当1978年(工业化率达28%)以后,尽管德国GDP和城镇化率的持续增长,工业化率持续下降,但莱茵河运量变化与这些因素没有明显相关性。

第15章　长江货运船舶运输组织优化分析

第一节　构建基于单位营运成本的优化模型

一、优化方法与思路

在运量和航线都已明确时，完成该运输任务所得的运费收入已经是确定值。因为收入一定，目标函数可选择全部的运输成本最小，即以最小的航运资源投入，完成航线上运输任务，追求利润的最大化。换言之，单纯地以成本因素评价船型的营运性能，使运输成本达到最小值的船舶组织方式就是最优方案。

具体的优化方法如下。首先优化指定航线上的船型，选择沿长江的典型港口，划分航段。在此基础上，选择每个航段的代表船型，以及航段中不同航段之间的单位运营成本，优化每个航段的船型；以船型优化结果为基础，以最低的运输成本为优化目标，对各港口之间的直达运输、中转运输等运输组织方式的运输成本进行计算，选取使目标函数达到最小值的船舶组织方案。

优化流程如图 15-1 所示。

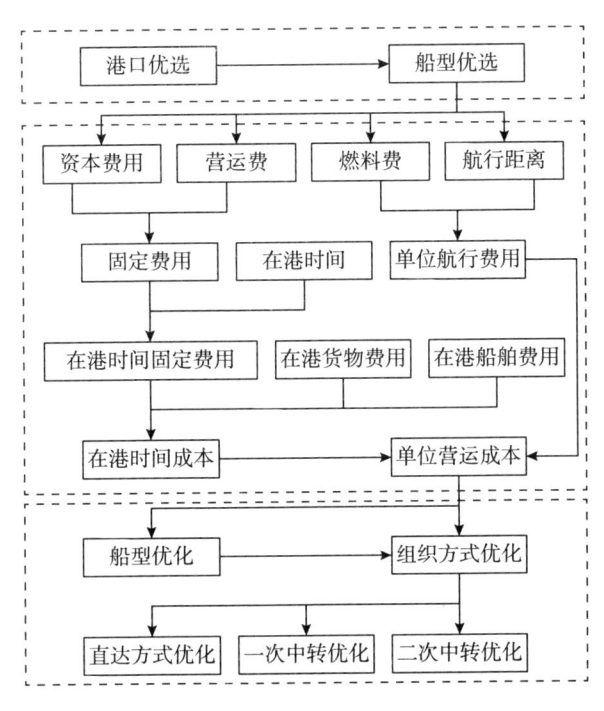

图 15-1 基于单位营运成本的船舶运输组织优化模型

二、营运成本计算

营运成本有许多不同的划分方法，我国最常见的做法是将其分为固定成本与变动成本两大类。属于固定成本的项目有润料费、物料费、折旧费、修理费、保险费、管理费等；属于变动成本的项目有燃料费、港口及运河费用等。国际上较为流行将成本划为三部分：资金成本、经营成本以及航次成本，其中资金成本和经营成本之和即固定成本费用，航次成本即变动成本费用。

本章将营运成本分为三部分计算，包括资本费用 Z、日常营运费 O 和航行营运费 Y。具体计算方法分述如下。

资本费用 Z：偿还贷款及支付利息。

$$Z = (P-L) \cdot \frac{i \cdot (1+i)^n}{(1+i)^n - 1} + L \cdot i \qquad (15\text{-}1)$$

式中，P 为船舶造价；L 为船舶残值，取新船造价的 5%；n 为船舶营运年限，取 20 年；i 为考虑通货膨胀率的贷款利率，取 10%。

其中，船舶价格是设计和建造新船所花费的总投资，包括各种材料成本（钢材，木材等），设备成本（修整设备，机械和电气设备等）处理时间和其他费用。设计初期，方案论证阶段，在没有进行详细的调查研究，缺乏母型船的造价和重量等资料，且对估算精度要求不高的情况下，可根据主要船型参数，采用统计公式进行估价。

货船
$$P = W \cdot P_w \cdot (1+f)^T \qquad (15\text{-}2)$$

集装箱船
$$P = N \cdot P_N \cdot (1+f)^T \qquad (15\text{-}3)$$

式中，P 为船价，万元；W 为船舶载重量，吨；P_w 为单位载重量造价，万元/吨；f 为年船价调整率，%；T 为估价时年限到所取单价时年限有的时距，年；N 为集装箱船的集装箱载重量，TEU；P_N 为单位集装箱的造价，万元/TEU。

日常营运费 O：船员工资、修理费、保险和企业管理费。

本章的模型取包括船员工资、船舶维修保养费、保险费等在内的日常营运费 O 为初始资本成本的 4%。

$$O = Z \cdot 4\% \qquad (15\text{-}4)$$

航行营运费 Y：燃油费、润料费、港口费等。

$$Y = (1+k) \cdot rW \cdot K \cdot \frac{2d}{v} \cdot \frac{t}{\frac{2d}{v} + 2t_1 + t_2} + G \qquad (15\text{-}5)$$

式中，k 为润料费占燃油费用比例系数；r 为燃油价格；W 为主机功率；K 为主机耗油率；d 为航行距离；v 为航速；t 为年营运天数；t_1 为在港停时，t_2 为待闸停时；G 为港口费。

三、船型优化模型

针对各航段上典型船型吨级，首先计算各船型年营运成本和年货运量，然后计算其单位营运成本，取各航线单位营运成本最低的船型为优化船型。

优化目标：各航段上船舶单位营运成本最低。

优化模型：

$$\min Z_i = \frac{S_{ij}}{Q_{ij}} \tag{15-6}$$

式中，S_{ij} 为 i 航段上 j 型船的年营运成本；Q_{ij} 为 i 航段上 j 型船的年运量。目前，国家基本建设资金已经变为国家向银行贷款的资金，因此在计算经营成本时应纳入贷款利息，即 S=Z+O+Y。

其中，船舶年货运量计算方法如下。

船舶在一年内实现的运输量 Q 即为年货运量，其表达式为

$$Q = 2\alpha W \frac{t}{\frac{2d}{v} + 2t_1 + t_2} \tag{15-7}$$

式中，α 为一年内往返航程载货量的平均利用率，或称负载率（%）；W 为船舶载货量。确定货物载荷的平均利用率的值取决于一年内每次往返航班的货物流量的平衡。对于大型货物运输船舶，如石油、矿石、煤炭等，它是单向满载和单向空载，因此，该值为 50%。对于普通货船和集装箱船，除了航线的货物流量外，还与货物类型、营运组织和供应组织有关。有必要根据路线上现有船舶的实际情况进行统计分析，并预测发展趋势。

四、组织方式优化模型

选取典型航线,计算不同航段间各典型船型单位营运成本,以总成本最低为优化指标优化一次中转和二次中转组织方式。

优化目标:单航线船舶运输成本最低。

优化模型:

$$\min C_h = \sum_{k=1}^{k} Z_{hik} \qquad (15\text{-}8)$$

式中,k 为中转次数;Z_{hik} 表示 h 航线 i 航段运输成本。

第二节　集装箱船案例分析

集装箱船运输组织优化模型以单位运输成本(元/TEU)为目标函数,对不同运输组织方式的目标函数进行比选,得到最优结果。

一、方案主要参数

(1)典型港口选取

综合考虑港口所处地理位置、港口吞吐能力等要素,重点分析长江上游港口,选择典型港口宜宾、泸州、重庆、涪陵、万州、宜昌、武汉、南京、上海进行优化计算。

表15-1 长江航道主要港口里程表 单位：km

	宜宾	泸州	重庆	涪陵	万州	宜昌	武汉	南京	上海
宜宾	0								
泸州	130	0							
重庆	384	254	0						
涪陵	507	377	123	0					
万州	712	582	328	205	0				
宜昌	1083	953	699	576	332	0			
武汉	1670	1540	1286	1163	958	626	0		
南京	2366	2236	1982	1859	1654	1332	696	0	
上海	2713	2583	2329	2206	2001	1669	1043	347	0

（2）标准船型选取

基于《川江及三峡库区运输船舶标准船型主尺度系列》（2010年修订版）选取长江干线标准船型。

表15-2 长江干线代表性船型选择

航段	船型
上游	60TEU、100TEU、150TEU、200TEU、250TEU
中游	150TEU、200TEU、250TEU、300TEU
下游	300TEU、350TEU

（3）主要参数选取

表15-3 标准集装箱船参数取值

船型	造价/万元	主机功率/kW	主机耗油率/(g·kW^{-1}·h^{-1})	航速/(km/h)
60TEU	300	600	220	20
100TEU	450	660	198	20
150TEU	800	880	210	20
200TEU	1000	1000	192	20
250TEU	1500	1200	180	20
300TEU	2500	1400	178	20
350TEU	3500	1500	170	20

表15-4　　　　　　　　　　船舶营运参数取值

参数	单位	取值
年营运期	天	330
负载率	%	75
燃油价格	元/吨	5500
润料费占燃油费用比例	%	12
港口费率	元/吨	0.5
三峡船闸等待时间	小时	10

二、船型优化结果

（1）集装箱船各航段单位运输成本计算结果

表15-5　　　宜宾港为起点港分船型分航段单位运输成本　　　元/TEU

船型	宜宾—泸州	宜宾—重庆	宜宾—涪陵	宜宾—万州	宜宾—宜昌	宜宾—武汉	宜宾—南京	宜宾—上海
60TEU	134	376	493	689	1048	1609	2273	2604
100TEU	134	282	354	473	747	1089	1495	1697
150TEU	157	299	368	483	747	1076	1466	1660
200TEU	147	260	315	406	616	877	1187	1342
250TEU	158	264	315	400	596	840	1130	1274

表15-6　　　泸州港为起点港分船型分航段单位运输成本　　　元/TEU

船型	泸州—重庆	泸州—涪陵	泸州—万州	泸州—宜昌	泸州—武汉	泸州—南京	泸州—上海
60TEU	252	369	565	924	1485	2149	2480
100TEU	206	278	397	672	1014	1419	1621
150TEU	226	295	410	674	1003	1393	1587
200TEU	202	257	348	558	819	1129	1284
250TEU	210	261	346	542	786	1076	1220

表15-7　重庆港为起点港分船型分航段单位运输成本　　　元/TEU

船型	重庆—涪陵	重庆—万州	重庆—宜昌	重庆—武汉	重庆—南京	重庆—上海
60TEU	127	323	682	1242	1906	2238
100TEU	130	249	524	866	1271	1473
150TEU	153	268	532	861	1251	1445
200TEU	144	235	445	706	1016	1171
250TEU	155	240	436	681	970	1115

表15-8　涪陵港为起点港分船型分航段单位运输成本　　　元/TEU

船型	涪陵—万州	涪陵—宜昌	涪陵—武汉	涪陵—南京	涪陵—上海
60TEU	205	564	1125	1789	2120
100TEU	178	452	794	1200	1402
150TEU	199	463	792	1182	1376
200TEU	180	390	651	961	1116
250TEU	189	385	629	919	1063

表15-9　万州港为起点港分船型分航段单位运输成本　　　元/TEU

船型	万州—宜昌	万州—武汉	万州—南京	万州—上海
60TEU	332	929	1593	1925
100TEU	310	675	1080	1282
150TEU	326	677	1067	1261
200TEU	281	560	870	1025
250TEU	284	544	834	978

表15-10　宜昌港为起点港分船型分航段单位运输成本　　　元/TEU

船型	宜昌—武汉	宜昌—南京	宜昌—上海
150TEU	435	830	1019
200TEU	368	682	832
250TEU	364	658	798
300TEU	395	696	839

表15-11　武汉港为起点港分船型分航段单位运输成本　　　元/TEU

船型	武汉—南京	武汉—上海
150TEU	474	669
200TEU	399	553
250TEU	394	538
300TEU	424	572

表15-12　　　　　南京港为起点港分船型单位运输成本　　　　　元/TEU

船型	南京—上海
300TEU	276
350TEU	280

（2）集装箱船各航段船型优化

表15-13　　　　　集装箱船各航段最低运输成本　　　　　元/TEU

	宜宾	泸州	重庆	涪陵	万州	宜昌	武汉	南京	上海
宜宾	0								
泸州	134	0							
重庆	260	202	0						
涪陵	315	257	127	0					
万州	400	346	235	178	0				
宜昌	596	542	436	385	281	0			
武汉	840	786	681	629	544	364	0		
南京	1130	1076	970	919	834	658	394	0	
上海	1274	1220	1115	1063	978	798	538	276	0

表15-14　　　　　集装箱船各航段最低运输成本对应船型　　　　　TEU

	宜宾	泸州	重庆	涪陵	万州	宜昌	武汉	南京	上海
宜宾	0								
泸州	60	0							
重庆	200	200	0						
涪陵	250	200	60	0					
万州	250	250	200	100	0				
宜昌	250	250	250	250	200	0			
武汉	250	250	250	250	250	250	0		
南京	250	250	250	250	250	250	250	0	
上海	250	250	250	250	250	250	250	300	0

三、组织方式优化结果

以重庆—上海航线为例,介绍集装箱船优化过程。

表15-15　　　　重庆-上海航线集装箱船运输成本　　　　元/TEU

序号	组织方式	运输成本	中转费	总成本
1	重庆—上海	1115	0	1115
2	重庆—涪陵—上海	1190	7	1197
3	重庆—万州—上海	1213	7	1220
4	重庆—宜昌—上海	1234	7	1241
5	重庆—武汉—上海	1219	7	1226
6	重庆—南京—上海	1246	7	1253
7	重庆—涪陵—万州—上海	1283	13	1296
8	重庆—涪陵—宜昌—上海	1310	13	1323
9	重庆—涪陵—武汉—上海	1294	13	1307
10	重庆—涪陵—南京—上海	1322	13	1335
11	重庆—万州—宜昌—上海	1314	13	1327
12	重庆—万州—武汉—上海	1317	13	1330
13	重庆—万州—南京—上海	1345	13	1358
14	重庆—宜昌—武汉—上海	1338	13	1351
15	重庆—宜昌—南京—上海	1370	13	1383
16	重庆—武汉—南京—上海	1351	13	1364

表15-16　　重庆-上海航线集装箱船运输组织优化方案　　元/TEU

方案	组织方式	船型	成本
直达	重庆—上海	250TEU	1115
一次中转	重庆—涪陵—上海	60TEU–250TEU	1197
二次中转	重庆—涪陵—万州—上海	60TEU–100TEU–250TEU	1296

四、结果分析

由图 15-2 可以看出，集装箱船远距离航线代表——重庆至上海航线运输成本随船舶吨位的增大而减小，建议在满足航道维护水深的情况下，远距离航线优先选择大吨级集装箱船舶；由图 15-3 可以看出，集装箱船近距离航线代表——重庆至万州航线运输成本随船舶吨位的增加先减少再增加然后减少，因此近距离航线推荐 100TEU 吨级左右集装箱船舶；由图 15-4 和图 15-5 可以看出，重庆港的运输成本随运输距离而增加，各组织方式中以直达运输的成本最低，因此建议重庆港集装箱运输采用直达组织方式。

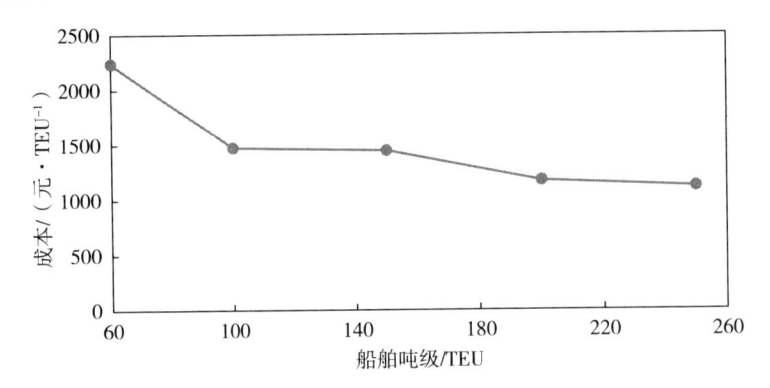

图 15-2 重庆至上海航线运输成本随船舶吨位变化

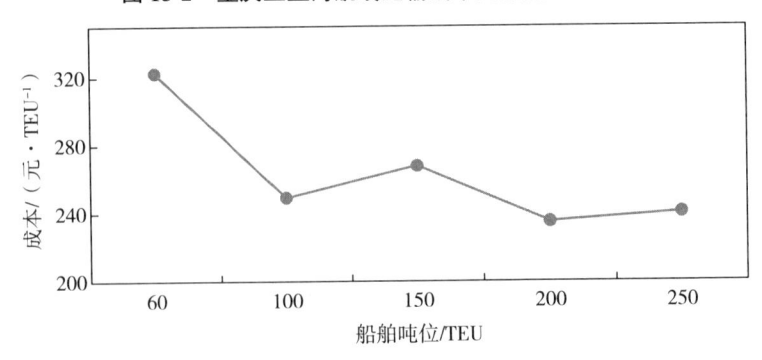

图 15-3 重庆至万州航线运输成本随船舶吨位变化

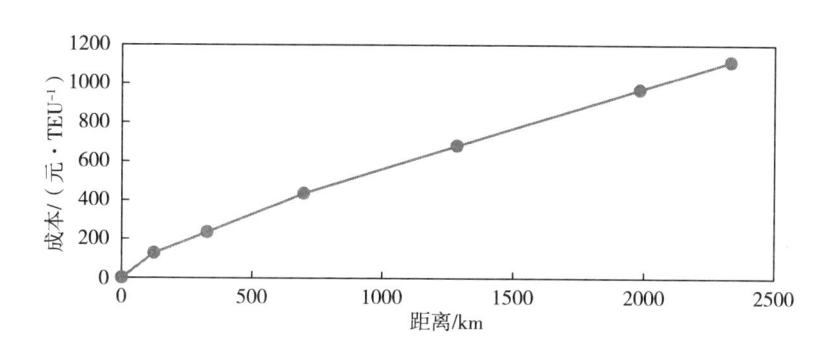

图 15-4　重庆港运输成本随运输距离变化

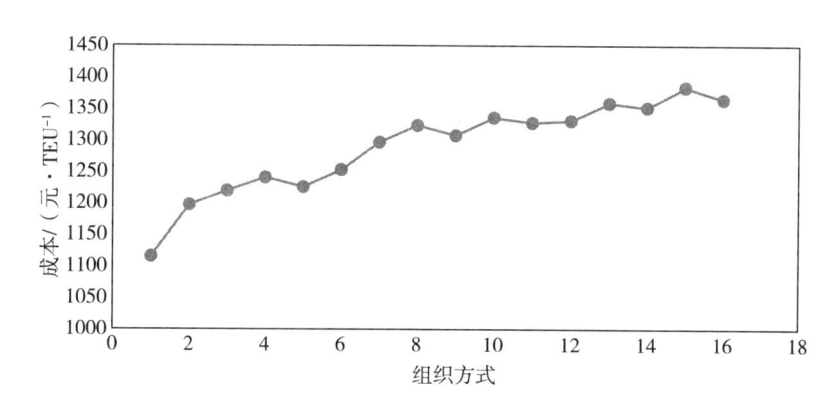

图 15-5　重庆至上海航线运输成本随组织方式变化

第三节　干散货船案例分析

　　干散货船运输组织优化模型以单位运输成本（元/吨）为目标函数，对不同运输组织方式的目标函数进行比选，得到最优结果。

一、方案主要参数

（1）典型港口选取

综合考虑港口所处地理位置、港口吞吐能力等要素，重点分析长江上游港口，选择典型港口宜宾、泸州、重庆、涪陵、万州、宜昌、武汉、南京、上海进行干散货船优化计算。

（2）标准船型选取

基于《川江及三峡库区运输船舶标准船型主尺度系列》（2010年修订版）选取标准船型。

表15-17　　长江干线代表性干散货船船型选择

航段	船型
上游	1000t、2000t、3000t、4000t、5000t
中游	3000t、4000t、5000t、6000t
下游	6000t、8000t、10000t

（3）主要参数选取

表15-18　　代表性干散货船参数取值

船型	造价/万元	主机功率/kW	主机耗油率/（g·kW^{-1}·h^{-1}）	航速/（km/h）
1000t	500	300	160	18
2000t	650	500	178	18
3000t	850	800	210	18
4000t	1100	950	192	18
5000t	1500	1100	180	18
6000t	2000	1400	170	18
8000t	3200	1700	198	18
10000t	4500	2000	220	18

表15-19　　　　　　　　　干散货船船营运参数取值

参数	单位	取值
年营运期	天	330
负载率	%	50
燃油价格	元/吨	5500
润料费占燃油费用比例	%	12
港口费率	元/吨	0.5
三峡船闸等待时间	小时	10

注：方案中船舶平均在港时间按照平均每吨作业需0.25分钟计算，等候时间忽略不计。

二、船型优化结果

（1）干散货船各航段单位运输成本计算结果

表15-20　　　宜宾港为起点港分船型分航段单位运输成本　　　　元/吨

船型	宜宾—泸州	宜宾—重庆	宜宾—涪陵	宜宾—万州	宜宾—宜昌	宜宾—武汉	宜宾—南京	宜宾—上海
1000t	7	17	22	31	47	71	100	114
2000t	10	19	24	31	47	69	94	106
3000t	15	26	32	40	60	86	116	131
4000t	15	25	29	36	53	74	99	111
5000t	16	24	28	35	50	69	91	102

表15-21　　　泸州港为起点港分船型分航段单位运输成本　　　　元/吨

船型	泸州—重庆	泸州—涪陵	泸州—万州	泸州—宜昌	泸州—武汉	泸州—南京	泸州—上海
1000t	12	17	25	41	66	94	109
2000t	15	19	26	43	64	89	102
3000t	21	26	35	55	80	110	125
4000t	20	24	32	48	69	94	107
5000t	20	24	31	46	65	87	98

表15-22　重庆港为起点港分船型分航段单位运输成本　　元/吨

船型	重庆—涪陵	重庆—万州	重庆—宜昌	重庆—武汉	重庆—南京	重庆—上海
1000t	6	15	31	55	84	98
2000t	10	17	34	55	80	92
3000t	15	24	44	69	99	114
4000t	15	23	39	60	85	98
5000t	16	23	37	56	79	90

表15-23　涪陵港为起点港分船型分航段单位运输成本　　元/吨

船型	涪陵—万州	涪陵—宜昌	涪陵—武汉	涪陵—南京	涪陵—上海
1000t	10	26	50	79	93
2000t	13	29	50	76	88
3000t	19	38	64	94	109
4000t	18	35	56	81	93
5000t	19	34	52	75	86

表15-24　万州港为起点港分船型分航段单位运输成本　　元/吨

船型	万州—宜昌	万州—武汉	万州—南京	万州—上海
1000t	16	42	70	85
2000t	21	43	68	81
3000t	28	55	85	100
4000t	26	48	73	86
5000t	26	46	68	79

表15-25　宜昌港为起点港分船型分航段单位运输成本　　元/吨

船型	宜昌—武汉	宜昌—南京	宜昌—上海
3000t	37	67	82
4000t	33	59	71
5000t	32	55	66
6000t	35	58	70

表15-26　武汉港为起点港分船型分航段单位运输成本　　元/吨

船型	武汉—南京	武汉—上海
3000t	40	55
4000t	36	48
5000t	34	46
6000t	38	49

表15-27　　　　　南京港为起点港分船型单位运输成本　　　　　　　　　元/吨

船型	南京—上海
6000t	26
8000t	34
10000t	41

（2）干散货船各航段船型优化

表15-28　　　　　　干散货船各航段最低运输成本　　　　　　　　　　元/吨

	宜宾	泸州	重庆	涪陵	万州	宜昌	武汉	南京	上海
宜宾	0								
泸州	7	0							
重庆	17	12	0						
涪陵	22	17	6	0					
万州	31	25	15	10	0				
宜昌	47	41	31	26	16	0			
武汉	69	64	55	50	42	32	0		
南京	91	87	79	75	68	55	34	0	
上海	102	98	90	86	79	66	46	26	0

表15-29　　　　　　干散货船各航段最低运输成本对应船型

	宜宾	泸州	重庆	涪陵	万州	宜昌	武汉	南京	上海
宜宾	0								
泸州	1000t	0							
重庆	1000t	1000t	0						
涪陵	1000t	1000t	1000t	0					
万州	2000t	1000t	1000t	1000t	0				
宜昌	2000t	1000t	1000t	1000t	1000t	0			
武汉	5000t	2000t	2000t	2000t	1000t	5000t	0		
南京	5000t	5000t	5000t	2000t	2000t	5000t	5000t	0	
上海	5000t	5000t	5000t	5000t	5000t	5000t	5000t	6000t	0

三、组织方式优化结果

以重庆–上海航线为例,介绍干散货船组织方式优化过程。

表15-30　　　　重庆—上海航线干散货船运输成本　　　　元/吨

序号	组织方式	运输成本	中转费	总成本
1	重庆—上海	90	0	90
2	重庆—涪陵—上海	92	0.5	93
3	重庆—万州—上海	94	0.5	95
4	重庆—宜昌—上海	97	0.5	98
5	重庆—武汉—上海	101	0.5	102
6	重庆—南京—上海	105	0.5	106
7	重庆—涪陵—万州—上海	95	1	96
8	重庆—涪陵—宜昌—上海	98	1	99
9	重庆—涪陵—武汉—上海	102	1	103
10	重庆—涪陵—南京—上海	94	1	95
11	重庆—万州—宜昌—上海	97	1	98
12	重庆—万州—武汉—上海	103	1	104
13	重庆—万州—南京—上海	109	1	110
14	重庆—宜昌—武汉—上海	109	1	110
15	重庆—宜昌—南京—上海	112	1	113
16	重庆—武汉—南京—上海	115	1	116

表15-31　　重庆-上海航线干散货船运输组织优化方案

方案	组织方式	船型	成本
直达	重庆–上海	5000t	90
一次中转	重庆–涪陵–上海	1000t–5000t	93
二次中转	重庆–涪陵–南京–上海	1000t–2000t–6000t	95

四、结果分析

由图 15-6 可以看出，干散货船远距离航线代表——重庆至上海航线运输成本随船舶吨位的增大先减小再增大然后再减小，建议在满足航道维护水深的情况下，远距离航线优先选择大吨级干散货船舶；由图 15-7 可以看出，干散货船近距离航线代表 -- 重庆至万州航线运输成本随船舶吨位的增加先增加然后减少，因此近距离航线推荐 1000t 吨级左右干散货船舶；由图 15-8 和图 15-9 可以看出，重庆港的运输成本随运输距离而增加，各组织方式中以直达运输的成本最低，因此建议重庆港干散货运输采用直达组织方式。

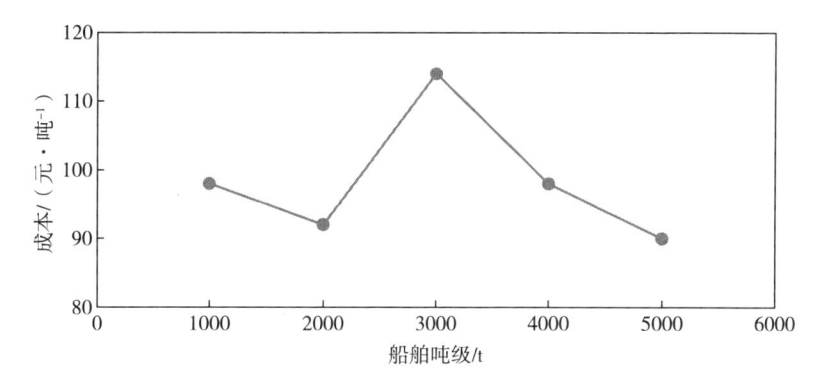

图 15-6　重庆至上海航线运输成本随船舶吨位变化

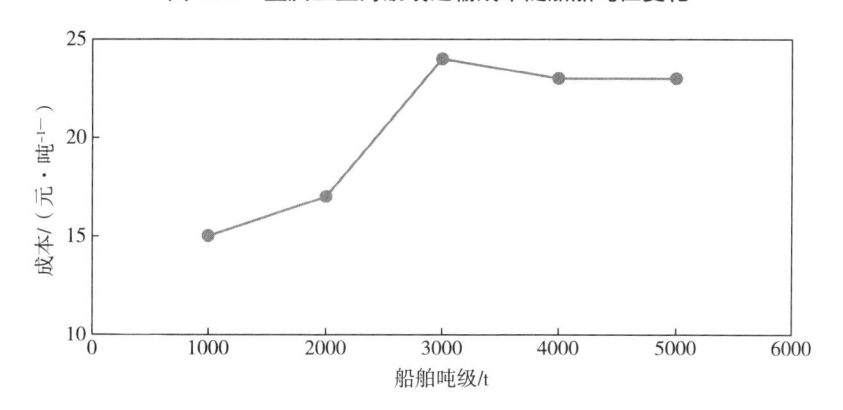

图 15-7　重庆至万州航线运输成本随船舶吨位变化

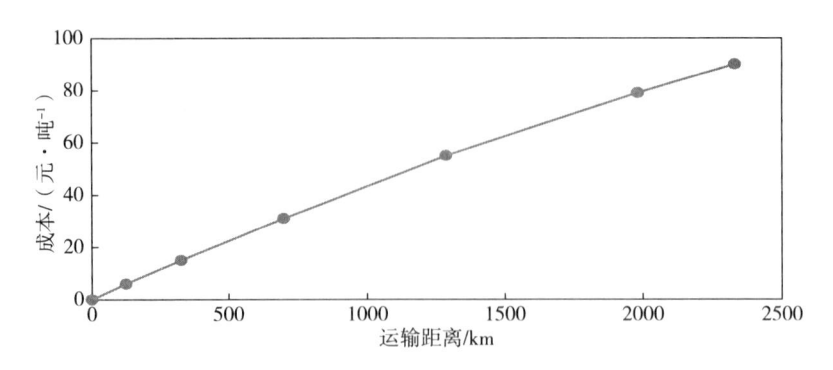

图 15-8　重庆港运输成本随运输距离变化

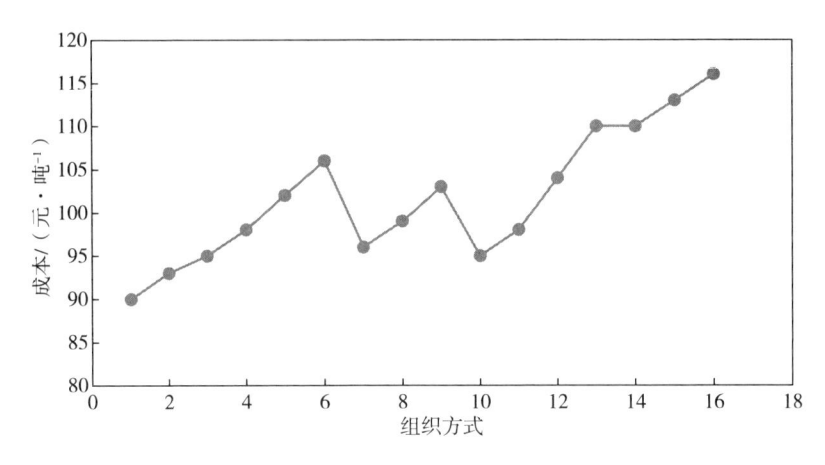

图 15-9　重庆至上海航线运输成本随组织方式变化

第四节　不确定性与敏感性分析

　　前面进行的技术经济分析，都是假定对未来的情况有较确切的了解，可称为确定性的分析研究。实际上，未来总是不确定的。诸如航速及负载率、年营运率、在港停泊时间、燃油消耗等营运参数不能正确地预测确定，这是造成不确定性的一个原因，这种不确定性一般能用概率分布来表示；船舶价格、运价、燃油价格、利率等也会因物价的波动而变化；许多经济参数估计值都是根据历史数据回归确定的，回归是用某种数学表达式去拟合这些历史数据，数据的离散和不完整性都会使这种拟合未必正确，这些都会产生某些不确定性；另外，如分析中所采用的近似计算方法，船舶建造中的误差，以及船舶性能随船龄的增加而不确定地恶化，均可引起不确定的营运结果。

一、不确定营运环境中的衡准指标

（1）衡准指标

根据营运船舶的经济数据可导出如下经济指标。

①净现值 NPV。

净现值 NPV 是利率 i 贴现的船舶寿命（n 年）内每年收入和支出的代数和，即船舶偿还本金后获得的利润总现值。显然，NPV＞0 意味着该船是有利可图的；NPV＝0 意味着该般收支足以达到预定的利率 i；NPV＜0，这意味着该船正在亏损。因此，NPV 是船舶盈利能力分析的重要指标，特别适用于多方案比较，显示不同船型的盈利能力差异。

对于一次投资，有：

$$NPV = (F-Z) \cdot SPW - P + L \cdot PW \qquad (15\text{-}9)$$

式中，F 为年营运收入总额；Z 为年营运费用；SPW 为系列现值因数，SPW=[$1-(1+i)^{-n}$]/i；L 为残值，船舶使用期满报废时的价值；PW 为现值因数，PW=$(1+i)^{-n}$=1/CA。

对于分期投资，各年度收入与支出不同的情况，有：

$$NPV = \sum_{j=m+1}^{m+n}(B_j - Y_j) \cdot PW_j - \sum_{j=0}^{m} P_j \cdot CA_j + L \cdot PW \quad (15\text{-}10)$$

式中，m 为投资期数；n 为船舶使用年限。CA 为终值因数，CA=$(1+i)^n$。

②净现值指数 NPVI。

对于一次投资，有：

$$NPVI = \frac{NPV}{P} \quad (15\text{-}11)$$

对于分期投资，有：

$$NPVI = \frac{NPV}{\sum_{j=0}^{m} P_j \cdot PW_j} \quad (15\text{-}12)$$

③平均年度费用 AAC。

根据复合算法，总投资的现值平均分配给每年，加上年平均运营费用。对于投资和年度运营费用相等，则有

$$AAC = P \cdot CR + Y - (L \cdot PW)CR \quad (15\text{-}13)$$

式中，CR 为资金回收因数，CR=1/SPW。

④必要运费率 RFR。

RFR 是实现预定投资率的计划投资率的成本，即每单位运输的平均年度成本，为

$$RFR = \frac{AAC}{Q} \quad (15\text{-}14)$$

⑤内部收益率 IRR。

当忽略残值，且一次投资、各年度收益相同时，IRR 按下式求得：

$$NPV = (B-Y) \cdot SPW - P = A \cdot SPW - P = 0$$

$$\frac{A}{P} = \frac{1}{SPW} = \frac{i}{1-(1+i)^{-n}} \quad (15\text{-}15)$$

⑥允许的最大投资额（最大船价）P_m。

$$P_m = (B-Y) \cdot SPW \quad (15\text{-}16)$$

（2）船舶不确实度估算

表15-32　　　5000吨级干散货船经济指标的不确实度估算

	原方案	载货量增加 10%	年耗油量增加 10%	营运率提高 10%	装卸效率提高 10%
造价 / 万元	1500	1500	1500	1500	1500
资本费 / 万元	175	175	175	175	175
年港口费 / 万元	53	55	53	60	58
年燃料费 / 万元	29	25	35	35	31
年货运量 /t	14537	15627	14537	16102	16520
年运费收入 / 万元	197	201	197	208	203
年盈利 / 万元	20	35	19	38	32
内部收益率 /%	14.65	16.5	13.9	16.85	16.1
必要运费率	122.07	116.5	124.5	116.7	118.27

二、敏感性分析

上述优化模型是在现有环境和现有船型基础上建立数学模型，采用船舶营运和经济参数进行多方案计算并从中选优的。这是一种确定性的分析过程。实际上船舶组织方案是面向未来的，而未来环境及参数多是不确定的，例如货流量，装卸效率与年营运天数的变化，油价、运价及船价等数据的变化都很难准确预测。显然这些数据的不确定性或波动必将影响作为目标函数的经济衡量指标值，进而可能影响最优方案的选择。因此，为提高船舶运输组织方案论证的可信度，通常要在确定性分析之后采用敏感性分析方法进行不确定性分析，以期对最优方案作出更为确切的估计和评价。

敏感性定义：设目标函数 $Z = f(x_1, x_2, \cdots, x_n)$ 在点 $P(x_1^0, x_2^0, \cdots, x_n^0)$ 处取

$$\frac{|\Delta x_i|}{x_i} = K, i = 1, 2, \cdots, n \qquad (15\text{-}17)$$

Z 对应于 Δx_i 的增量为 Δz_i，若 $|\Delta z_k| = \max(|\Delta z_1|, |\Delta z_2|, \cdots, |\Delta z_n|)$，则在点 P

处，变量 x_k 对 Z 较其他变量敏感。按 $|\Delta z_i|$ 的大小顺序排序，就可找出各变量的敏感性序列。

表15-33　自变量向不利方向变化10%引起NPV下降的百分数

方案	250TEU		5000t	
NPV/万元	14328		28602	
变动项目	影响/%	排序	影响/%	排序
投资 P	10.52	2	7.08	3
残值 L	3.61	6	1.94	6
年货运收入 B	37.76	1	36.3	1
年船员工资 CE	1.46	7	0.39	7
年港口费用 PC	6.11	4	13.49	2
年燃料费用 FC	7.46	3	4.12	4
年营运费 AE	4.7	5	3.16	5

表15-34　自变量向不利方向变化10%引起IRR下降的百分数

方案	250TEU		5000t	
NPV/万元	10.19		230.06	
变动项目	影响/%	排序	影响/%	排序
投资 P	11.71	2	10.67	3
残值 L	1.1	6	0.44	6
年货运收入 B	25.27	1	27.00	1
年船员工资 CE	0.99	7	0.29	7
年港口费用 PC	4.16	4	10.00	2
年燃料费用 FC	5.08	3	3.40	4
年营运费 AE	3.20	5	2.44	5

根据上面的敏感性分析计算，可得到如下分析结果。

不同经济参数对同一项目经济指标影响的相对大小不同。相同的变量对不同的船型有不同程度的影响，但数量级通常是相同的。年度运费收入（当年运费相同时，即运费）是最敏感的，其次是投资，再加上加油费或港口费。

港口费很特别，在干散货船计划中，其敏感性更为显著，因为该计划要求在港口进行过多的装卸作业，港口费占各种费用的很大比例。

根据敏感性分析，可以知道船员的营业费用份额较小，由于现值，剩余价值较小。因此，这两个自变量的灵敏度在不同的船型中非常小。

第五节 小结

本章建立了一种基于运输成本的单航线单船优化模型,优选最佳运输方式和船型,以成本因素评价船型的营运性能,使目标函数达到最小值的船舶组织方案就是研究期内的最优方案;分别以集装箱船和干散货船进行案例计算分析,计算出船型优化结果和组织方式优化结果,并对优化结果进行不确定性和敏感性分析。

第16章　长江上游水运与公铁运输方式竞争模式分析

第一节　介　绍

　　大多时候在处理航运与公铁路运输竞争问题时，是按照以往年份货物在水铁公路三种运输方式的分配比例而分配，这样并不能模拟水公铁之间的竞争关系。

　　航运与公铁路运输竞争是在三种运输方式之间和货物营运人之间的竞争环境下实施的。货物选择通过哪一种运输方式取决于三种运输方式以及货物自身的相关特点。为了正确模拟航运与公铁路运输竞争问题，三种运输方式的特点对竞争的影响需详细阐述。本章将以研究货主为主，用数字描述货主选择三种运输方式的行为，建立航运与公铁路运输竞争模型，重点建立的是重庆与四川、重庆与贵州、重庆与云南之间的三个竞争模型。

第二节　影响因素

影响货物运输方式竞争力的因素有很多，最主要的就是运价，其他条件一致的情况下，托运人必然会选择运价较低的运输方式；运输距离也是影响货物运输方式竞争力的因素之一，长距离的运输往往选择水路运输和铁路运输，短距离的运输往往选择公路运输；水公铁三种运输方式的速度不同，将货物从同一地点运至相同的目的地，所需的时间也不尽相同。从理论上说，托运者一般希望货物尽快运达目的地，因此，运输时间也会影响货物运输方式的竞争力；通常情况下运输时间和运输距离成相关关系，因此，考虑运输距离时，不再考虑运输时间；水公铁三种运输方式的运载力也将影响货物运输方式的竞争力；同时，考虑国家提倡节能减排，以及环保的要求，三种运输方式的排放对货物运输方式的竞争力也会有一定影响。

本章通过网络爬虫技术，在中国物流网、物通网、中铁客户服务中心以及长江航道管理局等官方网站，同时经过广泛调研，分别收集了长江上游重庆与四川、重庆与贵州、重庆与云南间的公铁水运输记录共3300个数据样本。由于数据样本较大，本章在每个区域随机选取45组数据，如表16-1所示。其中，运输方式1代表公路运输，运输方式2代表铁路运输，运输方式3代表水路运输。

表16-1　　　　　　　　　　　　　运输记录数据样本

重庆与四川					重庆与贵州				重庆与云南			
运输方式	运价	运距	货重	运输方式	货重	运距	运价	运输方式	货重	运距	运价
3	0.015	286	456	3	440	187	0.03	3	718	216	0.045
2	0.29	305	45	2	362	41	0.22	1	1015	11	0.45
2	0.28	288	40	1	441	11	0.56	1	799	9	0.49
1	0.74	384	8	3	427	233	0.03	3	526	213	0.045
2	0.3	258	59	3	423	197	0.03	3	539	183	0.035
3	0.025	382	561	3	404	246	0.02	3	588	216	0.035
1	0.69	377	12	3	337	264	0.02	3	707	183	0.045
3	0.025	388	528	3	459	215	0.03	3	752	194	0.035
3	0.015	300	550	3	446	182	0.03	3	747	144	0.045
2	0.28	364	55	1	605	12	0.56	1	959	8	0.47
2	0.27	346	52	3	342	228	0.02	1	942	12	0.44
3	0.015	399	480	1	622	10	0.56	3	532	214	0.035
3	0.015	290	446	3	348	202	0.03	1	799	8	0.45
3	0.025	306	425	2	341	48	0.22	1	809	12	0.44
1	0.73	365	8	3	390	231	0.02	3	611	168	0.045
3	0.025	369	407	1	545	11	0.54	3	761	176	0.035
3	0.025	358	574	1	628	10	0.53	3	588	153	0.035
3	0.025	269	414	3	393	262	0.03	3	540	170	0.045
3	0.015	350	548	3	367	177	0.03	2	1027	50	0.15
3	0.025	400	424	3	337	198	0.03	3	777	182	0.035
1	0.75	384	9	1	534	8	0.53	3	561	166	0.045
3	0.015	353	507	2	336	42	0.23	3	650	171	0.045
2	0.3	360	47	1	465	12	0.57	3	684	210	0.035
3	0.015	282	537	3	425	233	0.03	2	1128	57	0.16
3	0.025	341	426	1	628	11	0.55	1	1008	11	0.44
3	0.025	364	511	3	402	181	0.03	3	680	177	0.045
3	0.025	342	510	3	433	228	0.02	1	1024	9	0.47
1	0.7	409	10	3	330	219	0.03	3	529	185	0.035
3	0.015	327	440	3	430	176	0.03	1	968	9	0.47
1	0.68	431	12	3	317	211	0.03	1	684	8	0.47
3	0.025	319	553	3	432	225	0.02	3	716	207	0.045
3	0.025	397	596	1	531	11	0.54	3	591	168	0.035

续表

| 重庆与四川 |||| 重庆与贵州 |||| 重庆与云南 ||||
运输方式	运价	运距	货重	运输方式	货重	运距	运价	运输方式	货重	运距	运价
3	0.015	371	405	3	368	248	0.02	3	595	150	0.035
1	0.69	364	10	3	321	211	0.03	2	1052	47	0.15
3	0.025	356	569	3	370	233	0.02	1	859	8	0.45
3	0.015	312	402	3	373	249	0.03	3	627	153	0.035
3	0.025	360	567	3	315	189	0.03	2	1199	42	0.16
1	0.73	353	12	3	385	213	0.02	3	642	149	0.035
3	0.015	307	443	3	461	251	0.02	2	1267	51	0.16
3	0.015	339	410	3	387	263	0.03	1	772	11	0.44
1	0.69	356	11	1	503	11	0.55	3	740	168	0.045
1	0.73	415	9	3	343	259	0.03	3	566	153	0.035
1	0.7	447	9	1	452	11	0.58	1	823	10	0.47
3	0.015	340	544	3	416	179	0.03	3	668	205	0.035
3	0.025	324	407	3	311	194	0.02	3	670	173	0.035
3	0.025	314	541	3	432	240	0.03	3	666	169	0.045
3	0.025	381	426	3	374	252	0.02	3	628	194	0.045
2	0.28	249	57	3	338	263	0.03	1	973	8	0.48
3	0.025	273	424	3	356	191	0.03	1	765	11	0.49
3	0.025	278	449	1	610	10	0.53	3	768	152	0.035

表 16-1 中，运价的单位：元/(吨·公里)；运距的单位：公里；货物重量单位：吨。

一、运输价格与选择三种运输方式的关系

在长江经济带，水路运输的成本为铁路运输的 84%；而在沿海地区，海运的运输成本更是只有铁路运输的 40%，公路、铁路、水路运费分别是 0.5，0.16 和 0.02 元/(吨·公里)。由数据样本有表 16-2。

表16-2　　　　　　　　　　运输价格与比例

重庆与四川		重庆与贵州		重庆与云南	
运输方式比例	平均运价	运输方式比例	平均运价	运输方式比例	平均运价
Q1	22%	0.71	Q1	24%	0.55	Q1	30%	0.46
Q2	14%	0.29	Q2	6%	0.22	Q2	10%	0.16
Q3	64%	0.02	Q3	70%	0.03	Q3	60%	0.04

表16-2中，Q1、Q2、Q3分别为由样本数据得到的货物分别在公路铁路水路上的分配比例，也表明货物分别选择三种运输方式的可能性，平均运价的单位：元/（吨·公里）。由表16-2可以看出，对于三个地区，选择公路运输时，重庆与四川地区平均运价最高，为0.71元/吨公里，选择可能性最低，为22%；重庆与云南地区平均运价最低，为0.46元/吨公里，选择可能性最高，为30%。对于其他两种运输方式也是相同结果。由上述结果可以看出，在长江上游地区，平均运价越低选择对应运输方式的可能性越大。说明运价对长江上游航运与公铁路运输竞争有影响。

二、运输距离与选择三种运输方式的关系

一般来说，三种运输方式中公路运输距离最短，其次是铁路运输，最长的是水路运输。

表16-3中，Q1、Q2、Q3分别为由样本数据得到的货物在公路铁路水路上的分配比例，也表明货物分别选择三种运输方式的可能性，平均运距的单位为公里。由表16-3可以看出，长江上游地区，由于航运相对全国航运水平较为落后，航道等级不高，导致部分河段无法通航，所以平均运输距离较短，而铁路与公路的运输水平相差不是特别大，平均运输距离相差也不是特别大。运输距离和运输时间对航运与公铁路运输竞争会有影响，而两者的相关性很大，本章选取运输距离作为影响长江上游航运与公铁路运输竞争的

因素，同时，水路的平均运输距离较短，也可以反映出长江上游航运的不发达。

表16-3　　　　　　　　　　运输距离与比例

重庆与四川		重庆与贵州		重庆与云南	
运输方式比例	平均运输距离	运输方式比例	平均运输距离	运输方式比例	平均运输距离
Q_1　22%	389.55	Q_1　24%	547	Q_1　30%	879.93
Q_2　14%	310	Q_2　6%	346.33	Q_2　10%	1134.6
Q_3　64%	336	Q_3　70%	383.77	Q_3　60%	645.56

三、货物重量与选择三种运输方式的关系

通常，船舶的平均载货能力是火车的3倍，是重载卡车的250倍，在运输条件良好的航道，通过能力几乎不受限制。

表16-4中，Q1、Q2、Q3分别为由样本数据得到的货物分别在公路铁路水路上的分配比例，也表明货物分别选择三种运输方式的可能性。货物平均重量单位为吨。由表16-4可以看出，对于三个地区，选择公路运输的单次平均货物重量均为最小，铁路次之，单次平均运输货物最重的是水路运输。说明货物重量对其选择相应的运输方式有影响。

表16-4　　　　　　　　　　货物重量与比例

重庆与四川		重庆与贵州		重庆与云南	
运输方式比例	货运平均重量	运输方式比例	货运平均重量	运输方式比例	货运平均重量离
Q1　22%	10	Q1　24%	10.67	Q1　30%	9.67
Q2　14%	50.71	Q2　6%	43.67	Q2　10%	49.4
Q3　64%	483.75	Q3　70%	220.86	Q3　60%	178.73

第三节　竞争模式分析

对调研所得部分运输数据样本的分析可以看出，在长江上游地区，运价、运输距离以及货物的自身重量都对长江上游航运与公铁路运输竞争有影响。不考虑其他因素的情况下，为了经济节约，货物托运者往往选择运价最低的运输方式；而当每次托运货物越重时，越倾向于选择水路运输；越轻时，越倾向于选择公路路运输。这与船队运输能力相对于卡车、火车较大可以减少装载及转运次数有关；最后由于长江上游地区的航运水平整体偏低，某些控制河段在特殊情况下无法通航，使得水路运输的平均距离不是特别大，这也正好体现了长江上游地区水路运输的特点。

综上，长江上游航运与公铁路运输竞争，受到运价、运输距离以及货物重量的影响。在三个因素的共同作用下，货物托运者将由此选择不同的运输方式。

第四节　模型构建

离散选择分析提供了理论和方法来模拟个体从多个方案中进行选择。这个理论和方法可供货物营运人对三种运输方式服务进行的选择。离散选择理论是根据效用最大化的原理,即每个决定者都会选择对其效用最大的方案。

一、模型随机效用函数

个体选择的基本方法就是描述货物托运者偏好的随机行为,它是微观消费理论也适合离散选择分析。假定方案的集合为 C,货物托运者 n 选择的方案为 i,i ∈ C。每个备选方案都符合下面效用函数:

$$U_i = U(Z_{in}, S_n), i \in C_n \quad (16\text{-}1)$$

$$U_i = V_{ni} + \varepsilon_{ni} \quad (16\text{-}2)$$

Zin 是货物托运者 n 认为运输方式 i 的贡献价值如运费等,Sn 是货物的特性。因此,货物托运者 n 选择方案 i,当且仅当 $U_{in} \geq U_{jn}, j \neq i, j \in C_n$

因此决策者选择方 i 的概率为:

$$P_n(i|C_n) = P(U_{in} \geq U_{jn}, j \in C_n) \quad (16\text{-}3)$$

二、特性变量的选择

货物托运者选择三种运输方式的效用货物特性和三种运输方式的特性共同决定。本文将步确定运费(X1)、运距(X2)、货重(X3)3 个影响因素变量。货物托运者效用函数的随机项假定同服从 Gumbel 分布,效用函数的确定项与出行方式影响因素变量之间可用不同形式表示,本章采用常见的线性形式。

表16-5　　　　　　　　　　模型特性变量的选择

i		Zin		Sn
运输方式		运费（元）	运距（公里）	货重（吨）
公路	1	X_{1n1}	X_{1n2}	X_{1n3}
铁路	2	X_{2n1}	X_{2n2}	X_{2n3}
水路	3	X_{3n1}	X_{3n2}	X_{3n3}

那么货物托运者 n 选择运输方式 i 的效用项为：

$$V_{ni} = \beta_0 + \beta_1 X_{ni1} + \beta_2 X_{ni2} + \beta_3 X_{ni3} \quad (16-4)$$

其中，β0、β1、β2、β3 是待估参数。

三、数据调查及整理

求解离散选择模型，需要大量的样本数据。本章通过广泛调研，共取得了 3300 组公铁水的运输记录数据。以托运者为单位，将每次的运输记录数据整理成针对所研究问题的相应形式。也就是说，此次运输记录就考虑成货物托运者对三种运输方式的选择记录。整理格式可以如表16-6、表16-7、表16-8 所示。

表16-6　　　　　　　重庆与四川模型数据整理（部分数据）

序号	运输方式（i）	运费X1	运距X2	货重X3	运输方式（i）	运费X1	运距X2	货重X3	运输方式（i）	运费X1	运距X2	货重X3
1	3	5313	395	538	3	1956	286	456	3	3602	326	442
2	3	2256	302	498	2	3980	305	45	3	2422	345	468
3	3	2306	305	504	2	3226	288	40	3	4116	326	505
4	3	1882	306	410	1	2273	384	8	3	4629	350	529
5	3	5025	375	536	2	4567	258	59	3	3847	336	458
6	3	4551	334	545	3	5358	382	561	3	3663	299	490

续表

序号	运输方式(i)	运费X1	运距X2	货重X3	运输方式(i)	运费X1	运距X2	货重X3	运输方式(i)	运费X1	运距X2	货重X3
7	3	1930	302	426	1	3122	377	12	3	3949	351	450
8	3	4651	337	552	3	5122	388	528	3	5564	401	555
9	3	3388	271	500	3	2475	300	550	3	2794	278	402
10	1	3683	491	10	2	5606	364	55	3	1938	272	475
11	3	2037	292	465	3	3245	363	596	1	2505	441	8
12	3	2290	334	457	1	2706	398	10	3	2568	401	427
13	3	2803	391	478	3	2684	332	539	3	3085	270	457
14	3	3860	372	415	3	2356	346	454	2	5224	352	53
15	1	3056	485	9	1	2093	337	9	3	2160	342	421
16	2	3609	297	45	2	3472	263	44	3	2450	334	489
17	3	2167	308	469	2	5450	324	58	1	3587	427	12
18	3	2447	323	505	1	2186	347	9	3	2827	320	589
19	3	4269	321	532	3	2487	391	424	3	5319	394	540
20	2	5220	290	60	3	3235	360	599	3	4066	346	470
21	3	4514	354	510	3	4238	299	567	3	2234	340	438
22	1	3710	462	11	3	2050	299	457	3	3664	284	516
23	3	2140	322	443	3	2919	350	556	3	4903	349	562
24	3	3552	287	495	3	2221	295	502	3	4333	376	461
25	1	2837	394	10	3	2192	359	407	3	2518	369	455
26	3	4464	327	546	3	3482	313	445	3	2748	326	562
27	2	5066	318	59	3	2853	349	545	3	4694	349	538
28	3	3077	375	547	3	4624	379	488	3	4746	318	597
29	2	5301	357	55	3	3961	287	552	3	4706	362	520
30	3	2418	291	554	1	4257	473	12	1	2359	337	10

表16-6中，运费单位：元；运距单位：公里；货物重量单位：吨。

表16-7　　　　重庆与贵州模型数据整理（部分数据）

序号	运输方式（i）	运费X1	运距X2	货重X3	运输方式（i）	运费X1	运距X2	货重X3	运输方式（i）	运费X1	运距X2	货重X3
1	3	1572	389	202	3	2468	440	187	1	2236	460	9
2	3	1814	357	254	2	3265	362	41	2	3508	311	47
3	3	1570	429	183	1	2717	441	11	3	2559	442	193
4	2	4128	354	53	3	2985	427	233	3	1669	355	235
5	2	3169	308	49	3	2500	423	197	1	2998	545	10
6	1	2981	484	11	3	1988	404	246	2	3804	339	51
7	3	1262	327	193	3	1779	337	264	1	3532	609	10
8	3	2381	451	176	3	2961	459	215	2	3313	251	60
9	3	2717	399	227	3	2435	446	182	2	3313	272	58
10	3	2730	455	200	1	4066	605	12	3	1727	452	191
11	1	3171	497	11	3	1434	348	206	1	3499	558	11
12	3	2472	412	200	2	4374	337	59	1	2671	477	10
13	3	2204	461	239	3	2287	397	192	3	2509	457	183
14	3	2704	344	262	3	2092	434	241	3	2128	403	176
15	3	2111	438	241	2	3058	277	46	3	2519	340	247
16	3	1750	429	204	2	4480	366	51	2	3730	370	42
17	3	2205	350	210	3	1707	440	194	1	3138	592	10
18	1	2692	445	11	3	2590	396	218	3	1779	337	264
19	1	4012	597	12	1	2536	427	11	3	1691	341	248
20	3	1794	334	179	3	2398	412	194	3	2051	318	215
21	2	3504	362	44	3	1826	417	219	3	2090	441	237
22	3	3547	453	261	1	2708	475	10	1	3580	628	10
23	3	2147	344	208	1	2584	495	9	2	2859	259	46
24	2	4152	361	50	3	2024	308	219	3	1742	357	244
25	3	2563	403	212	3	1771	408	217	3	2359	329	239
26	2	4206	337	52	3	2749	447	205	3	3477	451	257
27	3	1542	376	205	3	2202	367	200	1	3795	575	12
28	3	2136	406	263	3	2363	368	214	3	1564	403	194
29	3	2773	422	219	3	1958	449	218	1	3162	488	12
30	1	3155	626	9	1	3821	549	12	3	1672	380	220

表16-7中，运费单位：元；运距单位：公里；货物重量单位：吨。

表16-8 重庆与云南模型数据整理（部分数据）

序号	运输方式(i)	运费X1	运距X2	货重X3	运输方式(i)	运费X1	运距X2	货重X3	运输方式(i)	运费X1	运距X2	货重X3
1	3	4133	615	192	3	6979	718	216	1	3944	913	9
2	3	5192	574	201	1	5024	1015	11	3	5682	773	210
3	1	4546	806	12	1	3524	799	9	3	5782	772	214
4	1	4466	1015	10	3	5042	526	213	1	4527	1006	10
5	3	4555	696	187	3	3452	539	183	1	4420	902	10
6	2	8660	1283	45	3	4445	588	216	1	4555	949	10
7	1	4595	999	10	3	5822	707	183	3	4134	762	155
8	3	4316	657	146	3	5106	752	194	1	3911	790	11
9	3	4383	605	207	3	4841	747	144	3	3742	652	164
10	3	4223	635	190	1	3606	959	8	3	5257	649	180
11	1	4044	766	12	3	3367	668	144	1	4730	876	12
12	3	2631	522	144	1	3371	749	10	2	7570	1154	41
13	3	4892	651	167	2	7945	1177	45	3	6819	725	209
14	3	3591	600	171	3	4205	586	205	1	3858	932	9
15	3	3961	524	168	3	5256	687	170	3	3801	538	157
16	2	6805	1055	43	2	9098	1053	54	1	3489	948	8
17	3	5514	592	207	3	4076	677	172	3	4680	700	191
18	3	6029	629	213	3	3451	680	145	1	2594	737	8
19	3	3829	636	172	3	5336	562	211	1	4143	837	11
20	3	4040	547	211	3	6523	771	188	3	5399	736	163
21	3	5011	554	201	1	4722	954	11	3	5352	672	177
22	1	4908	970	11	1	4817	952	11	1	3894	883	9
23	3	4247	718	169	2	7016	1044	42	1	4356	990	10
24	2	8122	1036	49	3	4670	629	165	3	5091	746	195
25	3	5103	613	185	3	4276	543	175	1	3719	759	10
26	3	4665	682	152	1	3196	850	8	3	4058	773	150
27	1	5651	1002	12	3	3296	645	146	2	8887	1048	53
28	1	2603	723	8	1	6033	1026	12	3	3965	534	165
29	3	6747	765	196	3	5148	650	176	1	3621	943	8
30	1	2956	754	8	1	4848	567	190	3	3767	525	205

表16-8中，运费单位：元；运距单位：公里；货物重量单位：吨。

本章所求的参数有 3 个，要想参数估计值精确度较高，则需要选择较多的数据样本进行参数估计。一般来说，数据样本越多精确度越高，由于数据采集有一定难度，本章通过调研每个模型获得了 3300 个数据样本。表 16-6、16-7、16-8 展示了共计 90 组数据，该数据从各区域的 3300 组运输记录数据中随机选出，仅供参考。

四、参数估计

多维 Logit 估计也就是估计 β_1，β_2，…，β_k 的估计值 $\hat{\beta}_1$，$\hat{\beta}_2$，…，$\hat{\beta}_K$。用最大似然估计法对多维 Logit 估计。

MNL 模型中货物托运人 n 选择运输方式 i 的概率为：

$$P_{in} = \frac{\exp(\beta V_{in})}{\sum_{j \in C_n} \exp(\beta V_{jn})} \quad (16-5)$$

其中，C_n 是货物托运者 n 运输方式选择项的集合。

MNL 模型采用的估计方法是极大似然估计法。即求解如下的极值问题，

$$\max L = \max \prod_{n=1}^{N} \prod_{i \in C_n} P_{in}^{y_{in}} \quad (16-6)$$

其中 L 为样本的似然函数，N 为样本容量，Cn 为选择方案的集合，y_{in} 的定义为：

$$y_{in} = \begin{cases} 1 \text{ 若托运者选择运输方式} i \\ 0 \text{ 其他} \end{cases}$$

对数极大似然函数为：

$$LL = \text{Log}(L) = \sum_{n=1}^{N} \sum_{i \in C_n} y_{in} \left(\beta X_{in} - \ln \sum_{j \in C_n} e^{\beta X_{in}} \right) \quad (16-7)$$

可以证明，L 对未知参数向量 $[\beta_1, \beta_2, ..., \beta_K]^T$ 一般是凹函数，所以，使 L 达到最大值的极大似然函数估计向量 $\hat{\beta}$ 应为上式对 $\hat{\beta}_K$ 的偏导数为 0 得到的联

立方程的解。LL 对 $\hat{\beta}_K$ 的一阶偏导数方程组可写为：

$$\frac{\partial LL}{\partial \hat{\beta}_K} = \sum_{n=1}^{N}\sum_{i \in C_n} y_{in}\left[x_{ink} - \frac{\sum_{j \in C_n} x_{jnk} e^{\beta_k x_{jn}}}{\sum_{j \in C_n} e^{\beta_k x_{jn}}} \right] = 0, k = 1,...,K \quad (16\text{-}8)$$

简化为

$$\frac{\partial LL}{\partial \hat{\beta}_K} = \sum_{n=1}^{N}\sum_{i \in C_n} (y_{in} - P_{in}) x_{ink}, k = 1,...,K \quad （16\text{-}9）$$

因此可求得

$$\sum_{n=1}^{N}\sum_{i \in C_n} (y_{in} - P_{in}) x_{ink} = 0 \quad （16\text{-}10）$$

由上式可得出梯度为及 Hessian 矩阵分别为

$$\nabla L = \begin{bmatrix} \dfrac{\partial L}{\partial \theta_1} \\ \vdots \\ \dfrac{\partial L}{\partial \theta_k} \\ \vdots \\ \dfrac{\partial L}{\partial \theta_K} \end{bmatrix} = \begin{bmatrix} \sum_{n=1}^{N}\sum_{i \in A_n}(\delta_{in} - P_{in}) x_{in1} \\ \vdots \\ \sum_{n=1}^{N}\sum_{i \in A_n}(\delta_{in} - P_{in}) x_{ink} \\ \vdots \\ \sum_{n=1}^{N}\sum_{i \in A_n}(\delta_{in} - P_{in}) x_{inK} \end{bmatrix} \quad (16\text{-}11)$$

$$\nabla^2 L = \begin{bmatrix} \partial^2 L/\partial \theta_1^2 & ... & ... & ... & \partial^2 L/\partial \theta_K \partial \theta_1 \\ \vdots & & & & \vdots \\ \vdots & & \partial^2 L/\partial \theta_k^2 & ... & \vdots \\ \vdots & & & & \vdots \\ \partial^2 L/\partial \theta_1 \partial \theta_K & ... & ... & ... & \partial^2 L/\partial \theta_K^2 \end{bmatrix} \quad (16\text{-}12)$$

利用以上两式即可对极大似然函数求解。求解的方法有很多种。最常用的就是通过使用 Newton—Raphson 迭代法得到参数的估计值。尽管解不一定存在，但由于极大似然函数在定义域内都是凹函数，因此当有解时，解将是唯一的，并且所得到的是无偏，一致且有效的。

用 P1 表示选择公路的概率；用 P2 表示选择铁路的概率，用 P3 表示选择水路的概率，有 P1+P2+P3 =1。P1、P2、P3 的计算如下：

$$P_1 = \frac{e^{\beta_0+\beta_1 x_{11}+\beta_2 x_{12}+\beta_3 x_{13}}}{\sum_{j \in C_n} e^{(\beta V_{jn})}} \tag{16-13}$$

$$P_2 = \frac{e^{\beta_0+\beta_1 x_{21}+\beta_2 x_{22}+\beta_3 x_{23}}}{\sum_{j \in C_n} e^{(\beta V_{jn})}} \tag{16-14}$$

$$P_3 = \frac{e^{\beta_0+\beta_1 x_{31}+\beta_2 x_{32}+\beta_3 x_{33}}}{\sum_{j \in C_n} e^{(\beta V_{jn})}} \tag{16-15}$$

这样，以水路作为对照项，选择公路的概率比数为 P_1/P_3。取自然对数得到的关系式为：

$$\ln\left(\frac{p_1}{p_3}\right) = \beta_1(x_{11}-x_{31}) + \beta_2(x_{12}-x_{32}) + \beta_3(x_{13}-x_{33}) \tag{16-16}$$

同样，以水路作为对照项，选择铁路的概率比数为 P_2/P_3。取自然对数得到的关系式为：

$$\ln\left(\frac{p_2}{p_3}\right) = \beta_1(x_{21}-x_{31}) + \beta_2(x_{22}-x_{32}) + \beta_3(x_{23}-x_{33}) \tag{16-17}$$

等式左边是概率比数的自然对数，等式右边的（$x_{im}-x_{im}$）（m=1,2,3）是同一因素 X_m 的不同暴露水平 x_{im} 与 x_{im} 之差。β_m 意义是在其他自变量固定不变的情况下，自变量 X_m 的暴露水平每改变一个测量单位时所引起的比数比的自然对数改变量。同多元线性回归一样，在比较暴露因素对反因变量相对贡献的大小时，由于各自变量的取值单位不同，也不能用偏回归系数的大小做比较，而须用标准化偏回归系数来做比较。标准化偏回归系数值的大小直接反映了其相应的暴露因素对因变量的相对贡献的大小。偏回归系数的计算是利用极大似然法来计算。

本文运用 MATLAB 程序中的 mnrfit 函数编程，以水路作为对照项，估计了 β 的值。回归结果如下：

重庆与四川间的航运与公铁路运输竞争多元 Logit 回归结果

$$\ln\left(\frac{p_1}{p_3}\right) = -81.9 + 0.093x_1 + 0.184x_2 - 7.21x_3 \tag{16-18}$$

$$\ln\left(\frac{p_2}{p_3}\right) = -219.464 + 0.067x_1 + 0.405x_2 - 7.31x_3 \tag{16-19}$$

重庆与贵州间的航运与公铁路运输竞争多元 Logit 回归结果

$$\ln\left(\frac{p_1}{p_3}\right) = -121.912 + 0.005x_1 + 0.168x_2 - 3.834x_3 \quad （16-20）$$

$$\ln\left(\frac{p_2}{p_3}\right) = 24.641 + 0.037x_1 - 0.064x_2 - 0.711x_3 \quad （16-21）$$

重庆与云南间的航运与公铁路运输竞争多元 Logit 回归结果

$$\ln\left(\frac{p_1}{p_3}\right) = 106.628 + 0.085x_1 + 0.198x_2 - 18.909x_3 \quad （16-22）$$

$$\ln\left(\frac{p_2}{p_3}\right) = 91.289 + 0.012x_1 + 0.237 - 2.541x_3 \quad （16-23）$$

以重庆与四川间的模型为例，式 28 中，数值 0.093 表明，其他因素不变，相对于水路来说，铁路运费与水路运费之差每增加一元，货物选择铁路的概率与选择水路的概率比小于 1，意味着运输费用的增加将使得货物更加偏向选择水路运输；数值 0.184 表明，其他因素不变，相对于水路来说，铁路运距与水路运距之差每增加一公里，货物选择铁路的概率与选择水路的概率比小于 1，意味着运输距离的增加将使得货物更加偏向选择水路运输；数值 –7.21 表明，其他因素不变，相对于水路来说，货物重量每增加一吨，货物选择铁路的概率与选择水路的概率比小于 1，意味着货物重量的增加将使得货物更加偏向选择水路运输。

五、计算货物选择水铁公路的百分比

多维 Logit 估计是一个预测单个个体行为的非集计模型，本章关心的是货物在运输方式上的分配。因此，需要计算选择运输方式 i 的个体占总体的百分率。

令 N 表示决策者的总人数，货物营运人人数，N（i）为预测选择 i 方案决策者在 N 中的个数，则 $N(i) = \sum_{n=i}^{N} p_n(i)$。

用 P（i）表示选择 i 方案的个体占总体的百分率，则

$$P(i) = \frac{1}{N}\sum_{n=i}^{N} p_n(i) = E(p_n(i)) \qquad (16\text{-}24)$$

P（i）即算出选择 i 方案的个体占总体的百分率。

在 MATLAB 中，提供了函数 mnrfit 和 mnrval 用于进行 Logistic 回归。用函数 mnrfit 求得概率比数的自然对数表达式时，下一步可用 mnrval 函数计算货物选择水铁公路的百分比。

第五节　模型检验

模型的检验一般依据显著性、拟合优度和模型准确性三类指标。通过这些具有代表性的统计量，来评估建模的合理性。

一、检验内容及方法

①显著性。显著性表征模型中的各个变量是否具有显著的统计意义。

t 检验就是一种常用的显著性检验方法。各个特性变量的 p 值说明该预测变量与响应变量的相关性，表明二者关联的显著性。如果 p 值小于 α 水平，那么该 p 值对应的预测变量与响应变量存在显著的相关性，可以包括在模型中。反之，则应去掉此变量。如果参数对模型影响显著，那么参数才有效，

随之模型才有效。在这里，t 检验主要是检验虚拟假设（null hypothesis）H_0：$\beta_k=0$

其中，β_k 为模型中第 k 个变量。

用来检验虚拟假设的统计量为：

$$t_k = \frac{\hat{\beta}_k}{S_k} \tag{16-25}$$

其中，$\hat{\beta}_k$ 是第 k 个参数的估计值。S_k 为估计值的标准差。

不同显著性水平下的 t 值如表 16-9 所示。

表16-9　　　　　　　　　不同显著性水平下的t值

置信度	t 值（双侧检验）
90%	1.645
95%	1.960
99%	2.576
99.5%	2.810
99.9%	3.290

当 $|t_k|>1.960(2.576)$ 时，可以有 95%（99%）的把握说对应的特性 Xink 是影响选择概率的主要因素之一。

②拟合优度。极大似然比经常用在离散选择模型中来度量模型适合数据的程度。其主要内容是：研究者提出的变量间关联的模式是否与实际数据拟合以及拟合程度如何。更精确地说，带有评估参数的模型与所有参数都为 0 的模型（null model，相当于没有模型）相比较。这个比较是在对数似然函数的基础上进行的，对被估计参数和在所有参数为 0 时的模型进行评价。

极大似然比定义为：

$$\rho^2 = 1 - \frac{LL(\hat{\theta})}{LL(0)} \tag{16-26}$$

式中，$LL(\hat{\theta})$ 是在估计参数时对数似然函数的值，$LL(0)$ 是当所有参数为 0 时的值。ρ^2 越接近 1，就说明模型拟合的程度越好。

③模型精度。

类似 R^2 统计量表示回归方程所解释的变异百分比，且不依赖于变量的单位。对于 logit 模型而言，Cox&Snell、Nagelkerke、McFadden 三个统计量，如同 R^2 对于线性回归方程，表征模型的精度。它们的值越接近 1，则表示模型的精度越高。公式如下：

$$R_{CS}^2 = 1 - (\frac{L(0)}{L(\hat{\beta})})^2 \qquad (16-27)$$

其中，$L(0)$ 表示初始模型的似然值，$L(\hat{\beta})$ 表示当前模型的似然值。

$$R_N^2 = 1 - \frac{R^2}{R_{max}^2} \qquad (16-28)$$

$$R_{MF}^2 = \frac{l(0) - l(\beta)}{l(0)} \qquad (16-29)$$

三个统计量的值越接近于 0，则能够由回归方程解释的回归变异越少，拟合效果越差，自变量与因变量基本无关。三个统计量的值越接近于 1，则能够由回归方程解释的回归变异越多，拟合效果越好，自变量与因变量能够完美地预测。

二、检验结果

本章对模型所涉及的三个参数进行了 t 值检验，检验结果如下。

①重庆与四川间的航运与公铁路运输竞争模型验证，见表16-10。

表16-10　　重庆与四川间的航运与公铁路运输竞争模型验证

	β_0	β_1	β_2	β_3
公路	4.230	17.602	2.631	471.953
铁路	10.828	11.128	4.765	30.576

②重庆与贵州间的航运与公铁路运输竞争模型验证，见表16-11。

表16-11　重庆与贵州间的航运与公铁路运输竞争模型验证。

	β_0	β_1	β_2	β_3
公路	4.194	8.316	3.044	84.549
铁路	9.494	5.736	10.801	18.825

③重庆与云南间的航运与公铁路运输竞争模型验证，见表16-12。

表16-12　重庆与云南间的航运与公铁路运输竞争模型验证

	β_0	β_1	β_2	β_3
公路	12.488	76.210	15.061	782.517
铁路	11.209	10.812	19.149	122.192

根据表16-10与表16-9对比，置信区间均大于95%，可以认为所选的三个特性变量对货物托运者选择运输方式具有影响作用，三者皆是影响选择概率的重要因素。参数有效，模型有效。

第17章 三峡枢纽货运量预测分析

长江是横贯我国东西的水运大动脉，货运量位居全球内河之首，素有"黄金水道"之称。三峡工程建成蓄水后，极大改善了川江通航条件，促进川江航运经济快速发展，三峡枢纽货运量大幅增加，2004—2018年三峡枢纽货物通过量从3430万吨增加到13027万吨，年均递增10.81%。但与此同时，三峡船闸通过能力不足的矛盾逐渐显现，船舶待闸已成为常态，成为当前制约长江上游航运发展的关键问题。2011年三峡船闸年通过量突破1亿吨，提前19年达到设计通过能力；2011—2017年，日均待闸船舶数从180艘增长到614艘、船舶平均待闸时间从17小时增加到106小时；2018年上半年，日均待闸船舶数1080艘，船舶平均待闸时间已经突破200小时，船舶每天待闸成本损失超过1000万元。未来三峡枢纽货运量如何发展，是解决三峡枢纽运输瓶颈问题必要考虑的重要因素。

关于三峡枢纽过坝货运量预测，现有研究成果较多，分别采用综合预测法、趋势增长率外推法、基于GA-SVM模型法，以及运输弹性系数法、回归分析法、水运系数法、无偏灰色马尔科夫链法、情景分析法、运输强度系数和组合预测法，预测长江三峡枢纽过坝货运量和长江干线货运量。从上述预测方法看，以时间序列法、回归分析法、弹性系数法、运输强度系数、情景分析法以及组合预测法等方法，甚少从区域产业结构变化的角度预测三峡枢纽过坝货运量，长江三峡枢纽是沟通长江上游区域与长江中下游区域的关键节点，三峡枢纽过坝货运量与长江上游区域经济发展和产业结构密切相关。基于此，本章构建基于产业结构测度的三峡枢纽过坝货运量预测模型，为预测三峡枢纽过坝货运量预测提供新的方法。同时发现，随着长江上游区域第三产业占比的持续上升和单位 GDP 生成的三峡枢纽过坝货运量的持续下降，2040年前后长江三峡枢纽过坝货运量将进入平稳发展阶段。

第一节　长江上游区域经济发展与三峡枢纽货运量分析

一、长江上游区域 GDP 及产业结构分析

三峡枢纽是长江上游区域连接长江中下游区域的关键运输节点，其货运量发展与长江上游区域经济社会发展密切相关，因而本文选取长江上游区域经济发展作为主要研究对象，并选取四川省和重庆市为代表。根据国家统计年鉴收集整理了该区域 2000—2017 年地区生产总值、产业结构的有关数据，如表 17-1、图 17-1 和图 17-2 所示。

表17-1　　　　　长江上游区域国民生产总值及产业结构

年份	地区生产总值 / 亿元				地区生产总值产业结构 /%		
	合计	第一产业	第二产业	第三产业	第一产业	第二产业	第三产业
2000	5719	1231	2193	2295	21.5	38.3	40.2
2001	6399	1276	2598	2525	19.9	40.6	39.5
2002	7108	1365	2942	2798	19.2	41.4	39.4
2003	8012	1469	3399	3144	18.3	42.4	39.2

续表

年份	地区生产总值/亿元				地区生产总值产业结构/%		
	合计	第一产业	第二产业	第三产业	第一产业	第二产业	第三产业
2004	9592	1825	4066	3701	19.0	42.4	38.6
2005	10853	1949	4629	4275	18.0	42.7	39.4
2006	12545	1985	5646	4914	15.8	45.0	39.2
2007	15181	2509	7014	5658	16.5	46.2	37.3
2008	18300	2937	8849	6513	16.1	48.4	35.6
2009	20681	2843	10156	7683	13.7	49.1	37.1
2010	25111	3156	13038	8917	12.6	51.9	35.5
2011	31038	3827	16564	10647	12.3	53.4	34.3
2012	35259	4227	18571	12461	12.0	52.7	35.3
2013	39044	4411	19393	15240	11.3	49.7	39.0
2014	42799	4594	21057	17148	10.7	49.2	40.1
2015	45820	4820	21372	19629	10.5	46.6	42.8
2016	50421	5217	21816	23370	10.3	43.3	46.3
2017	56480	5635	22911	27934	10.0	40.5	49.5

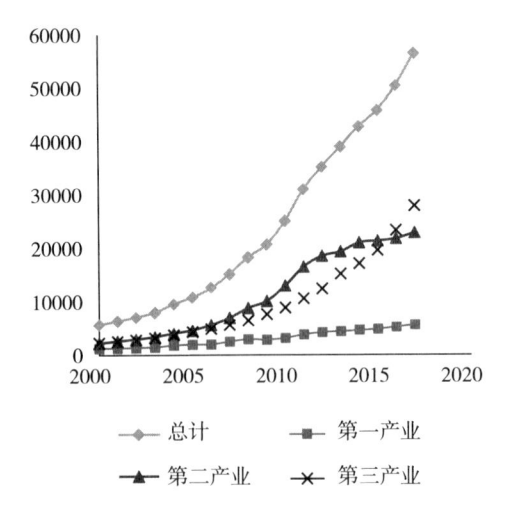

图 17-1 长江上游区域生产总值（单位：亿元）

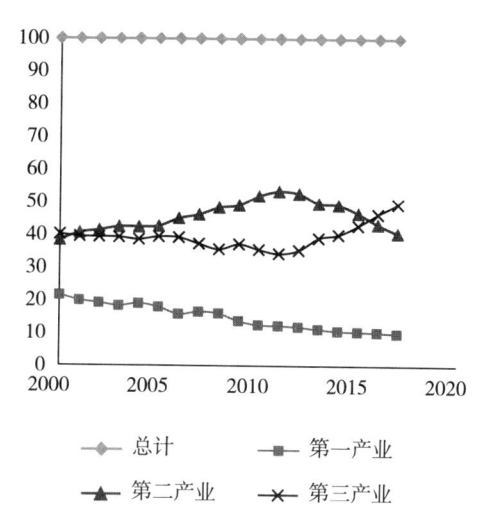

图 17-2　长江上游区域产业结构变化（单位：%）

由表 17-1 和图 17-1、图 17-2 可见，长江上游区域生产总值从 2000 年 5719 亿元增长到 2017 年 56480 亿元，年均增长率为 14.42%。第一、二、三产业生产增长速度不一，2000—2017 年年均增长率分别为 9.36%、14.80% 和 15.84%，三次产业结构由 2000 年的 21.5∶38.3∶40.2 调整为 2017 年的 10.0∶40.5∶49.5。目前，长江上游区域第三产业已超过第一、二产业。

二、三峡枢纽货运量

1982—2017 年三峡枢纽货运量变化数据见表 17-2 和图 17-3 所示。其中，1982—2003 年采用葛洲坝船闸枢纽数据。

表17-2　　　　　　　　三峡枢纽过坝货运量情况　　　　　　单位：万吨

年份	货运量	年份	货运量
1982	347	2000	1200
1983	459	2001	1514
1984	552	2002	1808

续表

年份	货运量	年份	货运量
1985	555	2003	1744
1986	549	2004	3042
1987	637	2005	3542
1988	771	2006	4232
1989	873	2007	4986
1990	708	2008	5614
1991	733	2009	6394
1992	928	2010	8209
1993	949	2011	10418
1994	1045	2012	9195
1995	1430	2013	10297
1996	1591	2014	11772
1997	1386	2015	11507
1998	1037	2016	12747
1999	1057	2017	13983

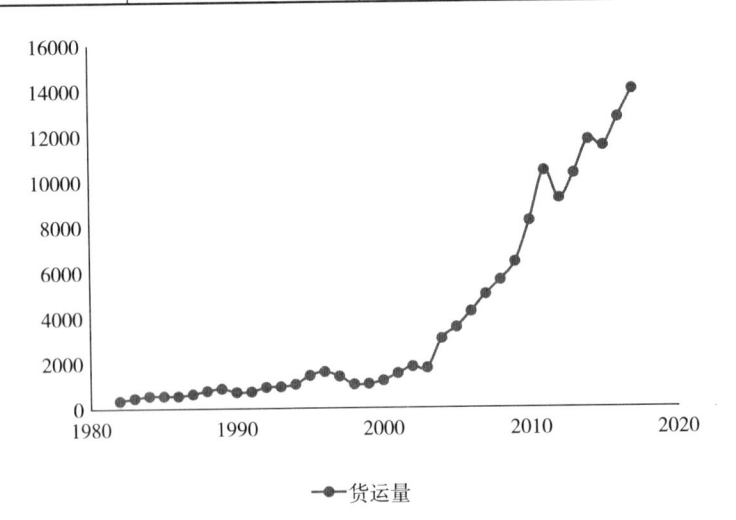

图 17-3　三峡枢纽过坝货运量变化趋势　（单位：万吨）

由表 17-2 和图 17-3 可见，葛洲坝枢纽过坝货运量从 1982 年的 347 万吨增长到 2003 年的 1744 万吨，年均增长率为 7.99%。三峡工程于 2003 年建成运营后，三峡枢纽货运量在 2004 年几乎增长 1 倍，随后三峡枢纽过坝货运量快速增长，2018 年达到 1.4 亿吨，2004—2018 年年均增长率为 10.81%。显见三峡枢纽建设促进了长江上游区域航运的快速发展。

三、长江上游区域经济、产业结构与三峡过坝运量之间的关系

考虑三峡枢纽 2003 年投入使用，2004 年过坝货运量有大幅增长，会影响回归模型的拟合度。因此选用 2004—2017 年长江上游区域经济、产业结构和三峡枢纽过坝货运量数据，经整理得到构建模型所需要的数据资料，如表 17-3 所示。

表17-3　长江上游区域经济、产业构成与三峡枢纽过坝运量变化关系

年 份	一+二/三	一/三	三	单位 GDP 产生的货运量/万吨
2004	1.59	0.49	0.39	0.32
2005	1.54	0.46	0.39	0.33
2006	1.55	0.40	0.39	0.34
2007	1.68	0.44	0.37	0.33
2008	1.81	0.45	0.36	0.31
2009	1.69	0.37	0.37	0.31
2010	1.82	0.35	0.36	0.33
2011	1.92	0.36	0.34	0.34
2012	1.83	0.34	0.35	0.26
2013	1.56	0.29	0.39	0.26
2014	1.50	0.27	0.40	0.28

续表

年份	一+二/三	一/三	三	单位GDP产生的货运量/万吨
2015	1.33	0.25	0.43	0.25
2016	1.16	0.22	0.46	0.25
2017	1.02	0.20	0.49	0.25

由表17-3可见，2011年前，随着第二产业占比的持续增长和第一、二产业占比的持续下降，长江上游区域每亿元GDP生成三峡枢纽过坝货运量总体变化平稳；2011年后，随着第三产业占比的持续上升，第一、二产业占比的持续下降，相应的长江上游区域每亿GDP生成三峡枢纽过坝货运量开始逐步下降；预计未来随着长江上游区域第三产业占比增加和第一、二产业占比下降的持续，每亿元GDP生成三峡枢纽过坝货运量将会进一步降低。

第二节 预测模型与预测结果分析

一、预测思路

区域经济的发展和产业结构不断升级，必然引起区域运输强度发生变化，即区域单位GDP货运生成量与其经济发展及产业结构有着显著的因果关系，因而可建立基于产业结构与货运量变相关分析模型。该模型构建思路如图17-4所示。同时，在建立经济、产业结构和货运量三者的关系模型时，须考虑选用合适的自变量和相关分析模型的类型。本研究选用的标准是：①使模型简单明了；②模型通过相关系数检验，即统计量相关系数R显著，并通过方差分析检验，统计量 F 值显著；③标准差 σ 要小，以满足实际需要。回归曲线拟合结果见表 17-4。

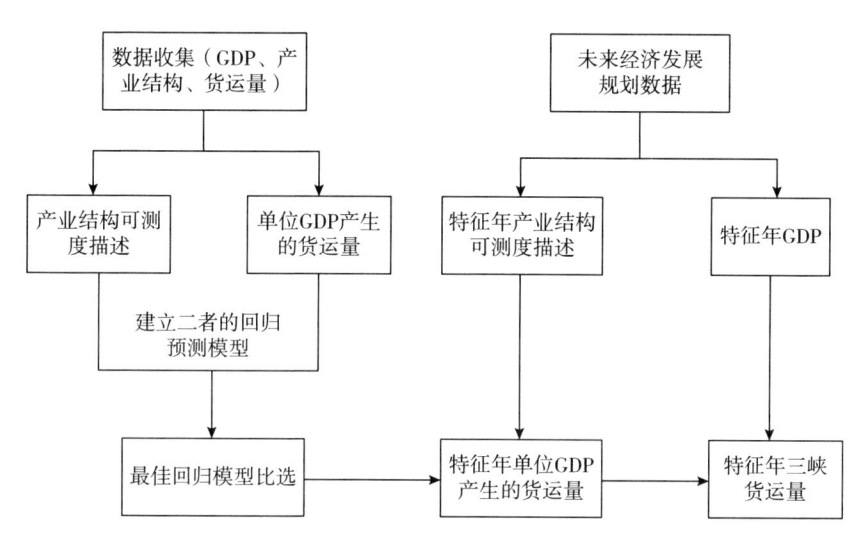

图 17-4 预测流程

表17-4　　　　　　　　　　回归曲线拟合结果

自变量	模型	R	R²	调整 R²	估计值的标准误
一+二/三	线性模型	0.636	0.405	0.355	0.029
	指数模型	0.646	0.417	0.369	0.100
	二次模型	0.650	0.423	0.318	0.030
一/三	线性模型	0.807	0.652	0.623	0.023
	指数模型	0.816	0.666	0.638	0.076
	二次模型	0.838	0.703	0.649	0.022
三	线性模型	0.646	0.417	0.368	0.029
	指数模型	0.656	0.430	0.383	0.099
	二次模型	0.649	0.421	0.316	0.030

由表 17-4 可见，自变量为第一产业与第三产业的比值时，回归拟合结果最高，其中二次回归模型最优。因此，用二次回归模型来拟合自变量第一产业与第三产业结构的比值和因变量单位 GDP 产生货运量这二者的关系，已知二次回归曲线方程的一般形式为 $y = \alpha_1 x^2 + \alpha_2 x + \beta$。当置信水平为 95% 时，单位 GDP 产生的货运量预测值的近似区间为（y-2σ，y+2σ）。

利用 SPSS 软件得到的方差分析和回归系数显著性检验结果，如表 17-5 所示。

表17-5 方差分析

ANOVA	平方和	df	均方	F	sig.
回归	0.012	2	0.006	13.015	0.001
残差	0.005	11	0.000		
总计	0.017	13			

注：自变量为第一产业产值/第三产业产值。

假设置信水平为95%，由表 17-4 可知相关系数 R=0.838，说明自变量与因变量相关性较强；标准差 $\sigma = 0.022$，数值较小。由表 5 可知显著性系数 sig.=0.001＜0.05，说明回归关系有统计学支持；同时，F 值为 13.015，F0.95（2，11）=3.98＜F，显著通过检验。

得到的多项式回归曲线方程为

$$y=-1.106x^2+1.08x+0.064 \tag{17-1}$$

单位 GDP 所产生的货运量预测值的近似区间为（y-2σ，y+2σ）=（y-0.044，y+0.044）。单位 GDP 生成三峡枢纽货运量随着第一产业与第三产业产业结构的比值降低而降低，也就是表明第三产业的所占比重越大，单位 GDP 产生货运量越少。

二、三峡枢纽过坝货运量预测结果及分析

（1）模型预测结果

根据长江上游区域未来经济发展及产业结构变化，第三产业持续快速

发展，其所占比重持续增大，第一产业占比逐年减少的总体态势将持续，预测未来各特征年第一产业与第三产业的产业结构比值见表17-6。同时，对2000—2017年长江上游区域GDP回归预测，得到未来特征年的GDP（见表17-6）。

表17-6　　　　　　　　特征年产业结构比值和GDP

年份	2020	2025	2030	2035	2040	2050
第一产业/第三产业	0.168	0.129	0.104	0.087	0.074	0.058
GDP（亿元）	75329	111414	154913	188475	216417	258684

带入到公式（17-1）和近似预测区间中计算，可以得到2020年、2025年、2030年、2035年、2040年和2050年长江三峡枢纽过坝货运量预测结果（表17-7）。

表17-7　　　　　三峡枢纽过坝货运量预测结果　　　　　单位：万t

年份	2020	2025	2030	2035	2040	2050
预测值	16126	20562	25417	28194	31040	31734

（2）预测结果分析

由表17-7可知，预测2020年、2030年、2040年和2050年三峡枢纽过坝货运量分别约为1.61、2.54、3.10和3.17亿吨，2020—2030年、2030—2040年和2040—2050年的年增长率分别为4.65%、2.02%和0.22%。即在2040年前三峡枢纽过坝货运量持续增长，2040年后其基本保持平稳变化。从国内现有公开文献资料看，2020年和2050年三峡枢纽过坝货运量的预测值分别为1.56亿~2.10亿吨和2.60亿~3.50亿吨。本研究预测结果在相关研究成果区间，具有一定的参考意义。此外，根据美国密西西比河货运量和欧洲莱茵河货运量发展变化的特点看，其产业结构变化到一定状态和货运量持续增长到一定高位后，其货运量在量级上将不再持续增长而是处于高位平稳波动变化，这是否意味着长江三峡枢纽过坝货运量也存在最大值？在何种条件下出现最大值？有待探讨。

第三节　小结

本章通过分析长江上游区域经济发展与三峡枢纽货运量的关系，构建预测模型并分析预测结果，得出以下结论。

第一，三峡枢纽过坝货运量随长江上游区域经济的增长而增长，并随着产业结构的调整和第三产业比重的持续增加，单位 GDP 生成三峡过坝货运量逐步减少。

第二，构建基于长江上游区域产业结构测度的三峡枢纽货运量预测模型，由该模型预计 2020 年、2030 年、2040 年和 2050 年长江三峡枢纽货运量分别约为 1.61、2.54、3.10 和 3.17 亿 t。

第三，长江三峡枢纽过坝货运量在 2040 年左右达到最大值 3.10 亿 t 后，在量级上将基本处于高位平稳变化。至于该现象是否有普遍规律，尚待进一步探讨。

第 18 章　三峡枢纽船型结构预测分析

三峡枢纽是连接长江上游和中游的关键节点，极大地促进了长江上游和中游的航运发展，对黄金水道起到至关重要的作用。但随着货运需求的不断增长，船舶过闸供需矛盾日益突出。三峡船闸设施设备已连续多年处于高负荷运行状态，已进入检修高峰期，船舶待闸成为常态。预计"十四五"期"645 工程"建设完工，宜昌–武汉段航道水深提升至 4.5m，万吨级船舶将全年通航。过闸船舶进一步大型化，5000 吨级以上船舶约占 41%，平均吨位达 4337 吨，2010—2017 年均大型化率约 11%，给船闸工作人员增加了工作负担和难度。未来船闸通航船舶如何发展，是解决三峡枢纽运输瓶颈问题必须考虑的重要因素。

关于三峡枢纽的船型结构目前没有人研究过，但从结构演化角度看，一般使用马尔科夫链模型和解释结构模型来研究。裴彧（2018）为了弥补灰色马尔科夫预测模型自身的不足，本文首次将新陈代谢模型与残差优化的灰色马尔科夫模型结合从而达到修正灰色模型的目的，并应用到桥梁健康状态的预测当中。朱会霞等人（2016）采用马尔科夫模型和区间自适应遗传算法建模，进而预测出东北三省产业结构。潘杰等人（2018）采用滑动无偏灰色 GM（1，1）和马尔科夫链建模，对灰色模型的残差相对值用马尔科夫链进行修正，进而预测出 2017 年西安地铁二号线客流量。刘宗明等人（2012）采用灰色 GM（1，1）和马尔科夫链模型建模，对灰色模型的残差绝对值序列用马尔科夫链模型进行调整，最终得出太原市漪汾桥断面的交通量。马彩雯等人（2019）采用灰色 GM（1,1）和马尔科夫链模型建模，利用积分思想对灰色模型背景值进行优化，修正灰色模型残差，从而预测出 2016 年我国铁路客流量。刘晓琴等人（2010）采用马尔科夫链模型和统计估计法建模，预测出 2007 年北京西站铁路春运客流量。彭舰等人（2018）提出了基于马尔科夫链的轻轨乘客轨迹预测新算法，结合贝叶斯分类器、最近一次出行轨迹与常住地的关系，预测出下次出行轨迹。贾云蒲（2019）根据单线地铁客流增长的规律与特征，采用灰色 Verhulst 模型预测西安市地铁 2 号线客流量，通过对原始数据进行对数变换，再利用马尔科夫模型进行修正，最终得到误差更小的预测结果。Antoni Wilinski（2019）在函数值的字段中创建具有固定长度和固定划分为间隔的时间窗序列，优化目的在于找到最佳窗口长度、窗口数量和间隔数量，以提高转换矩阵的预测效率，一阶马尔可夫链和二阶马尔可夫模型的测试取得了良好的结果。Zhenxiang Xing, Han Zhang, Yi Ji, Gong Xinglong, Qiang Fu, Heng Li（2019）基于自适应 Metropolis 算法（AM-MCMC）来解决 CM 中单个模型的权重，并获得权重的概率分布和所有权重的联合概率密度，最后获得最佳重量组合。Pangun Park（2019）综合考虑感测链路、致动链路和恢复机制，通过马尔可夫链建模，对模拟结果进行评估。受上述成果的启发，本文通过数据采集处理，构建马尔科夫链模型，预测出 2020 年、2030 年、2040 年和稳定年的三峡枢纽船型结构。

第一节　三峡枢纽过闸船舶结构分析

三峡枢纽过闸船舶多种多样，代表船型有 3000 吨级油船、300TEU 集装箱船、5000 吨级普通货船等，具体见表 18-1。

第 18 章 三峡枢纽船型结构预测分析

表18-1 　　　　　　　　　三峡枢纽过闸代表船型

船型	船长/m	船宽/m	吃水/m
1300 吨级油船	75	13.6	2.5
3000 吨级油船	87	14.8	3.8
200TEU 集装箱船	90	14.6	3.2
300TEU 集装箱船	110	17.2	3.8
1000 吨级货船	58	10.8	2.5
2000 吨级货船	68	12.8	3.4
3000 吨级货船	87	15.8	3.6
4000 吨级货船	92	14.8	4.3
5000 吨级货船	100	16.2	4.3
6000 吨级货船	108	17.2	4.9
7000 吨级货船	110	19.2	5.1

按船舶类型、船舶吨级和船舶尺度三个方面对过闸船舶进行分析，主要如下：

（1）船舶类型结构

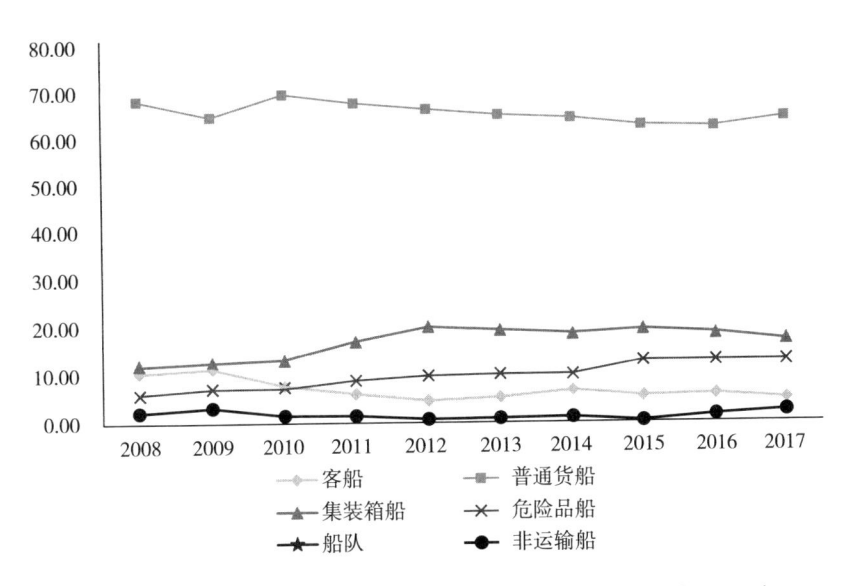

图 18-1　2008—2017 年三峡船闸过闸船舶类型比例图（单位：%）

2008—2017年三峡船闸过闸船舶类型比例变化见图18-1。船舶运力以单船为主，船队被淘汰的格局基本不变。目前客船占比虽年均递减7%，但随着普通客船和客货船的基本淘汰，旅游市场的开放及旅游客船的快速增长，未来客船占比将有上升的趋势；随着国家经济发展和产业结构的调整，危险品船、商品车船、多用途船和集装箱船的占比将由上升态势，普通货船占比总体上有下降趋势；非运输船舶占比仍将有持续减少趋势。

（2）船舶吨级结构

2008—2017年三峡枢纽过闸船舶吨级结构见图18-2。过闸船舶以3000吨为界，3000吨以下的船舶持续下降，3000吨以上的船舶稳步上升。3000吨以下的船舶由2008年的90.8%减少到2017年的32.5%，年均递减率10.8%；3000吨及以上的船舶由2008年的9.2%增加到2017年的67.5%，上升了6.3倍，年均递增24.6%。5001吨及以上的船舶增长尤为显著，增长了约32倍，已成为目前占比最大的船型。

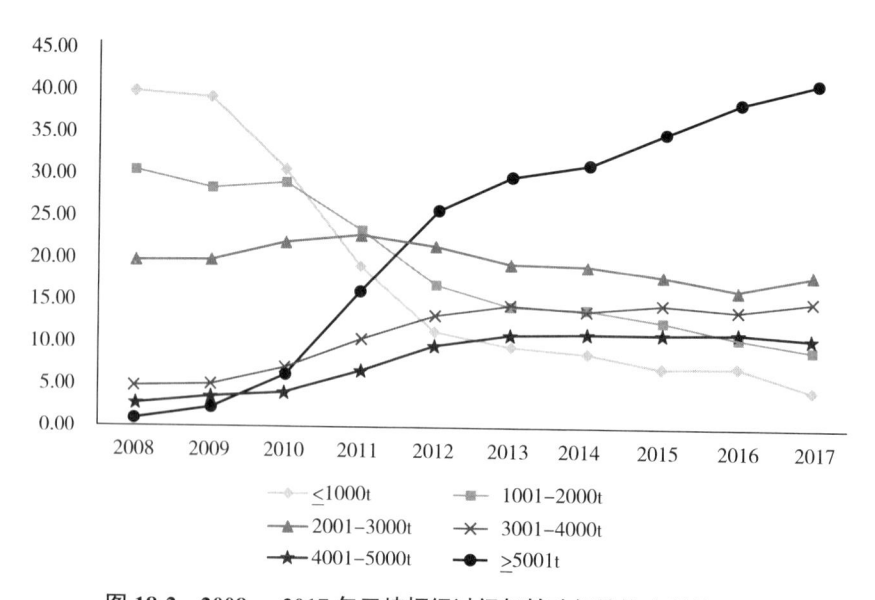

图18-2　2008—2017年三峡枢纽过闸船舶吨级结构（单位：%）

(3) 船舶尺度结构

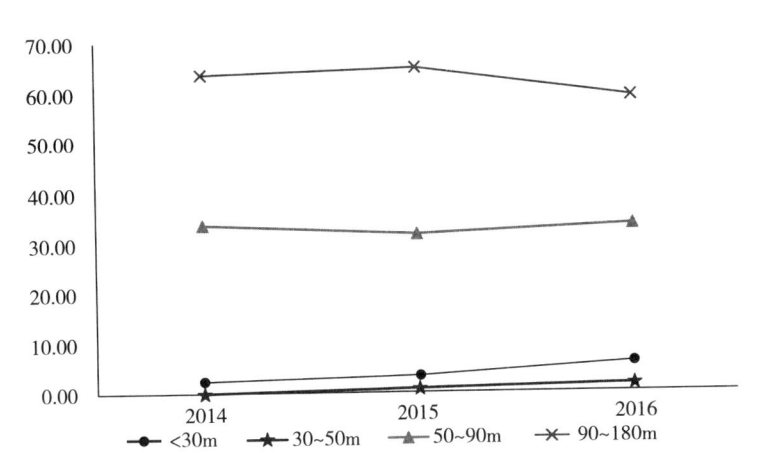

图 18-3 2014—2016 年三峡枢纽过闸船舶尺度结构（单位：%）

2014—2016 年三峡枢纽过闸船舶尺度比例见图 7-3。2014—2016 年，三峡枢纽过闸船舶低于 30m 长的比例由 2.4% 增加到 6.0%，上升了 1.5 倍，年均递增 57.7%；30～50m 的比例由 0.1% 增加到 1.7%，年均递增 3.1 倍；50～90m 的比例由 33.8% 减少到 33.34%，年均递减 0.6%；90～180m 的比例由 63.7% 减少到 58.9%，年均递减 3.8%。

第二节 马尔科夫链模型

一、模型简介

马尔科夫链是一组具有马尔科夫性质的离散随机变量的集合。它描述了

一种状态序列，序列中每个状态值只与前面的有限个状态有关，与其他因素无关；随机变量的所有可能取值，都在"状态空间"这个集合内。马尔科夫性质可用一个恒等式表示，即 $P(X_{n+1} = x | X_1 = x_1, X_2 = x_2,..., X_n = x_n) = P(X_{n+1} = x | X_n = x_n)$，这里 x 为随机过程中的某个状态，也被称为"无记忆性"。

马尔科夫链中随机变量的状态随时间的变化被称为"演化"或"转移"。随机变量间的条件概率被称为"转移概率"，有单步转移概率和 n 步转移概率两种形式，分别如下：

$$P_{i_n, i_{n+1}} = p(X_{n+1} = s_{i_{n+1}} | X_n = s_{i_n})$$

$$P^{(n)}_{i_0, i_n} = p(X_n = s_{i_n} | X_0 = s_{i_0})$$

若一个马尔科夫链的状态空间是有限的，则可在单步演变中将所有转移概率按矩阵排列，得到转移矩阵：

$$P_{n, n+1} = (P_{i_n, i_{n+1}}) = \begin{bmatrix} P_{1,1} & P_{1,2} & L & P_{1,n} \\ P_{2,1} & P_{2,2} & L & P_{2,n} \\ M & M & M & M \\ P_{n,1} & P_{n,2} & L & P_{n,n} \end{bmatrix}$$

按相同的方式也可定义 n 步转移矩阵：$P^{(n)} = (P^{(n)}_{i_0, i_n})$。由马尔科夫性质可知，n 步转移矩阵是其之前的所有单步转移矩阵的连续乘积，即 $P^{(t)} = P^{(t-1)}P^{(t-2)} L P^{(1)}I$。

一些马氏链经过长时间的演变，会到达一种平稳的状态，称之为平稳分布，这种马氏链称为正则链，且正则链存在唯一的平稳分布。若状态空间内的某个概率分布 π 满足 $\pi=\pi P$，且 $0<\pi(S_i)<1, \|\pi\|=1$，则 π 是该马氏链的平稳分布。式中 P=(Pi, j) 是转移矩阵和转移概率，该方程也被称为平衡方程。若某个概率分布 π 满足 $\lim_{n \to \infty} P(X_n = s_i) = \pi(s_i)$，则该分布是马氏链的极限分布。极限分布与初始分布无关，且一定是平稳分布，反之不成立。

二、模型构建

求解马氏链的关键在于求解转移概率矩阵，求解方法一般有统计估计法、线性方程组法、多元回归法等方法。统计估计法要求采集大量样本，样本数过少或不具备代表性都会影响模型精度，同时采集大量样本耗时耗力，估计状态转移概率也相当繁琐，统计误差较大。线性方程组法必须对每个方程进行显著性检验，若不显著，则必须采用其他方法计算，使计算过程更加繁琐。多元回归法需要考虑很多影响因素，计算量大且复杂。总之，这几种方法都存在着些许不足。

与上述研究方法不同，笔者利用简单有效的最小二乘法求解转移矩阵，以误差平方和最小为目标函数，转移概率的非负性和归一性为约束条件，建立非线性规划模型，如下：

$$\min\delta = \sum_{i=2}^{m}\sum_{j=1}^{n}(a_{ij} - a_{i-1,j})^{\wedge}2$$

$$A = \begin{bmatrix} a_{11} & a_{12} & \cdots & a_{1n} \\ a_{21} & a_{22} & \cdots & a_{2n} \\ \vdots & \vdots & \cdots & \vdots \\ a_{m1} & a_{m2} & \cdots & a_{mn} \end{bmatrix}, P_0 = \begin{bmatrix} P_{11} & P_{12} & \cdots & P_{1n} \\ P_{21} & P_{22} & \cdots & P_{2n} \\ \vdots & \vdots & \cdots & \vdots \\ P_{n1} & P_{n2} & \cdots & P_{nn} \end{bmatrix} \quad (18\text{-}1)$$

$$\text{s.t.} \begin{cases} 0 \leqslant P_{ij} \leqslant 1, \ i, j = 1, 2, \cdots, n \\ \sum_{j=1}^{n} P_{ij} = 1, \ i = 1, 2, \cdots, n \end{cases} \quad (18\text{-}2)$$

利用 n 步转移矩阵的性质即可预测出任意时刻的状态，即：

$$s_{i+n} = s_i \cdot P_0^n \quad (18\text{-}3)$$

求出概率转移矩阵 P_0 后，再用平衡方程即可求出平稳分布 π_k。

$$\pi_k \cdot P_0 = \pi_k \quad (18\text{-}4)$$

式中，δ 表示误差平方和，矩阵 A 表示船舶结构样本数据，A 中的某一行表示某一年的船舶结构数据，a_{ij} 表示船舶结构数据中第 i 行的第 j 种状态，

P_0 表示单步转移矩阵，P_{ij} 表示第 i 种状态向第 j 种状态的单步转移概率，s.t. 表示约束条件，π_k 表示船舶结构样本数据的平稳分布。

第三节 三峡枢纽船型结构预测

一、模型求解

将图 18-1 中某一时刻三峡枢纽通航船舶的种类设为状态，则状态空间 E1={客船，普通货船，集装箱船，危险品船，船队，非运输船}，它们之间的单步转移矩阵为 Pi（6×6）。把 2008—2017 年的船舶类型比例数据代入公（18-1）和（18-3）得出单步转移矩阵 P1、S2020（1）、S2030（1）、S2040（1）；根据正则链的判定条件，马氏链 M1 是正则链，故而存在唯一的平稳分布，代入公式（18-4）计算出平稳分布 π_1，结果如下：

$$P_1 = \begin{bmatrix} 0.8008 & 0.1992 & 0 & 0 & 0 & 0 \\ 0 & 0.6359 & 0.3641 & 0 & 0 & 0 \\ 0 & 0.0002 & 0.4670 & 0.2019 & 0.0464 & 0.2845 \\ 0 & 0.0018 & 0.0051 & 0.2606 & 0.7277 & 0.0048 \\ 0 & 0.1321 & 0.2175 & 0.6458 & 0.0022 & 0.0024 \\ 0 & 0 & 0.0598 & 0.0005 & 0.0002 & 0.9395 \end{bmatrix}$$

$s_{2020}^{(1)} = \begin{bmatrix} 4.2 & 62.2 & 17.7 & 14.2 & 0.2 & 1.2 \end{bmatrix}$, $s_{2030}^{(1)} = \begin{bmatrix} 4.4 & 57.4 & 18.1 & 18.2 & 0.3 & 1.4 \end{bmatrix}$

$s_{2040}^{(1)} = \begin{bmatrix} 4.3 & 55.7 & 17.7 & 20.2 & 0.3 & 1.4 \end{bmatrix}$, $\pi_1 = \begin{bmatrix} 4.2 & 54.8 & 17.3 & 21.9 & 0.3 & 1.5 \end{bmatrix}$

将图 18-2 中某一时刻三峡枢纽过闸船舶吨级设为状态，则状态空间 E2={1000 吨及以下，1000-2000 吨，2000-3000 吨，3000-4000 吨，4000-

5000 吨，5000 吨及以上}，它们之间的单步转移矩阵为 Pj（6×6）。把 2008—2017 年的三峡枢纽船舶吨级比例数据代入公式（1）（3），得出概率转移矩阵 P2、S2020（2）、S2030（2）、S2040（2）；同样地，马氏链 M2 也是正则链，代入公式（4）计算出平稳分布 π2，结果如下：

$$P_2 = \begin{bmatrix} 0.7581 & 0.0841 & 0.0009 & 0.0003 & 0.0130 & 0.1436 \\ 0.0001 & 0.9615 & 0.0383 & 0 & 0 & 0.0001 \\ 0.0585 & 0.0003 & 0.8662 & 0.0750 & 0 & 0 \\ 0.0001 & 0.0122 & 0.0042 & 0.9390 & 0.0043 & 0.0404 \\ 0 & 0 & 0.3164 & 0.105 & 0.5752 & 0.0033 \\ 0 & 0.9993 & 0 & 0.0005 & 0.0002 & 0 \end{bmatrix}$$

$s_{2020}^{(2)} = [2.4 \ 7.1 \ 15.8 \ 14.7 \ 11.7 \ 48.3]$，$s_{2030}^{(2)} = [0.3 \ 4.2 \ 13.9 \ 12.9 \ 10.2 \ 58.5]$

$s_{2040}^{(2)} = [0.03 \ 3.6 \ 13.4 \ 12.0 \ 9.4 \ 61.6]$，$\pi_2 = [0 \ 3.3 \ 13.1 \ 11.5 \ 9.0 \ 63.0]$

汇总以上结果，见表 18-2。

表18-2　　　　　　　　　三峡枢纽船型结构预测　　　　　　　　　单位：%

年　份	类型结构	吨级结构
2020	4.2:62.2:17.7:14.2:0.2:1.2	2.4:7.1:15.8:14.7:11.7:48.3
2030	4.4:57.4:18.1:18.2:0.3:1.4	0.3:4.2:13.9:12.9:10.2:58.5
2040	4.3:55.7:17.7:20.2:0.3:1.4	0.03:3.6:13.4:12.0:9.4:61.6
稳定年	4.2:54.8:17.3:21.9:0.3:1.5	0:3.3:13.1:11.5:9.0:63.0

二、模型检验

以 2008 年的三峡枢纽船舶结构作为基准，对 2009—2017 年的船舶结构预测数据进行矫正，不断优化概率转移矩阵，直至误差达到最小值，误差统计见表 18-3。由表 18-3 可知，每年误差平方和总体呈下降趋势，偶有反弹，类型结构和吨级结构总误差分别约为 1% 和 2%，模型精度已相当高，完全满足使用要求。

表18-3　　2009—2017年三峡枢纽船舶结构预测误差统计　　　　单位：‰

年份	类型结构	吨级结构
2009	26.03	77.93
2010	14.70	12.93
2011	7.63	50.85
2012	9.17	40.70
2013	2.40	1.10
2014	2.95	12.02
2015	6.54	0.55
2016	2.53	5.41
2017	8.83	5.62
总误差	80.78	207.11

三、结果分析

三峡船闸过闸船舶从类型上看，主要是普通货船、集装箱船和危险品船，客船和非运输船仍保持较低的份额，船队运输基本销声匿迹。平稳分布 $\pi1$ 表明普通货船、集装箱船和危险品船的比例分别是54.8%、17.3%和21.9%，合计94%，符合现有船舶的专业化趋势。由于旅游市场的逐步开放和普通货船、客货船的淘汰，旅游客船将占有一席之地，最终稳定在4.2%。非运输船比例逐年下降，由于航道整治工程和公务船的存在不会完全消失，最终稳定在1.5%。船队比例持续下降，最终完全消失。

过闸船舶从吨级上看，主要是5000吨以上，尤其是10000吨以上。随着"645工程"的建设完工，万吨级船舶通航成为常态，船舶大型化趋势显著。平稳分布 $\pi2$ 表明2000～3000吨、3000～4000吨和5000吨以上的船舶比例分别是13.1%、11.5%和63.0%，合计87.6%。1000～2000吨和

4000～5000 吨船舶比例持续下降，最终保持稳定，原因是重庆及以上河段受到水深限制，仍继续使用这些吨位的船舶，无法持续加大或减小吨级。1000吨以下船舶已退出市场，原因是该船舶经济性差，逐渐被大吨位船舶替代。

过闸船舶从尺度上看，主要是 50m 以上，尤其是 90m 以上，预计 50m 以下的船舶均会被淘汰。总之，未来过闸船舶主要是普通货船、集装箱船和危险品船，首先是 10000 吨以上、船长 90m 以上，其次是 5000～10000 吨、船长 50～90m。

尤其需要指出的是，任何模型都有其适用条件和适用领域，马尔科夫链模型也不例外。马尔科夫链仅研究某个时间序列的数据变化趋势，没有考虑其影响因素，建模有待进一步优化。同样地，用于建模的样本也在很大程度上决定了模型性能。本文以 2008—2017 年的三峡枢纽船舶结构样本数据作为计算基础，样本数量和代表性方面不一定是最优的，还需进一步寻优。采用非线性规划模型求解转移矩阵是一种行之有效的方法，但不一定是最优算法，遗传算法、神经网络、模式搜索等智能算法的预测结果可能更优。

第四节　小结

综合本章分析，得出如下研究结论。

第一，本章构建基于马尔科夫链的三峡枢纽船型结构预测模型，由该模型预计 2020 年、2030 年和 2040 年的长江三峡枢纽船舶类型结构（客船：普通货船：集装箱船：危险品船：船队：非运输船）和吨级结构（1000 吨及以下：1000-2000 吨：2000-3000 吨：3000-4000 吨：4000-5000 吨：5000

吨及以上），最终保持稳定，分别为 4.2∶54.8∶17.3∶21.9∶0.3∶1.5 和 0∶3.3∶13.1∶11.5∶9.0∶63.0。模型检验表明，本章预测结果具有较高的可信度，为研究解决长江三峡枢纽船舶拥堵和未来发展提供一定的参考价值。同时，与现有研究方法相比，具有计算简单的优点。

第二，研究发现三峡枢纽未来过闸船舶主要是普通货船、集装箱船和危险品船，首先是 10000 吨以上、船长 90m 以上，其次是 5000～10000 吨、船长 50～90m。客船和非运输船仍保持较低的份额，船队运输基本销声匿迹。船舶吨级日益增大，年均增长率约 11%，1000 吨以下船舶退出市场。那么，长江三峡船舶结构是否一定存在稳定值？在何种条件下出现稳定值？本研究得到的结果是否巧合？均有待进一步探讨。

主要参考文献

[1] 袁子文，刘长俭.尽快开工建设三峡枢纽水运新通道推动长江经济带高质量发展[J].中国水运，2019，(07).

[2] 胡仲达，张培林，卢文昌，曹莹，张佳楠.长江中游水路货运量与GDP及运输结构动态关系分析[J].物流技术，2019，38（08）.

[3] 张浩，肖金龙，温泉，刘凤琳.基于长江上游区域产业结构测度的三峡枢纽货运量预测[J].水运工程，2019，(11).

[4] 宋凯旋.长江上游水路运输货物结构分析与预测研究[D].重庆交通大学，2019.

[5] 张浩，肖金龙，温泉，刘凤琳.基于长江上游区域产业结构测度的三峡枢纽货运量预测[J].水运工程，2019（11）.

[6] 吴萍萍.长江干线未来过闸船舶发展研究[D].武汉理工大学，2016.

[7] 谢蒙.基于提高三峡船闸通过能力的三峡船型研究[D].武汉理工大学，2016.

[8] 童奇.三峡升船机适应船型论证研究[D].武汉理工大学，2013.

[9] 卢文昌，张培林.基于马尔科夫链的三峡枢纽船型结构预测[J].物流技术，2019，38（09）.

[10] 胡仲达，张培林，卢文昌，曹莹，张佳楠.长江中游水路货运量与GDP及运输结构动态关系分析[J].物流技术，2019，38（08）.

[11] 李伟明.长江上游航运与公铁路运输竞争模式研究[D].重庆交通大学，2019.

[12] 王大伟.长江上游船舶运输组织特征分析与优化研究[D].重庆交通大学，2019.

[13] 焦芳芳，石国政.LNG燃料动力船通过三峡船闸的安全性评估及相关建议[J].水运管理，2020，42（10）.

[14] 李清，甘少炜. 内河 LNG 燃料动力船通过船闸的风险评估方法 [J]. 船海工程，2016，45（03）.

[15] Wenjie Li, Jialing Dai, Yi Xiao, Shengfa Yang, Chenpeng Song. Estimating waterway freight demand at Three Gorges ship lock on Yangtze River by backpropagation neural network modeling[J].Maritime Economics & Logistics，2020（23）.

[16] 戴佳伶. 航运需求与经济发展的协同演变规律研究 [D]. 重庆交通大学，2021.

[17] 陈川. 金沙江下游货运量影响因素分析及预测研究 [D]. 重庆交通大学，2020.

[18] 邹文康. 跨流域联合航运方式研究 [D]. 重庆交通大学，2020.

[19] 袁肖峰. 基于贝叶斯理论的航运需求预测不确定性研究 [D]. 重庆交通大学，2020.

[20] 贺艺伟. 长江上游公铁水运货运量的分配模型研究 [D]. 重庆交通大学，2022.

[21] 王皓. 基于生态与经济效益的长江宜宾至重庆段航道承载力评价研究 [D]. 重庆交通大学，2022.

[22] 李文杰，于淞凌，杜洪波，万宇，戴佳伶. 内河航运需求与腹地经济产业结构的相关性分析 [J]. 水运工程，2022（04）.

[23] 李文杰，袁肖峰，杨胜发，杨威，龙浩，陈川. 基于投入产出模型的省际间货运量模拟研究 [J]. 铁道科学与工程学报，2020，17（05）.

[24] 李文杰，贺艺伟，杨胜发，肖毅，杨威. 长江上游涪陵至丰都段航道水运量分析预测 [J]. 水运工程，2020（06）.

[25] 李文杰，邹文康，万宇，杨胜发，杨威. 经济驱动下的航运需求预测 [J]. 重庆交通大学学报，2019，19（04）.

[26] 张昭俊，孙洁，王秀丽. 三峡枢纽过坝货运需求预测模型及其应用 [J]. 内蒙古大学学报（自然科学版），2021，52（05）.

[27] 陈泽. 长江三峡过坝货运量预测与运输方案研究 [D]. 重庆交通大学，2018.

[28] 梁晶，李晶，吕靖. 三峡枢纽过坝运输需求分析及其预测 [J]. 水运工程，2009（12）.

[29] 刘晓玲，王海霞，吴澎. 新时代三峡过闸货运需求发展趋势展望 [J]. 长江技术经济，2018，2（03）.

[30] 骆义，高惠君，魏洪斌. 第十二届全国内河船舶与航运学术会议论文集 [C]. 中国造船工程学会：中国造船工程学会，2012：125-131.

[31] 周张颖. 长江干线沿江货运通道演化研究 [D]. 武汉理工大学，2020.

[32] 祝润卿. 长江中游新旧水道船型与航行路径研究及仿真 [D]. 武汉理工大学，2019.